AF178079

Denkmal Ost-Moderne

Aneignung und Erhaltung des baulichen Erbes
der Nachkriegsmoderne

JOVIS
diskurs

STADTENTWICKLUNG UND DENKMALPFLEGE schriftenreihe

Herausgegeben von
Gabi Dolff-Bonekämper
Hans-Rudolf Meier
Jürg Sulzer

Band 16

BUNDESSTIFTUNG AUFARBEITUNG

Gedruckt mit freundlicher Unterstützung der Bundesstiftung zur Aufarbeitung der SED-Diktatur und des Thüringer Justizministerium, der Sparkasse Mittelthüringen, der Erfurter Studien zur Kunst- und Baugeschichte e. V.

Impressum: © 2012 by jovis Verlag GmbH. Das Copyright für die Texte liegt bei den Autoren. Das Copyright für die Abbildungen liegt bei den Fotografen/Inhabern der Bildrechte. Alle Rechte vorbehalten. | Redaktion: Mark Escherich und Luise Helas | Grafisches Reihenkonzept: Susanne Rösler, Berlin | Gestaltung und Satz: Claudia Bauer | Abb. Umschlag, vorne: Foto Gilbert Weise; hinten: Foto Arlett Mattescheck | Lithografie: Bild1Druck, Berlin | Druck und Bindung: GRASPO CZ, a.s., Zlín | Bibliografische Information der Deutschen Nationalbibliothek | Die Deutsche Nationalbibliothek verzeichnet diese Publikation in der Deutschen Nationalbibliografie; detaillierte bibliografische Daten sind im Internet über http://dnb.d-nb.de abrufbar.
jovis Verlag GmbH | Kurfürstenstraße 15/16 | 10785 Berlin | www.jovis.de | ISBN 978-3-86859-143-9

Denkmal Ost-Moderne

Aneignung und Erhaltung des baulichen Erbes
der Nachkriegsmoderne

Herausgegeben von Mark Escherich

INHALT

Vorwort   6
Hans-Rudolf Meier und Mark Escherich

Die Aneignung der Ostmoderne durch die Denkmalpflege   10
Mark Escherich

Zur Spezifik des Modernen in der DDR-Architektur. Thesen   26
Ulrich Hartung

Denkmalpflege und geschichtspolitischer Diskurs   42
Tobias Zervosen

KONSERVATORISCHE ZWISCHENBILANZEN

Gegenmoderne – Westmoderne – Ostmoderne. Eine konservatorische
Zwischenbilanz aus Berlin   52
Norbert Heuler

Von Falten, Schalen und Platten – Der denkmalpflegerische Umgang
mit den jüngeren DDR-Bauten im Land Brandenburg   70
Ruth Klawun

Nachkriegsmoderne in Sachsen-Anhalt. Eine denkmalpflegerische
Zwischenbilanz   86
Ulrike Wendland

BLICKE NACH OSTEUROPA

Fragen und Beobachtungen zur Erhaltung der architektonischen
Nachkriegsmoderne bis 1980 in Polen   98
Robert Hirsch

Ostmoderne in der Slowakei. Die umstrittenen Architekturikonen
und der Denkmalschutz   108
Peter Szalay

Hungarian Modernist Architecture between 1960 and 1980   118
Győr Attila

Sowjetische Architektur zwischen Stalin und Glasnost   132
Philipp Meuser

ANEIGNUNGSPROZESSE

Bautypologische Reihenuntersuchungen als Werkzeug der Denkmalerfassung.
Mensen in der DDR (1960–1989)   144
Benjamin Rudolph

Mensadebatte Weimar. Über die strategische Organisation einer Initiative
und deren Rahmenbedingungen   156
Moritz Fritz und Florian Kirfel

Der „Platz ohne Namen". Zur Wahrnehmung der Ostmoderne im Zentrum Berlins   166
Stephanie Herold und Sylvia Butenschön

Die Prager Straße in Dresden. Die schleichende Zerstörung der Ostmoderne durch
die „europäische Stadt"   180
Tanja Scheffler

Der Dresdner Kulturpalast – Vom Werden eines besonderen Baudenkmals
und den anhaltenden Versuchen seiner Destruktion   198
Susann Buttolo

Bedrohtes Erbe. Zum Umgang mit der DDR-Warenhausarchitektur der
Nachkriegsmoderne   212
Tobias Michael Wolf

ERHALTUNGSCHANCEN

Die Betonschalen von Ulrich Müther zwischen Ablehnung und Wertschätzung.
Imagewandel und Beispiele der gesellschaftlichen Rezeption   226
Tanja Seeböck

Typisierte Vielfalt. Der Umgang mit den Bauten der Nachkriegsmoderne auf der
Fischerinsel in Berlin   240
Nils Meyer

Autorenverzeichnis   252

Abbildungsnachweis   255

VORWORT__HANS-RUDOLF MEIER UND MARK ESCHERICH

Architektur und Städtebau der 1960er und 1970er Jahre werden gegenwärtig breit und intensiv diskutiert. Ihre zunehmende Wertschätzung und die „Entdeckung" durch die Denkmalpflege stehen in einem regelrechten Wettlauf mit dem drohenden bzw. fortschreitenden Verlust. Vielerorts steht die Anpassung an zeitgenössische ästhetische, wirtschaftliche, technische und ökologische Standards an. Die Finanzierung hat sich amortisiert, Verschleiß und Reparaturbedürftigkeit stellen sich ein. Die Standzeit dieses Gebäudebestandes wird nun, nach dem ersten, 30 bis 50 Jahre dauernden Lebenszyklus, grundsätzlich infrage gestellt. Architekten, Ingenieure und Betriebswirtschaftler, aber auch Denkmalpfleger sind daher aufgerufen, sich mit der baulichen Überlieferung der Nachkriegsmoderne intensiv auseinanderzusetzen.

In anschaulicher und zuweilen sogar dramatischer Weise bestätigt sich der Grundsatz, dass schneller wegkommt, was noch nicht so lange steht. Je jünger ein Denkmal oder Bauwerk, desto stärker ist es gefährdet. Sanierungsbedarf, unansehnlich alternde oder nicht reparaturfähige, zuweilen auch gesundheitsgefährdende Materialien, lausige Energiebilanzen sowie insbesondere das oft schlechte Image als Produkte technokratischer Planungen gefährden die Bauten der späten Moderne nicht nur in besonderer Weise, sondern erschweren zugleich die Vermittlung ihrer Denkmalwerte an eine Öffentlichkeit, die sich unter einem Denkmal etwas ganz anderes vorstellt.

Tatsächlich ist die Frage des Erhalts oft zuerst eine Frage der Vermittlung und der Denkmalkunde. Zu technischen und Vermittlungsproblemen kommt als dritte Kategorie die Ideologie: Die Kritik am sogenannten „Bauwirtschaftsfunktionalismus" der Nachkriegszeit, die in den 1960er und 1970er Jahren maßgeblich zum wachsenden Gewicht der Denkmalpflege beigetragen hat, ist inzwischen zur Pauschalabrechnung mit der späten Moderne geworden und als solche Teil einer neokonservativen Bewegung, die sich nicht nur an Schloss- und anderen Rekonstruktionen delektiert, sondern Postulate der Moderne generell infrage stellt.

Hier sind wir als Universität, die sich auf ihre Tradition als Gründungsort des Bauhauses beruft, in besonderer Weise in der Pflicht. Das Erbe der Moderne kann sich dabei nicht nur auf die längst kanonisierten Bauten der Klassischen Moderne beziehen, sondern umfasst auch denkmalwürdige Architektur der Spätmoderne. Durchaus konflikt-, aber letztlich erfolgreich haben Lehrende und Studierende der Bauhaus-Universität Weimar dies im Jahr 2011 am Beispiel der hiesigen Hochschulmensa (errichtet 1979–1982) erleben können. So lag es nahe, die Mensa(debatte) als lokales Anschauungsbeispiel in das Programm eines internationalen Symposiums der Professur Denkmalpflege und Baugeschichte zu integrieren, welches am 28. und 29. Januar 2011 in Weimar stattfand und sich erstmals der Nachkriegsmoderne in der DDR und anderen sozialistischen Staaten von dezidiert denkmalpflegerischer Seite widmete. Anliegen der VeranstalterInnen war es, oft noch parallel laufende Diskurse zu verknüpfen und erste, teils sehr unterschiedliche Erfahrungen zusammenzuführen. Dazu gehören der Einbezug Osteuropas mit seinen erbepolitischen Problemstellungen sowie Fragen der Denkmalpädagogik und -vermittlung.

Fast 200 TeilnehmerInnen folgten der Einladung zum Symposium, wobei neben der Zahl der Interessierten auch die Breite der vertretenen Disziplinen erfreulich groß war: Neben ArchitekturhistorikerInnen trafen sich in Weimar ArchitektInnen und KünstlerInnen sowie zahlreiche Vertreter der behördlichen und der Hochschul-Denkmalpflege. Von der Spannung zwischen baugeschichtlich Forschenden, deren Ergebnisse bisher nur wenig im Bau- und Sanierungsgeschehen produktiv wurden, und KonservatorInnen, die sich naturgemäß mit dem ganzen Spektrum historischer Bauzeugnisse beschäftigen, bekam die Veranstaltung einen besonderen Reiz. Wesentlich war jedoch, dass durch den zeitlichen Abstand zum Zusammenbruch des sozialistischen Staatensystems und zur deutsch-deutschen Wiedervereinigung die Debatte deutlich sachlicher geworden ist, Vorurteile zunehmend in den Hintergrund treten und die Ergebnisse der Architekturgeschichtsforschung mehr wahrgenommen und

wertgeschätzt werden. Mit Ulrich Hartung konnte ein Forscher „der ersten Stunde" in Weimar begrüßt werden. Er war 2004 mit einer „Ostmoderne" im Titel führenden Ausstellung hervorgetreten und spezifizierte in seinem Eingangsreferat erstmals diesen Begriff mit Blick auf das „Moderne" in der DDR-Architektur.

Auch die weiteren architekturgeschichtlich ausgerichteten Vorträge offenbarten den mittlerweile immer fundierteren Wissensstand – ein wachsender Fundus, auf dem die Praxis aufbauen kann. In dem Panel „Konservatorische Zwischenbilanzen" boten VertreterInnen ostdeutscher Denkmalfachbehörden Einblicke in die jeweils doch sehr unterschiedlichen Sicht- und Herangehensweisen der Amtspraxis. Sie hängen in den einzelnen Bundesländern eben auch von speziellen (kultur-)politischen, juristischen und wirtschaftlichen Rahmenbedingungen ab. Das durchgängig hohe Niveau, auf dem in Deutschland die Denkmalpflege der Nachkriegsmoderne diskutiert und praktiziert wird, verdeutlichten die Berichte aus Polen, Ungarn und der Slowakei, wo entsprechende Bemühungen teils auf größeren Widerstand stoßen, öfters aber erst in den Anfängen stecken. Andererseits scheinen Typisierung und Industrialisierung, als Ausdruck einer egalitären Gesellschaft, in diesen „Bruderstaaten" nicht mit ganz so großer Ernsthaftigkeit betrieben worden zu sein wie in der DDR. Die präsentierten Architekturbeispiele stellten zwar nur eine Auswahl dar, doch beeindruckte der große gestalterische Reichtum des dortigen Architekturbestandes aus der tagungsrelevanten Zeit.

Abgerundet wurde das Programm am Abend des ersten Symposiumstages einerseits durch ein

Podiumsgespräch zur Vermittlung des baulichen Erbes der Ostmoderne, andererseits in Form von fachkundigen Führungen zur bereits erwähnten Mensa am Park der Bauhaus-Universität. Aufgrund der Beispielhaftigkeit dieses Bauwerks und Streitfalls sowie der Vorbildhaftigkeit der Initiative Mensadebatte wurde die vorliegende Tagungsdokumentation um zwei Beiträge zu diesem Themenkomplex ergänzt.

Zahlreiche Personen und Institutionen haben Tagung und Publikation großzügig unterstützt und dadurch überhaupt erst ermöglicht. Wir danken unseren FördererInnen: dem Thüringer Justizministerium, dem Verein Erfurter Studien zur Kunst- und Baugeschichte e. V., der Sparkasse Mittelthüringen und besonders der Bundesstiftung zur Aufarbeitung der SED-Diktatur, welche die Publikation großzügig förderte. Ein herzliches Dankeschön für den großartigen Einsatz gilt dem Team der Professur Denkmalpflege und Baugeschichte, das unter der Federführung von Cornelia Unglaub und Birgit Röckert die Tagungslogistik perfekt gemeistert hat. Mit manchem wertvollen Hinweis in der Vorbereitung des Symposiums halfen der Berliner Landeskonservator Jörg Haspel und Ulrich Mählert von der Bundesstiftung zur Aufarbeitung der SED-Diktatur, wofür ihnen herzlich gedankt sei. Sehr inspirierend moderiert haben die einzelnen Panels der Veranstaltung dankenswerterweise Gabi Dolff-Bonekämper (Berlin), Simone Hain (Graz/Berlin), Valentin Hammerschmidt (Dresden) und Annette Menting (Leipzig). Ihnen sei wie den ReferentInnen, BeiträgerInnen und Diskutierenden ausdrücklich für ihr Engagement gedankt. Dass aus dem Ganzen ein Buch geworden ist, verdanken wir dem Verleger des jovis-Verlags, Jochen Visscher, und seinem Team.

Weimar, April 2012

DIE ANEIGNUNG DER OSTMODERNE DURCH DIE DENKMALPFLEGE__MARK ESCHERICH

Die aktuelle Diskussion zum Umgang mit der Architektur der 1960er und 1970er Jahre in den alten Ländern der Bundesrepublik reagiert auf den zu Ende gehenden ersten Lebenszyklus dieses Baubestandes.[1] Im Ostteil des Landes ist die Debatte mit der gesellschaftlichen Transformation von nach 1989/90 verzahnt: Der umfassende Umbruch seit den 1990er Jahren ließ in Ostdeutschland neben politischen Denkmälern, Gedenktafeln und Wandgemälden auch Tausende Gebäude und baulich-räumliche Ensembles verschwinden. Noch mehr führten Umbauten und Sanierungen zu einem tief greifenden visuellen *Relaunch* des Stadtraumes. Ähnlich anderen Lebensbereichen fand Reflexion über die gewaltigen Veränderungen in Ostdeutschland weniger während, sondern eher nach den intensiven 1990er Jahren statt. Offenbar wurde nun auch, dass zahlreiche der baukünstlerisch qualitätvollsten Zeugnisse der DDR-Zeit bereits abgebrochen (Abb. 1) oder eingreifend umgebaut waren und damit für die Nachwelt verloren sind. Die Erfahrung des Verlustes löste – in einer für die Denkmalpflegegeschichte geradezu klassischen Weise – ein neues Interesse an dem noch Vorhandenen aus: Neben der Architektur- und Planungsgeschichtsschreibung, die schon lange Zeit mit der DDR-Nachkriegsmoderne ein ergiebiges Forschungsfeld hatte, waren es nun vor allem „junge Kreative", Designer, Architekten und das Feuilleton, welche Architektur und Städtebau der 1960er und 1970er Jahre wiederentdeckten. Sie fühlten sich von ästhetischen Qualitäten angesprochen, aber auch von sozialpolitischen Ambitionen, wie sie etwa in der Bauaufgabe Kulturhaus oder mit günstigem innerstädtischem Wohnungsbau greifbar wurden. Und sie positionierten sich gegen eine neokonservative Pauschalabrechnung mit dieser Stadtepoche.[2] Die Aneignung durch die institutionelle Denkmalpflege verlief naturgemäß langsamer, schließlich handeln Denkmalbehörden im Interesse einer Öffentlichkeit, der die baukulturellen Setzungen der DDR genauso obsolet erschienen wie der Staat selbst.

PROBLEME__Auf den ersten Blick stehen auf beiden Seiten des einstigen Eisernen Vorhanges ganz ähnliche Probleme einer Denkmalpflege für die Nachkriegsmoderne entgegen. Vermeintlich verweigere sich diese ahistorische, nicht auf Dauer angelegte Architektur, auch in ihren Dimensionen, jeder Tradierung und Anpassung an gegenwärtige Standards. Beim Blick auf die Staaten des früheren Ostblocks scheinen einige Argumente noch etwas schwerwiegender zu sein als etwa im Westen Deutschlands. Wesentlich hierfür ist, dass das in Betracht stehende bauliche

1a

1b

1c

1d

Erbe ein (endlich) überwundenes politisches System repräsentiert. Was beispielsweise einer denkmalpflegerischen Aneignung förderlich sein sollte – der Umstand, dass es sich um Zeugnisse eines historischen, zumindest gesellschaftspolitisch abgeschlossenen Zeitabschnittes handelt – kommt nicht recht zum Tragen. Das sozialistische Gesellschaftsmodell und die Zeit der DDR sind so grundsätzlich diskreditiert, dass eine (Kultur-)Erbepflege naturgemäß umstritten ist.[3]

In den ersten Jahren nach der Wiedervereinigung gab es deshalb eine breite Übereinkunft, dass die architektonischen Zeugnisse der 1960er und 1970er Jahre in den neuen Bundesländern keinesfalls Kulturdenkmale sein können. Zu gelisteten und allgemein anerkannten Denkmalen der (Un-)Kultur wurden dagegen recht bald die Haftanstalten des ehemaligen Ministeriums für Staatssicherheit und die Relikte der innerdeutschen Grenzanlagen. Bezogen auf Werke der Architektur und des Städtebaus blieben beispielsweise die sehr vorausschauenden Empfehlungen des Deutschen Nationalkomitees für Denkmalschutz „wenig geerdete Absichtserklärungen."[4]

2_Der Künstler Lars Ø. Ramberg meldete 2005 mit seiner Installation am Berliner Palast der Republik ZWEIFEL an, unter anderem auch Zweifel an der Angemessenheit des Umgangs mit dem Gebäude **3**_Dieser Spruch unmittelbar neben den Fundamenten des 2006 bis 2008 abgebrochenen Palastes der Republik zeugt von Unbehagen gegenüber dem gesellschaftlichen Wandel in Ostdeutschland nach 1990

Bereits 1990 und 1995 warb man dafür, die gesamte Zeit der DDR als abgeschlossene Geschichtsepoche und dementsprechend ihre Bauzeugnisse

DAS BAUERBE DER OSTMODERNE__ Neben den ideologischen Vorzeichen ihrer Entstehung erschweren auch spezifische Eigenschaften der sozialisti-

2

als potenzielle Denkmale wahrzunehmen.[5] Tatsächlich zeitigte der damalige Aufruf zur denkmalpflegerischen Erfassung, auch der späten DDR-Bauten, wenig Wirkung. Für eine erfolgreiche Praxis der Denkmalämter Grundlegendes konnte damals noch nicht berücksichtigt werden, wie etwa Fragen der Bewertung und Auswahl im Rahmen der Inventarisation sowie die nach den Verfahren der Erhaltung des ungewohnten Schutzgutes. Ein großer Schritt in diese Richtung war die Tagung des Deutschen Nationalkomitees für Denkmalschutz „1960 plus – ein ausgeschlagenes Erbe?" von 2007.[6]

schen Nachkriegsmoderne ihre Vermittlung und das Werben um Akzeptanz. Die zentralen, in den 1960er und 1970er Jahren geschaffenen Stadträume – beispielsweise in Karl-Marx-Stadt, Magdeburg und Berlin – sind nicht nur Zeugnisse einer internationalen Moderneauffassung: Das Nachholen der Moderne seit den späten 1950er Jahren bedeutete keineswegs die völlige Abkehr von der räumlichen Inszenierung der prächtigen Magistralen des „Nationalen Aufbauwerks". Die Räumlichkeit als erprobtes Wirkungsmittel staatlicher Selbstdarstellung im Städtebau wollte man nicht ganz aufgeben.[7] So konnte – laut Ulrich Hartung – „dem Freiheitskult im Westen eine besondere, mehr kollektive Interpretation der Moderne entgegengestellt werden"[8] (Abb. 4). Voraussetzung hierfür war der höchst großzügige Umgang mit öffentlichen Freiräumen, der wiederum auf der staatlichen Verfügungsgewalt über Grund und Boden basierte. Vorbehalte gegenüber der städtebaulichen Moderne reicherten sich hier an mit der Abneigung gegenüber dem DDR-Staat, der sich erdreistete, selbst die Denkmäler seiner eigenen Geschichtlichkeit zu schaffen. Neben den zeichenhaften Monumentalbauten der 1950er und 1960er Jahre gehört hierzu auch die Instrumentalisierung der zeitgenössischen amtlichen Denkmalpflege. Sie begann einige dieser Bauwerke bereits wenige Jahre nach ihrer Errichtung zu Kulturdenkmalen zu stilisieren und verlieh dadurch dem um Selbstlegitimation ringenden jungen DDR-Staat Geschichtlichkeit. An der „von oben" verordneten und in den 1970er und 1980er Jahren vorangetriebenen Inventarisierung der „Denkmale des sozialistischen Aufbaus" reiben sich viele Zeitzeugen seitens der denkmalpflegerischen Basis bis heute.[9]

Besonders sind auch die ökonomischen und sozialen Hintergründe des Bauens in der DDR. Sie führten in eine umfassende Industrialisierung des Bauwesens und zu staatlichen Programmen für Gesellschafts- und Bildungsbauten. So hohe Stückzahlen vorgefertigter Bauelemente und identischer Gebäude – vor allem im Wohnungsbau – wurden in den Ländern Westeuropas nicht hergestellt. Und selbst im restlichen Osteuropa wurden Typisierung und Montagebau als Ausdruck einer egalitären Gesellschaft nicht mit ganz

so großer Stringenz betrieben wie in der DDR. Offensichtlich zeigte sich hier ein Phänomen eines sich besonders rigoros verstehenden deutschen Sozialismus.[10] Typenserien zum Beispiel des DDR-Wohnungsbaus, wie die P2 und die Wohnungsbauserie (WBS) 70, wurden zu Synony-

3

men für Fortschritt und Entwicklung, die man allerdings schon seit den 1970er Jahren auch kritisch wahrzunehmen begann.

DENKMALPFLEGERISCHE ANNÄHERUNGEN__Die Historiografie hat in den letzten 20 Jahren ein differenziertes Bild der eben doch auch vielgestaltigen sowie an Wandlungen und Diskursen reichen DDR-Architektur- und Städtebaugeschichte herausgearbeitet. Motive, Strategien und Handlungsrahmen wurden aufgedeckt. Bis zum Ende der DDR blieb das Bauen immer auch Resultat individuellen Handelns. Architekten nutzten, wie anderenorts auch, ihre Möglichkeiten, die besonders im Gesellschaftsbau gegeben waren. Im Städtebau (den neuen Zentren

4_Der 2. Bauabschnitt Karl-Marx-Allee Berlin (err. 1959–1967) im Vordergrund; dahinter, ganz links die Wohnbebauung am Lenin-platz (err. 1968–1970) **5**_Wohngebiet Biblacher Hang in Gera/Thüringen (err. 1958 bis in die 1980er Jahre)

und den Großwohnsiedlungen) boten sich sogar Gelegenheiten zu den ganz großen (Ent-)Würfen. Dass der Beitrag der Architektur- und Städtebau-

bekämpften Bauten und Komplexe ist in der Praxis ein schwieriges, erst seit einigen Jahren in Gang gekommenes Projekt, bei dem man sich

4

forschung in Umgang und Pflege selten produktiv wurde, liegt nicht nur am fehlenden zeitlichen Abstand, sondern hat auch mit der Denkmalpflege selbst bzw. mit ihrer Geschichte zu tun. Schließlich waren sich Denkmalpflege und eine breite Öffentlichkeit selten so einig wie in der Ablehnung des im Westen sogenannten „Bauwirtschaftsfunktionalismus" seit Mitte der 1970er Jahre. Das wirkte nach, selbst wenn es sich um historiografisch bereits geadelte Bauwerke und Ensemble handelte. Schutz und Pflege der einst

des Einvernehmens der Öffentlichkeit überhaupt nicht sicher sein kann.

In den ostdeutschen Denkmalbehörden lebte zudem vielfach die ideologische Ablehnung dieses Erbes durch die Denkmalpflegebasis weiter. Häufiger als von Ostdeutschen kamen entsprechende Initiativen von neu in die Denkmalämter gekommenen westdeutschen Kollegen. Sie entdeckten in den neuen Bundesländern Chancen der denkmalpflegerischen Bewahrung einer Epoche, die von der deutlichen Mehrheit der Bürger wie der Denkmalpfleger der ehemaligen DDR beendet worden war.

Angemessen und vermittelbar erschien der Einsatz für das Architekturerbe der frühen 1950er Jahre, zumal dieses auch von der Öffentlichkeit eher akzeptiert wurde. Angesichts einer Konzentration auf Beispiele des für Osteuropa spezifischen Historismus der Stalin-Ära warnten der Leipziger Kunsthistoriker Thomas Topfstedt und andere schon Ende der 1990er Jahre davor, eine relativ kurze Architekturphase der DDR-Zeit überzubewerten. Man würde dadurch „ein schiefes Bild der Epoche" erhalten.[11] Unterschutzstellungen von größeren städtebaulichen Ensembles der 1960er und 1970er Jahre erschienen nur aus der Perspektive der Erinnerung an ein gescheitertes Gesellschaftssystem möglich. Dass es sich auch um erhaltenswerte Zeugnisse des europäischen Städtebaus und um Baukunst handeln kann, fließt nur langsam und erst seit etwa dem neuen Jahrtausend in die Denkmalerklärungen ein.

OSTALGIE UND IDENTIFIKATION__ Als die Rasanz der gesellschaftlichen Transformation nach Wende und Wiedervereinigung zum Ende der 1990er Jahre nachließ, begann eine Phase verstärken Erinnerns und Nachdenkens. Die sogenannte „Ostalgiewelle" offenbarte die Identität stiftende Kraft des Verdrängten und Verschwundenen. Neben der unmittelbaren Nutzergeneration, welche die Zeiten des Bauens miterlebt und sich die nachkriegsmodernen Stadträume zunutze gemacht hatte, meldeten sich besonders viele aus der „Zonenkinder"-Generation zu Wort. Die 1976 geborene Autorin Jana Hensel hat die Nachwendewahrnehmungen vieler

ostdeutscher Kinder und Jugendlicher ihrer Altersgruppe in ihrem gleichnamigen Bestseller von 2002 zugespitzt. Darin beschreibt sie jene, die nicht gänzlich mit der DDR verwachsen wa-

5

ren und nur teilweise vom Westen geprägt wurden, als die „Zonenkinder". Die Wandlungen der 1990er Jahre hätten sie als Verlust der Erinnerung an ein Land empfunden, welches sie bei allen Vorbehalten auch als Heimat anerkennen würden.[12] Die Tore und Schlüssel dorthin, die Orte der „60er, 70er und 80er Jahre, hatte man vor unseren Augen in Windeseile wegsaniert", schreibt Jana Hensel.[13] „Und plötzlich waren es Postämter in Wiesbaden, Brauhäuser in Köln […] und Schuhläden in Erlangen, die uns bewiesen, dass es diese Zeit überhaupt gegeben hatte und wie sie ausgesehen haben mochte."[14]

Heute, gut 20 Jahre nach dem Ende der DDR, kommt eine (denkmalpflegerische) Verantwortung gegenüber dem berechtigten Interesse der Jüngeren hinzu – nämlich der nachwachsenden Generationen, welche die DDR-Zeit nicht direkt erlebt haben. Für deren heute schwer absehbare Fragen und Bedürfnisse gilt es neben deutlich älteren Denkmalen auch aussagekräftige Zeugnisse diese Epoche vorzuhalten.

DENKMALSCHUTZ FÜR DIE OSTMODERNE__Auch aufgrund solcher Überlegungen setzt sich die Einsicht durch, dass der jüngere Teil der DDR-Hinterlassenschaft als originärer Teil des gesamtdeutschen Bauerbes zu werten sei und ihm die gleiche Aufmerksamkeit zukommen müsse wie Zeugnissen anderer Epochen und Ideologien. Trotz der Übereinkunft über die ganz grundsätzliche Denkmalwürdigkeit dieser Epoche bleiben jedoch Fragen, die kontrovers diskutiert werden.[15]

Ein wesentliches Problem ist, dass die Wertschätzung der Experten und jene des Großteils der Menschen noch weniger übereinstimmen als bei vielen anderen, älteren Baudenkmalen: Wie bei anderen Objekten des umstrittenen Erbes existiert ein Vermittlungsproblem. Darüber hinaus macht sich in der denkmalpflegerischen Erhaltungspraxis das Defizit an Erfahrungen immer wieder bemerkbar, und es zeigt sich ein Haltungsproblem innerhalb des Faches:[16] Bei der Frage, wie viel Originalsubstanz durch formgleiches aktuelles Ersatzmaterial ausgetauscht werden kann, ohne dass denkmalkonstituierende Eigenschaften verloren gehen, wird von manchem immer noch ein „Sonderfall Nachkriegsmoderne" konstruiert.

INVENTARISIERUNG__Für die Inventarisierung stellt die schiere Masse des Überlieferten ein Problem dar – vorausgesetzt, man möchte sich der gesamten architektonischen Überlieferung (und nicht nur den leicht identifizierbaren Ikonen) stellen. Anders als beim älteren Bauerbe findet hier eine natürliche Vorselektion erst seit Kurzem statt. Die Wertung und Auswahl bleibt die Aufgabe der Denkmalpflege. Aber wie lassen sich die „unverzichtbaren Exempel" einer seriellen und von Industrieproduktion geprägten Bauepoche ermitteln? Einige streitbare Denkmalpfleger warnen eindrücklich davor, sich zu sehr mit dem „Typischen" und dem „Charakteristischen" zu beschäftigen. Man würde auf unendlich viel Identisches, auf Monotones und Riesiges stoßen.[17] Dass solche Eigenschaften möglicherweise jedoch gerade einen besonderen historischen Zeugniswert konstituieren können, gerät dabei aus dem Blick. So sind Großwohnanlagen allein in ihrer schieren Größe aussagekräftige Sachzeugnisse damaliger Stadt- und Lebensvorstellungen.

Zu den umfänglichsten anerkannten Denkmalensembles der Ostmoderne gehören der zweite Bauabschnitt der Karl-Marx-Allee (1959–1967) und die Wohnbebauung am damaligen Leninplatz und heutigen Platz der vereinten Nationen (1968–1970, Abb. 4) in Berlin. Mit dem Wohngebiet Biblacher Hang in der ostthüringischen Stadt Gera ist ein Beispiel einer stadtlandschaftlich gestalteten (Groß-)Wohnsiedlung bereits Anfang der 1990er ins Denkmalbuch eingetragen worden (Abb. 5). Neben dem technisch-materiellen und städtebaulich-architektonischen Anspruch, der hier dokumentiert ist, sprach auch der gute

7_Stadtzentrum Chemnitz. Im Bildhintergrund das Karl-Marx-Forum mit der Stadthalle und dem Interhotel „Kongress" sowie dem Gebäuderiegel des Rates des Bezirkes und der SED-Bezirksparteileitung dahinter (err. 1968–1979)

Erhaltungszustand für den Schutz der immerhin etwa 2300 Wohnungen umfassenden Anlage. Zudem sind aufgrund eines langwierigen Baufortgangs die bautechnologischen Entwicklungsschritte des DDR-Wohnungsbaus dokumentiert – vom Ziegelgroßblock bis zur Großtafelbauweise der WBS 70.

Auch einzelnen Beispielen der typisierten Architektur von Verwaltungsgebäuden, Gaststätten, Kaufhallen, Schulen oder Kindergärten wendet sich die Erfassung in den Landesdenkmalämtern immer häufiger zu. Interessant sind hier Bauwerke, die durch spezifische Stellungen in Bezug auf funktionale, technische und gestalterische Entwicklungslinien innerhalb dieser Bauaufgaben auffallen – die daher gewissermaßen Umbruchstellen markieren – und deshalb denkmalrelevant sein können, wie etwa Prototypen, Versuchs- und Musterbauten.[18] Ebenso wichtig erscheinen Exemplare, die besonders gut erhalten sind und pars pro toto für möglicherweise Hunderte andere gleich gebaute, aber vielleicht stark veränderte Beispiele stehen. Eine solche „Arche-Noah-Besatzung", wie es die Landeskonservatorin Ulrike Wendland nennt, müsste im Rahmen eines denkmalkundlichen Abgleichs unter den Landesdenkmalämtern der östlichen Bundesländer erarbeitet und gleichzeitig zum Gegenstand von Denkmalvermittlungskampagnen werden.[19] Hierbei bieten sich Kooperationen zwischen Ämtern und Hochschul- und anderen Forschungsinstituten an, in denen teilweise beachtliche historiografische Expertise zur Ostmoderne vorhanden ist. Beispielhaft demonstrieren der Beitrag dieses Bandes zu den DDR-Mensabauten und in gewisser Hinsicht auch der zu den Warenhäusern

die aus der Ur- und Frühgeschichtsforschung entlehnte Methode der „bautypologischen Reihenuntersuchung" (Abb. 6).[20] Durch die katalogartige Erfassung aller Neubauten einer Bauaufgabe und die Einbettung in die kulturellen, wirtschaftlichen und technologischen Kontexte wird eine Zusammenschau vergleichbarer Objekte erzeugt. Sie lässt schließlich den Stellenwert jedes einzelnen, unter Berücksichtigung seines heutigen Überlieferungszustandes, erkennen. Ausgangspunkt kann eine bestimmte Gruppe von Bauten sein, die vielleicht aktuell in ihrem Bestand gefährdet ist – wie etwa die erwähnten Warenhäuser – und die man auf potenzielle Denkmale hin untersuchen möchte, oder auch ein umstrittenes Einzelstück. Anlass für die Untersuchung zu den Mensabauten war der im Jahre 2010 erwogene Abbruch der Mensa am Park (1979–1982) der Bauhaus-Universität Weimar, die nicht als Kulturdenkmal registriert war.[21] Im Ergebnis wurde die Denkmalwürdigkeit von drei weiteren DDR-Mensabauten der 1960er bis 1980er Jahre fundiert herausgearbeitet und es wurden entsprechende Empfehlungen an die zuständigen Ämter gegeben.

Herausforderungen stellen auch die zentral gelegenen Ensembles der Ostmoderne in einigen der größeren Städte dar.[22] Hier ist bisher weitgehend ungeklärt, wie man zu (Denkmal-)Wertbeschreibungen gelangt, die erfolgreich in die Weiterentwicklung der Stadtbereiche integriert werden können. Gelungene Beispiele sind der erwähnte zweite Bauabschnitt der Berliner Karl-Marx-Allee und auch das Stadtzentrum von Chemnitz. Das dortige Karl-Marx-Forum (1968–1979) ist mittlerweile zu einem anerkannten Teil einer immer

7

noch in der Verdichtung begriffenen „Altstadt"-Konglomeration geworden, ohne dass die umgebende Freiraumgestaltung und der Wirkungsraum bisher sehr beeinträchtigt wurden (Abb. 7). In der Prager Straße von Dresden ist dagegen beim sogenannten „Weiterbauen" der Umgebungsschutz eines bereits klassischen Einzelstückes – des Rundkinos – nicht gewahrt geblieben. Auch wurde in den Städtebau erheblich eingegriffen, als verdichtende Neubauten entstanden und die Freiflächengestaltung umgedeutet wurde. Und trotzdem sind wesentliche Züge der beeindruckenden Gesamtkomposition immer noch erlebbar. Im Blick auch auf andere (während der letzten 20 Jahre städtebaulich entwertete und fassadensanierte) Ensemble ist es spannend zu fragen, wie viel (erst-)bauzeitliche Architektur ein solches potenzielles Denkmal des Städtebaus

8_Das Entstehungsjahrzehnt ist auf den ersten Blick nicht erkennbar: der ehemalige IFA-Verkaufspavillon in Magdeburg (err. um 1960) nach Sanierung und Nachnutzung zum Supermarkt im Jahr 2011 **9**_Materialcollage der Ostmoderne. Pavillonbauten an der Berliner Karl-Marx-Allee, links der heutige Bar-Pavillon und rechts das Café „Moskau" im Jahre 2008 **10**_Montage von Vorhangfassadenelementen an einem Mehrzweckgebäude aus dem Angebotskatalog des Metallleichtbaukombinats Leipzig, um 1977

grundsätzlich braucht, damit es beschreib- und verstehbar ist?

Das sind Aspekte, denen sich die Landesdenkmalpflege in Ostdeutschland in sehr unterschiedlicher Weise widmet. Dies haben die Beiträge des Symposiums „Denkmal Ost-Moderne" besonders anschaulich deutlich gemacht. Sehr verschieden sind die politischen, juristischen und wirtschaftlichen Rahmenbedingungen, unter denen Denkmalpflege in den einzelnen Bundesländern stattfindet. Während man in Berlin, einer der „Hauptstädte des Kalten Krieges"[23], auf ein grundsätzliches Verständnis bauen kann, bangt man in Sachsen-Anhalt und anderenorts eher um die Zukunft von Denkmalpflege und Denkmalschutz ganz allgemein. Initiativen, sich denkmalkundlich mit der ganzen Breite des Baubestandes der 1960er und 1970er Jahre zu beschäftigen, fallen dann selten auf fruchtbaren Boden. Dass die Hoheit über die Unterschutzstellung so junger Bauten einer Denkmalfachbehörde aus der Hand genommen werden kann, zeigt die Novellierung des Denkmalschutzgesetzes des Landes Schleswig-Holstein im Dezember 2011, wonach dem zuständigen Ministerium in diesen Fällen ein Vetorecht eingeräumt wurde. Auch schrecken manche Denkmalpfleger vor den möglichen Folgen einer vermeintlich zu intensiven Beschäftigung mit der Ostmoderne zurück: aufwendige Unterschutzstellungsverfahren einschließlich der Gegenwehr von Eigentümern oder drohender politischer Missliebigkeit sowie das Unterliegen bei solchen Auseinandersetzungen. Dabei lehrt die Praxis, dass Probleme oft dann entstehen, wenn Eigentümer in einer bereits in Gang gekommenen Projektentwicklungs- und Planungsphase vom Denkmalstatus „überrascht" werden und dass eine frühzeitige Eintragung und Erklärung oft einen gänzlich anderen Lauf der Dinge zur Folge hat.

PRAKTISCHE DENKMALPFLEGE_Eigentlich eine Frage der praktischen Denkmalpflege – die allerdings in

8

der Praxis die Inventarisation direkt beeinflusst – ist es, ob und wie zukünftige Sanierungen denkmalgerecht gelingen. Hier lohnt der Erfahrungsaustausch zwischen Ost- und Westmoderne besonders, geht es doch um ganz ähnliche technische Probleme. Besonnene Denkmalpfleger verweisen zurecht auf die besondere Fragilität der Eigenschaften und Qualitäten, die ein nachkriegsmodernes Baudenkmal konstituieren. Gerade wo Epochenabstand und ästhetischer Kontrast [zwischen Errichtungs- und Sanierungsphase] gering sind", warnt Adrian von Buttlar, drohe selbst beim bestgemeinten Weiterbauen schnell, ein wesenloser Hybrid' zu entstehen".[24] Die bei älteren Denkmalen so reizvolle und für deren Denkmaleigenschaft oft interessante Schichtung von Älterem und Neuerem ist schwierig zu erreichen. Dabei gehen die Anforderungen an Erhaltungsmaßnahmen fast immer über die Konservierung und Instandsetzung weit hinaus. Die Probleme sind die in der Praxis gut bekannten. Vom Streben nach Wirtschaftlichkeit und Energieeinsparung sowie von verschärften Sicher-

sichts eines solchen Vorgehens: Gewissheiten zurückzuhalten – wie die um die Denkmaleigenschaft eines Bauwerkes – widerspricht dem gesellschaftlichen Auftrag der behördlichen Denkmalpflege. Gilt es doch Denkmalwissen zu vermitteln und es in kulturelle Diskurse einzubringen.[26] Hans-Rudolf Meier verwies jüngst auf den

9

10

heitsanforderungen sind Bauherren und Bauaufsicht bei älteren Denkmalen erfahrungsgemäß durchaus bereit abzurücken. Seltener passiert dies aber bei der denkmalgeschützten Nachkriegsmoderne. Die allgemein eher wenig vorhandene Wertschätzung schlägt hier auf die Denkmalpflegepraxis durch. Oder, wie Norbert Huse es formulierte: „Abriss wie Erhaltung […] beginnen in den Köpfen."[25]

Angesichts der wenigen unumstrittenen und vorbildhaften Sanierungsbeispiele plädieren einzelne Landeskonservatoren längst für den denkmalkundlichen Tabubruch, die Eintragungen ins Denkmalbuch von der positiven Erhaltungsprognose für die denkmalkonstituierenden Eigenschaften abhängig zu machen. Die Einwände der Theorie zeugen zu Recht von Besorgnis ange-

„wesentlichen Unterschied, ob ein [denkmalwertes] Objekt als Resultat eines wirtschaftlichen oder politischen und damit öffentlichen Abwägungsprozesses verschwindet oder in vermeintlichem Konsens" mit der Denkmalpflege.[27] Hinzu kommt, dass ohne Denkmalstatus bautechnische Erhaltungsgutachten nicht förderfähig sind und im Falle eines nicht abwendbaren Abbruches eine Dokumentation gar nicht erst gefordert werden kann.

Die besondere Empfindlichkeit eines nachkriegsmodernen Baudenkmals zeigt sich an den meist großflächigen, fein profilierten und nur punktuell prononciert plastischen Fassaden. Hier sind die bauzeitlichen Oberflächenmaterialien mit ihren feinen Strukturen und Farbnuancen wesentliche Träger des Erscheinungsbildes und der Aura des

11_Das „Skandalfoto der Schalenzertrümmerung" (W. Kil) des „Ahornblatts" war 2000 wochenlang als Plakat an Wänden und Bauzäunen der Berliner City präsent. **12**_„Neu gegründete Ensembles wie die Prager Straße in Dresden präsentierten sich als demonstrativ zukunftsgewandte *modern islands* im vermeintlich Rückständigen". Dass sie schon 30 Jahre später selbst vermeintlich rückständige Inseln sind, thematisierte 2003 das Ausstellungsprojekt *modern islands*. Hier eine Installationsansicht der Arbeit von Karsten Konrad

Architekturzeugnisses. Wenn Fliesen, Glas- oder Keramikmosaike, Glasscheiben oder Metallflächen (mit oder auch ohne die typischen Email- oder Eloxalbeschichtungen) erneuert werden, ist schnell die erlebbare architektonische und historische Authentizität des ganzen Bauwerkes in Gefahr. Gleiches gilt für die seit Anfang der 1960er Jahre sich bahnbrechenden neuartigen Außenwandelemente, beispielweise mit Betonoberflächen, oder die typischen Metall-Glas-Vorhangfassaden, welche die bautechnische Grundlage der technisch perfekten und konstruktiv geprägten Architekturästhetik der Zeit darstellen. Sie gelten im Allgemeinen als wenig werttragende Industrieprodukte, oft dazu als materiell verschlissen und nicht instandsetzungsfähig. Dabei stellten Gebäudesanierungen der letzten Jahre in Dresden und Leipzig unter Beweis, dass bei maßvollen Erwartungen hinsichtlich des Wärmedurchgangswiderstandes und bei einem akzeptablen Erhaltungszustand klassische konservatorische Maßnahmen, wie Reinigung und Reparatur der Bauteile, ausreichend sein können.[28] Selbst Zweitverwendungen typengleicher und intakter Elemente von nicht geschützten „Spenderbauten" sind denkbar (Abb. 10).

Im Tagesgeschäft zwängen vor allem die Kältebrücken der thermisch nicht getrennten Profile und teilweise drastische Korrosionsschäden dem praktischen Denkmalpfleger die Frage auf, ob auf die Originalsubstanz zugunsten von aktuellem Ersatzmaterial verzichtet werden kann, wenn die materialgerechte Nachbildung von Profilierungen und Strukturen das Erscheinungsbild in die Zukunft überliefert – eine alte Frage, die nur am Einzelfall entschieden werden kann. Beispielsweise

verbindet sich die Denkmaleigenschaft des Hauses des Lehrers in Berlin selbstverständlich auch mit dessen „erster Vorhangfassade der DDR". Sie war zwischen den 1960er und 1980er Jahren mehrfach repariert und umgebaut sowie schließ-

11

lich mit bronzebeschichteten Glasscheiben ausgestattet worden. Die denkmalfachliche Diskussion der Solidität und ästhetischen Qualität der originalen Bestandsfassade führte schließlich im Rahmen der letzten Sanierung zur gestalterischen und materialmäßigen Nachbildung des (erst-)bauzeitlichen Erscheinungsbildes.[29] In anderen Fällen kann für die Erhaltung und Ertüchtigung solcher Vorhangfassaden allerdings eine mittlerweile eigene Geschichtlichkeit dieser Bauweise sprechen, die bis heute Gültigkeit hat und historischen (Denkmal-)Wert zugewiesen bekommt. Die originalen Konstruktionen und Materialien sind Dokumente der Bautechnikgeschichte, die sich nicht in ihrer Gesamtheit imitieren lassen. Die Anschaulichkeit und Patina der spezifischen „Ästhetik des Konstruktiven" geht verloren, weshalb man Roman Hillmann nur zu gut folgen kann, wenn er das grundsätzliche denkmalpflegerische Credo, beides – „Ästhetik und technische Umsetzung" – zu bewahren, auch für den Umgang mit den wertvollsten nachkriegsmodernen Fassaden einfordert.[30]

Der Kenntnisstand über die Konstruktionssysteme und Baumaterialien dieser Zeit ist allerdings noch längst nicht befriedigend. Dies gilt noch mehr für die darauf basierenden Verfahren der Instandsetzung und Anpassung an aktuelle – beispielsweise energetische – Erwartungen. Hier ergibt sich ein weiteres Feld für Kooperationen zwischen Denkmalämtern und interdisziplinär aufgestellten Institutionen mit dem Ziel, Forschungsprojekte durchzuführen und schließlich vorzeigbare Sanierungsbeispiele zu schaffen. Für deren breite Bekanntmachung wiederum hat Landeskonservator Jörg Haspel bereits 2007 auf der erwähnten Tagung des Deutschen Nationalkomitees für Denkmalschutz Best-practice-Publikationen vorgeschlagen, die allerdings bis heute ausgeblieben sind.

„ABRISS WIE ERHALTUNG […] BEGINNEN IN DEN KÖPFEN."__Wie bei anderen Objekten des umstrittenen Erbes liegt ein grundsätzlicher Schlüssel einer erfolgreichen Denkmalpflege in der breitenwirksamen Vermittlung des Anliegens. Obwohl diese jüngsten Denkmale offensichtlich auf ausführliche Erklärung und Vermittlung angewiesen sind, damit sie von der Gesellschaft verstanden und akzeptiert werden können, engagieren sich klassische Denkmalvermittler –

beispielsweise Geschichts- und Altstadtvereine sowie Stiftungen – für sie eher wenig. Gleichzeitig sind sie aber ganz besonders Gegenstände der immer noch unterentwickelten Denkmalpädagogik, weil sie noch nicht allgemein zertifiziertes Kulturgut und damit für Inter-

12

pretation und individuellen Zugang offen sind.[31] Ihr Streitpotenzial und -wert wurde in den letzten Jahren in West wie Ost sichtbar: In Berlin, Bonn, Köln, Leipzig, Dresden, Suhl und Potsdam beispielsweise traten Bürgerinitiativen für die Erhaltung bedrohter Bauten und Ensembles ein und versuchten mit öffentlicher Aufmerksamkeit, Druck auf die Politik zu erzeugen. Die Initiativen Beethovenhalle in Bonn und Mut zu Kultur in Köln entfalteten beeindruckende Breitenwirkungen und waren letztlich überaus erfolgreich. Letztere sammelte mehr als 50 000 Unterschriften für die Bewahrung des Riphahn-Bauensembles am Offenbachplatz.[32]

In Ostdeutschland begann sich mit dem Protest gegen den Abbruch des denkmalgeschützten

Ahornblatts in Berlin im Jahre 2000 eine regelrechte Streitkultur um die Nachkriegsmoderne zu etablieren (Abb. 11). Nicht immer stand die Frage der Erhaltungswürdigkeit im Sinne der Denkmalpflege im Mittelpunkt. Die Berliner Initiativen Zwischenpalastnutzung oder Volkspalast beispielsweise verstanden sich eher als grundsätzliche Beiträge zur Diskussion um Geschichtspolitik und Stadtentwicklung in der Mitte der Hauptstadt. In Dresden versammelten sich um das moderne Eiland Prager Straße Initiativen, die sich mit sozialen und künstlerischen Projekten verkoppelten (Abb. 12).[33] Abgesehen von den segensreichen Effekten, die Projekte temporärer Nutzung mit sich bringen, ergeben solche Prozesse für die Denkmalpflege immer auch wichtige Möglichkeiten der weiteren Vernetzung mit anderen Anliegen in der Gesellschaft.

Ganz konkret bewirkte die Problematisierung des Verlustes des Ahornblatts eine ganz spezielle flächenhafte Sensibilisierung: Die spektakulären Betonschalendächer des Ingenieurs Ulrich Müther werden seit den letztlich vergeblichen Aktionen geschätzt und geradezu vollzählig geschützt.[34] In Dresden entschlossen sich im Jahre 2008 das Landesdenkmalamt und das zuständige Staatsministerium sechs bedeutende Zeugnisse der Ostmoderne, darunter den Kulturpalast am Altmarkt, ins Denkmalbuch einzutragen.[35] Daran, dass 2011 die Abrisspläne zur Mensa am Park in Weimar fallen gelassen wurden, hat die dortige „Mensa-Debatte" einen wesentlichen Anteil.

Solche Initiativen bewirken immer häufiger positive Entwicklungen, auch weil das Anliegen zunehmend in unvoreingenommenen Augen und auch außerhalb von Denkmalpflege und Architekturgeschichte an Akzeptanz gewinnt. Die im neuen Jahrtausend etablierte Auseinandersetzungskultur – eine Phase von Protesten und Debatten – geht seit einigen Jahren zunehmend in eine Phase der Aneignung durch die Denkmalpflege über. Die Ostmoderne wird momentan zu einem ganz selbstverständlichen Gegenstand der Disziplin.

ANMERKUNGEN

1   Dem Thema wird seit einigen Jahren besondere Aufmerksamkeit geschenkt, was sich nicht zuletzt auch im Tagungsbetrieb zeigte. Siehe folgende Tagungsdokumentationen: von Buttlar, Adrian / Heuter, Christoph (Hg.): *denkmal!moderne. Architektur der 60er Jahre. Wiederentdeckung einer Epoche.* Berlin 2007; Hecker, Michael / Krings, Ulrich (Hg.): *Bauten und Anlagen der 1960er und 1970er Jahre – ein ungeliebtes Erbe?* Essen 2011; Franz, Birgit / Meier, Hans-Rudolf (Hg.): *Stadtplanung nach 1945. Zerstörung und Wiederaufbau. Denkmalpflegerische Probleme aus heutiger Sicht* (Publikationen des Arbeitskreises Theorie und Lehre der Denkmalpflege Bd. 20). Holzminden 2011; Gisbertz, Olaf für das Netzwerk Braunschweiger Schule (Hg.): *Nachkriegsmoderne kontrovers. Positionen der Gegenwart.* Berlin 2012. Siehe auch die Ausstellung *Denkmal!Moderne. Vom Umgang mit unserem jüngsten Architekturerbe* der AG „Gefährdete Nachkriegsmoderne" und des Schinkelzentrums für Architektur, Stadtforschung und Denkmalpflege an der TU Berlin, Juni/Juli 2007 (Leitung: Gabi Dolff-Bonekämper und Adrian von Buttlar).
2   Initiativen, die sich für die Rettung und/oder Vermittlung des baulichen Erbes der Ostmoderne engagieren, wurden im Rahmen eines Podiumsgespräches anlässlich der Tagung „Denkmal Ost-Moderne" durch Simone Hain vorgestellt: „Niko 31", „General Panel/Heimat Moderne" (Jens Fischer, Leipzig), der Film *Straße Nummer 1* (Oliver Päßler, Berlin), *Modern Islands, Rundkino* (Silke Riechert, Dresden). Vertreter der *Mensa-Debatte* in Weimar brachten ihre Initiative den Tagungsteilnehmern näher, indem sie diese um und in „ihr Objekt", die Mensa am Park, führten.
3   Hain, Simone: *Bau- und zeitgeschichtliches Gutachten. Zur Frage der Denkmalwürdigkeit des Sektionshauses am Augustusplatz in Leipzig* (unveröff. Typoskript). 2000, S. 2
4   Warda, Johannes: *Erinnerung, Recycling oder Abriss? Baudenkmale zwischen Erinnerungskultur und Ressourcenverwertung* (unveröff. Typoskript). 2010, S. 2
5   *Architektur und Städtebau der Fünfziger Jahre. Ergebnisse der Fachtagung des Deutschen Nationalkomitees für Denkmalschutz in Hannover 1990* (Band 41 Schriftenreihe des Deutschen Nationalkomitees für Denkmalschutz). Bonn 1990; *Verfallen und vergessen oder aufgehoben und geschützt? Architektur und Städtebau der DDR. Dokumentati*

on der Tagung des Deutschen Nationalkomitees für Denkmalschutz am 15./16. Mai 1995 in Berlin (Band 51 Schriftenreihe des Deutschen Nationalkomitees für Denkmalschutz). Bonn 1995

6 *1960 plus – ein ausgeschlagenes Erbe? Dokumentation der Tagung des Deutschen Nationalkomitees für Denkmalschutz am 17/18. April 2007 in Berlin* (Band 73 Schriftenreihe des Deutschen Nationalkomitees für Denkmalschutz). Bonn 2008

7 Hartung, Ulrich: „Funktions- und Gestalttypen in der DDR-Architektur der sechziger Jahre". In: Bernhardt, Christoph / Wolfes, Thomas (Hg.): *Schönheit und Typenprojektierung. Der DDR-Städtebau im internationalen Kontext. Erkner 2005*, S. 197

8 Ebd.

9 Wirth, Hermann: „Der denkmalpflegerische Umgang mit den baulichen Hinterlassenschaften der 1950er Jahre in Ostdeutschland". In: *Wiederaufgebaute und neugebaute Architektur der 1950er Jahre* (Thesis. Wissenschaftliche Zeitschrift der Bauhaus-Universität Weimar. 5/1997), S. 158–167

10 Siehe den Beitrag von Ulrich Hartung in diesem Band

11 Stabenow, Jörg: „Architektur und Städtebau der fünfziger Jahre in der DDR. Der Fall Chemnitz/Karl-Marx-Stadt". In: *Wiederaufgebaute und neugebaute Architektur der 1950er Jahre* (Thesis. Wissenschaftliche Zeitschrift der Bauhaus-Universität Weimar. 5/1997), S. 42–53; Topfstedt, Thomas: „Denkmale der Architektur und des Städtebaus der DDR. Zur Vorgeschichte ihrer Erschließung und zu Aspekten ihrer Erhaltung". In: *Verfallen und vergessen oder aufgehoben und geschützt? Architektur und Städtebau der DDR. Dokumentation der Tagung des Deutschen Nationalkomitees für Denkmalschutz am 15./16. Mai 1995 in Berlin* (Band 51 Schriftenreihe des Deutschen Nationalkomitees für Denkmalschutz). Bonn 1995, S. 14–18

12 Knoblich, Tobias J.: *Die Stadt und ich. Über Städtebau und Identität* (Referat auf der Tagung Expertenrunde Städtebaulicher Denkmalschutz in Berlin, 26.01.2010). http://www.staedtebaulicher-denkmalschutz.de/aktuelles/Die-Stadt-und-ich-Tobias-J-Knoblich-26-01-2010.pdf, Zugriff vom 04.02.2011

13 Hensel, Jana: *Zonenkinder*. Reinbek 2002, S. 34

14 Ebd.

15 Siehe *1960 plus – ein ausgeschlagenes Erbe?* 2008 (wie Anm. 6); Hassler, Uta / Dumont d'Ayot, Catherine (Hg.): *Bauten der Boomjahre – Paradoxien der Erhaltung*. Zürich 2009

16 Hierzu jüngst Hansen, Astrid: „Substanz und Erscheinungsbild. Chancen eines denkmalgerechten Umgangs mit der Nachkriegsmoderne". In: Gisbertz, Olaf für das Netzwerk Braunschweiger Schule (Hg.): *Nachkriegsmoderne kontrovers. Positionen der Gegenwart*. Berlin 2012, S. 152–165

17 Brülls, Holger: „Denkmalschutz für gerade vergangene Gegenwart? In: Scheuermann, Ingrid u. a. (Hg.): *Zeitschichten. Erkennen und Erhalten – Denkmalpflege in Deutschland. 100 Jahre Handbuch der Deutschen Kunstdenkmäler von Georg Dehio*. Dresden 2005, S. 292f.

18 Hain 2000 (wie Anm. 3), S. 2ff.

19 Siehe den Beitrag von Ulrike Wendland in diesem Band

20 Siehe die Beiträge von Benjamin Rudolph und Tobias Michael Wolf in diesem Band. Vgl. auch Escherich, Mark:

Inventarisationsgutachten Architektur 1960–1989 in Thüringen (unveröff. Typoskript). Erfurt 2001, S. 242

21 Siehe auch www.mensadebatte.de

22 Vgl. hierzu Haspel, Jörg: „1960 plus – ein ausgeschlagenes Erbe? – Resümee". In: *1960 plus – ein ausgeschlagenes Erbe?* 2008 (wie Anm. 6), S. 51f.

23 So formulierte jüngst der Berliner Landeskonservator Jörg Haspel.

24 von Buttlar, Adrian: „Acht Thesen zum Denkmalschutz der Nachkriegsmoderne". In: Meier, Hans-Rudolf / Scheurmann, Ingrid (Hg.): *DENKmalWERTE. Zur Theorie und Aktualität der Denkmalpflege*. München/Berlin 2010, S. 131

25 Huse, Norbert: „Annäherung und Instandsetzung. Vom denkmalpflegerischen Umgang mit den Bauten der Moderne". In: Wüstenrot Stiftung (Hg.): *Denkmalpflege der Moderne. Konzepte für ein junges Architekturerbe*. Stuttgart/Zürich 2011, S. 23

26 Meier, Hans-Rudolf: „Denkmalschutz für die ‚zweite Zerstörung'?" In: Franz / Meier, 2011, (wie Anm. 1), S. 26f.

27 Ebd.

28 „Blaues Gebäude", Könneritzstraße 25 in Dresden, und ehem. MLK-Verwaltungsgebäude, Arno-Nitzsche-Straße 45 in Leipzig-Lößnig

29 Rothkirch-Ihden, Silke: „Mich fasziniert die komplexe Lösung. Kerk-Oliver Dahm zur Rekonstruktion von Haus des Lehrers und Kongresshalle". In: Flierl, Thomas (Hg.): *List und Schicksal der Moderne. Hermann Henselmann zum 100. Geburtstag*. Berlin 2008, S. 35f. Siehe auch den Beitrag von Norbert Heuler in diesem Band

30 Hillmann, Roman: „Neue Fassadentechnik, altes Erscheinungsbild – Was passiert konstruktionsästhetisch?". In: Weller, Bernhard / Jakubetz, Sven (Hg.): *Denkmal und Energie 2008*. Dresden 2008, S. 46f.

31 Harwart, Christoph: „Beispiele für Denkmalpädagogik in unterschiedlichen Situationen der Bildungsarbeit". In: *Kritische Berichte. Zeitschrift für Kunst- und Kulturwissenschaften*. 1/1991, S. 5. Siehe auch Escherich, Mark: „Erklären, Inszenieren, Provozieren? Strategien der Vermittlung ungeliebter Denkmale". In: *Die Denkmalpflege*. 1/2009, S. 60–65

32 Krings, Ulrich: „Das sogenannte Riphahn-Ensemble am Offenbachplatz in Köln – Chronik einer Erfolgsgeschichte?". In: *Die Denkmalpflege*. 1/2010, S. 41–46

33 Unterer anderen: „Kulturpalast erhalten" (seit 2003), „rundkino revisited" (seit 2003), „rundkino dresden e.V." (2004–2008), „Arbeitsgemeinschaft CENTRUM WARENHAUS" (seit 2004/05) und „Modern Islands – Zur De-Konstruktion von Zukunft" (2003, Ausstellungsprojekt)

34 Siehe den Beitrag von Tanja Seebäck in diesem Band. Vgl. Schröder, Jan: „Denkmalpflege in der Hansestadt Rostock". In: Gehrig Verlagsgesellschaft mbH (Hg.): *Denkmalschutz und Denkmalpflege in Hansestädten Mecklenburg-Vorpommerns*. Merseburg o. J., S. 5

35 Müller, Michael: „Nachkriegsmoderne der DDR in Dresden 1960–1975 – Erfassung von baulichen Zeugnissen der jüngeren Vergangenheit". In: Landesamt für Denkmalpflege Sachsen (Hg.): *Denkmalpflege in Sachsen. Mitteilungen des Landesamtes für Denkmalpflege Sachsen / Jahrbuch 2008*. Dresden 2009, S. 119–123; „Dresden stellt Bauten der DDR-Moderne unter Denkmalschutz". In: *Sächsische Zeitung* vom 23.09.2008

ZUR SPEZIFIK DES MODERNEN IN DER DDR-ARCHITEKTUR.
THESEN_ULRICH HARTUNG

1. Durch die Politik der Wiedervereinigung ist die DDR Geschichte geworden. Damit muss auch deren Architektur als Geschichtsdokument behandelt und nach den Kriterien baugeschichtlicher Untersuchung erforscht werden. Eine besonders reflektierte Hermeneutik erfordern dabei die Bauten der Moderne.

Die Einführung der bürgerlichen Gesellschafts- und Eigentumsordnung hat den Sozialismus in seiner deutschen Ausprägung zu einem Phänomen der Geschichte gemacht. Auch seine Bauten wurden so zu Zeugnissen einer vergangenen Zeit. Dieser Zeugniswert besteht unabhängig davon, ob er im Einzelfall erkannt, das Bauwerk unter Schutz gestellt und gepflegt oder ob es lediglich als Überbleibsel eines überwundenen Systems betrachtet und als Hindernis für eine ökonomisch oder politisch induzierte Neugestaltung abgeräumt wird. Auf solche Weise sind inzwischen derart viele exemplarische Bauten der DDR-Architektur „historisch gemacht" worden, dass sie kaum noch in ihren charakteristischen Werken erfahren werden kann.

In dieser Situation steht für den Architekturhistoriker, der nüchtern und ohne Vorurteile an seine Arbeit herangeht, die Aufgabe, das Gesellschaftssystem der DDR aus seinen baulichen Hinterlassenschaften heraus ergründen zu helfen. Zu analysieren sind zuerst die einzelnen Bauten und Bautengruppen, die noch bestehenden wie die zerstörten. Sie bilden die primären Quellen, denn an ihnen werden ideologische wie technisch-funktionelle Normen erfassbar; in ihnen konkretisierten sich allgemeine Wertsetzungen ebenso wie regionale oder lokale Besonderheiten, und sie resultierten in jedem Fall, klar ersichtlich oder kaum zu erkennen, aus persönlichen Entwurfsentscheidungen. Nur aus der Kenntnis verschiedener Einzelgebäude ergeben sich die Fragestellungen, die zu einer sachhaltigen Analyse des DDR-Sozialismus führen, und erst der „innere" Vergleich der Gebäudelösungen, ihrer Übereinstimmungen und Differenzen nach den bauästhetischen, baupolitischen und allgemein-ideologischen Umständen ihrer Entstehung bildet die Grundlage für einen Vergleich der DDR-Architektur mit der ebenso intensiv zu analysierenden Architektur der Bundesrepublik (Abb. 1 und 2).

Angesichts der gegenwärtigen Rückbaupolitik richtet sich der Blick des Architekturhistorikers vor allem auf die Gebäude, die dem Drang zur Historisierung besonders entgegenstehen, die der Moderne aus den 1960er bis 1980er Jahren. Was dermaßen starke Wünsche nach Beseitigung oder zumindest Unkenntlichmachung hervorruft, muss aus einer gänzlich anderen Körper- und Raumauffassung, einem anderen

Menschenbild, einem anderen Geschichtsverständnis resultieren als dem derzeit herrschenden. Die Eigenart des Vergangenen, seine bau-

der Zeugnisse vor den irrealen Maßstäben der Totalerhaltung älterer Baustrukturen und – zugleich – einer „baukünstlerischen

1

historische Qualität, soll erfasst und benannt werden.

2. Die künftige Forschung zur Moderne im Bauen der DDR kann auf einer Reihe von Arbeiten aufbauen. Vom Einzelbau und Einzelfall ausgehend, erschließen sie die Dokumente dem historischen Verständnis und machen so Besonderheiten der Entwicklung erkennbar, die zu einer spezifischen Architektur geführt haben. Den ersten Ergebnissen wissenschaftlichen Bemühens steht eine Werthaltung gegenüber, die das Gros

Kreativität" verschwinden lassen will. Sie zu überwinden, dazu eignen sich nur Untersuchungen, die ganz aus dem Material gearbeitet sind und auf breiten Geschichtskenntnissen beruhen.

Dies gilt vor allem für Andreas Butters Werk „Neues Leben – Neues Bauen". Erst seine umfassenden Analysen zeigten, dass sich der „Kampf gegen den Formalismus" gegen ein reales Bau- und Planungskonzept richtete, das der beginnenden Moderne. Wie stark die Auseinandersetzungen um eine sozialistische Architektur durch

2_Dresden, Altmarkt, Kulturpalast; Wolfgang Hänsch, Herbert Löschau und Mitarbeiter, Heinz Zimmermann (Innengestaltung), Walther Reichardt (Akustik), Lothar John (Statik), 1966–1969 **3**_Oranienburg, Mahn- und Gedenkstätte Sachsenhausen, Denkmalsplatz mit Monument der Nationen und Gedenkhalle; Ludwig Deiters, Horst Kutzat, Hubert Matthes, Hugo Namslauer, Kurt Tausendschön (Kollektiv Buchenwald), 1956–1961 (Gedenkhalle abgerissen)

2

persönliche Positionen, die individuelle Verarbeitung von Erfahrungen und Konzepten geprägt waren, hat Simone Hain nachgewiesen; eine „Architekturgeschichte ohne Namen" kann nach ihren Arbeiten nur mehr ein Reflex des Persönlichkeitsabbaus ihrer Verfasser sein.

Wichtige Einsichten in die Bau- und Planungsgeschichte von Funktionstypen in der DDR-Architektur versprechen die Forschungen Roman Hillmanns. Auf die Analyse spezialisierter Montagekonstruktionen ausgerichtet, erfassen sie Charakteristika des industrialisierten Bauens. Ihnen kann die Arbeit von Tanja Seeböck zu den Schalenbauten des Ingenieurs Ulrich Müther zur Seite gestellt werden. Den Vorschlag, alle in der DDR entwickelten Typen des Montagebaus für Wohn-, Gesellschafts- und Industriegebäude in einer ersten Zusammenstellung zu charakterisieren, hat der Verfasser mit Ute Jochinke und Irma Leinauer unterbreitet; dass er nicht angenommen wurde, macht die Aufgabe nur dringlicher.

In den Büchern „Ostkreuz" und „Aufbau" haben Werner Durth, Niels Gutschow und Jörn Düwel das bislang kaum bestrittene Faktum ausgebreitet, dass Architektur und Städtebau in den ersten 20 Jahren der DDR nach den direkten politisch-ideologischen Vorgaben der Partei- und Staatsführung entwickelt wurden. Joachim Palutzki gibt mit seiner Dissertation, 1998 unter dem korrekten Titel „Architekturpolitik in der DDR" vor dem rheinischen Landeskonservator Udo Mainzer und dem Architekturhistoriker Günther Binding als Gutachtern verteidigt, einen ersten Überblick über das Thema; doch werden hier die ideologischen Vorstellungen der Politiker und der Planer wie auch ihre bauästhetischen Konsequenzen für die Architekturen der Einzelbauten kaum auf die Instrumente der Architekturpolitik bezogen.

Eine Haltung, die der sachlichen Analyse von Architektur und Politik entgegensteht, demonstrierte Holger Brülls, Konservator am sachsen-anhaltischen Amt für Denkmalpflege, in einem Beitrag zum Katalogbuch der Ausstellung „Zeitschichten" von 2005. Seine Behauptung, angesichts der Produkte der „DDR-Architekturfabrikation" bleibe für Inventarisatoren, die nicht nur historische Fakten registrieren, sondern auch kritische Werturteile formulieren wollten, „unter dem Strich" nur wenig übrig, was einen Erhaltungsanspruch nachhaltig legitimieren könnte, zeigt sich einer politischen Strategie der Delegitimierung verhaftet, welche die Ergebnisse beginnender Forschung

von vornherein zurückweist. Anstatt den historischen und den bauhistorischen Wert im Einzelfall abzuwägen, wird das Gebaute an „den Spitzenwerken der Architektur in Westdeutschland" gemessen und entsprechend abgewertet. Solcher Mangel an Geschichtsbewusst-

3

sein erzeugt eine zerstörerische Praxis, die nur in gemeinsamer Facharbeit von Architekturhistorikern, Denkmalpflegern und Architekten aufgehalten werden kann.

3. Die Historiografie des Bauens in der DDR verlangt zunächst, das Quellenmaterial in seiner Differenziertheit zu erfassen. Jedes Bauwerk oder jede Baumaßnahme konnte sich nach dem Zweck, nach der Lokalisierung im städtebaulichen Raum und nach der Art und Größe des baulichen Eingriffs von anderen unterscheiden. Sie alle müssen Gegenstand der Forschung werden, um die Stellung der Moderne in der DDR-Architektur bewerten zu können (Abb. 3, 4 und 5).

4

Die moderne Architektur der DDR verkörperte sich in den verschiedensten Bauaufgaben. Neue Industrieanlagen bildeten die Basis für die ökono-

mische und damit politische Existenz von Staat und Gesellschaft; immer mit Büro- und Versorgungsgebäuden, oft mit Gesundheits- und Kulturbauten sowie mit Gebäudekomplexen für die Weiterbildung kombiniert, zogen sie die Errichtung ganzer Stadterweiterungen nach sich. Wohnkomplexe entstanden in den Industrie- und Verwaltungszentren und einzelne Wohnhäuser und Wohngruppen ergänzten vielerorts ältere Viertel. Den Wohngebieten waren verschiedene Gesellschaftsbauten zugeordnet – erst im Ver-

band beider Funktionen konnte sich die angestrebte Qualität des „sozialistischen Wohnkomplexes" realisieren.

Eine spezifische Bauaufgabe stellten die multifunktionalen Kulturhäuser dar. Größere Kulturbauten, so die Stadthallen, gehörten wie Versorgungs-, Verwaltungs- und auch Wohngebäude zur repräsentativen Gestaltung der Stadtzentren. Hier lassen sich, bis hin zu den Kreisstädten, spezialisierte Gebäude finden, so etwa jene des Volkspolizei-Kreisamts und der Musikschule. Militär- und Kontrollbauten wie die des Ministeriums für Staatssicherheit müssen ebenso dazugezählt werden wie zum Beispiel jene Verkehrsbauten, die schnelle Verbindungen zwischen den Zentren herstellten. Aus ihrer Funktion heraus waren diese, wie die Kasernen und spezielle technische Bauten, zum Beispiel die Funk- und Richttürme der Deutschen Post, meist im Landschaftsraum situiert. Eine solche Lage gab der Freizeitarchitektur ihre besondere Attraktivität.

Gotteshäuser der diversen Konfessionen wurden an verschiedenen Stellen errichtet; der Kirchenbau ist, mit allein 35 Neubauten der evangelischen Kirche auf dem Gebiet des heutigen Landes Brandenburg, keineswegs als irrelevant zu betrachten.

Alle diese Bauaufgaben konnten durch die Errichtung von Neubauten erfüllt werden; doch waren in vielen Fällen der Wiederaufbau oder die Anpassung, die Umgestaltung und Erweiterung alter Gebäude das Gegebene. Den Alltag des Baugeschehens prägten die Reparatur und die Sanierung, auch die funktionelle Modernisierung (Rekonstruktion) von Altbauten, um sie recht unspektakulär weiter nutzen zu können. Die Modernisierung, auch die Renovierung von Fassaden, dokumentierte eher ein kulturell-repräsentatives Interesse, das in der Restaurierung von einzelnen Baudenkmalen kulminierte.

beantwortet werden: Mit der Freigabe des Entwerfens für eine ökonomisch bestimmte Rationalität schloss sich auch in der DDR das

5

Das ist das Forschungsfeld, das es in seiner ganzen Ausdehnung zu überschauen gilt, bevor Allgemeinaussagen über die DDR-Architektur gemacht oder gar Urteile über ihren Gesamtwert und den der Bauten der Moderne abgegeben werden können.

4. Ist das „Material" in seinem gesamten Umfang erfasst, dann erhebt sich die Frage nach dessen innerem Zusammenhang. Diese Frage kann nur historisch konkret, also im Blick auf die Entwicklung am Ende der 1950er Jahre,

Bauen der internationalen Architektur der Moderne an. In einzelnen Aspekten war dieses von einer eigenständigen Ausformung des Modernekonzepts geprägt, die vor allem in der spezifischen Aufnahme und Verarbeitung nachfolgender Tendenzen bestand.

Die moderne Architektur der DDR ist nur zu begreifen, indem sie als der weltweiten Gestaltungsbewegung der 1950er bis 1970er Jahre zugehörig und zugleich als spezifisches Produkt der

6_Rostock, Wohngebiet Lütten Klein. Mehrzweckhalle und Wohnscheiben; Erich Kaufmann, Ulrich Müther (Konstruktion), 1967–1968; Carl-Heinz Pastor; ca. 1966 **7**_Karl-Marx-Stadt (Chemnitz), Stadthalle und Interhotel „Kongress"; Rudolf Weißer und Mitarbeiter, Achim Natzschka (Statik), Karl Wienke (Freiflächen), 1969–1974

Entwicklung von Staat und Gesellschaft in Ostdeutschland verstanden wird. Sie geht nicht einfach in einem „internationalen Stil" auf, sondern bildet innerhalb der Architekturmoderne eine eigene Variante, gekennzeichnet durch gesellschaftspolitisch induzierte, in Gestaltung umgesetzte Besonderheiten.

Die Bauten der internationalen und die der Ost-Moderne gleichen sich in ihrer Grundgestalt; sie verbindet das gleiche Formprinzip, das der Autonomie und der Abstraktion, auf dem funktionsanalytischen Entwurfskonzept der Moderne beruhend.

Alle Gebäude, ob groß oder klein, sind autonome Gebilde, mit ihrer plastischen Kraft in den Außenraum ausstrahlend. Baukörper und Innenräume bestehen aus klaren geometrischen Formen, die sich nur in Größe und Materialität unterscheiden, als gestaltbildende Elemente aber gleichwertig sind. Allein ihre Qualität als Funktions- und Konstruktionselemente bestimmt die Behandlung der Bauteile. Das Verhältnis der Formen und Körper charakterisieren Kontrastspannungen zwischen offenen und geschlossenen Flächen, gelagerten und aufgerichteten Formen und ebenso zwischen rektangulären und eher organischen, auch nichteuklidischen Geometrien, wie an den Schalenbauten. Dieser spannungsvolle Ausgleich kennzeichnet sie bauästhetisch als Schöpfungen der Moderne (Abb. 6).

Deren Ausprägung im Bauen der DDR lässt die spezifischen Anforderungen und Bedingungen des „Arbeiter- und Bauernstaates" erkennen. Im Vergleich mit der Architekturentwicklung in Westeuropa – ein solcher „System"-Vergleich, angestellt mit einheitlichen Methoden, bei gleicher Durchdringung des Analysematerials beider Sei-

ten, ist erst noch zu leisten – kann eine kollektivistische Interpretation von Modernität der individualistischen Lesart des Westens gegenübergestellt werden.

6

Sie hat zum einen die Besonderheit, dass den verschiedenen Gebäudezwecken nicht bloß klar erkennbare Gebäudegestalten entsprachen, wie auch in der westlichen Architektur, sondern dass für fast alle Funktionen Typenbauten als Funktionstypen oder zumindest typisierte Konstruktionen entwickelt und industriell vervielfältigt wurden. Die sichtbar gleiche Funktionserfüllung harmonierte mit dem Gleichheitsideal des Kollektivismus; in den Unterschieden der funktionell bestimmten Baukörper konnte sich der Reichtum an gesellschaftlichen Beziehungen verkörpern, der den „neuen Menschen" prägen sollte.

Zum anderen führte die postulierte höhere Bedeutsamkeit der Gesellschaftsbauten gegenüber denen einer individuellen Nutzung zum Bestreben nach Monumentalisierung. Es entstand ein Spannungsverhältnis oder gar ein Widerspruch zu dem Einheitsideal der reinen funktionalen Qualität. Eine Lösung boten Kompositionen, welche die stark plastischen, von der Raumform bestimmten großen Gesellschaftsbauten in einen unmittelbaren Kontrast zu hohen, funktionell massierten Bauwerken anderer Funktion, den „Höhendominanten", stellten (Abb. 7 und 12).

In diesen Entwicklungskonflikten zwischen selbstgeschaffener Planökonomie und politischem Ehrgeiz, zwischen funktionaler Präsentation und gesellschaftlicher Repräsentation liegen, verkörpert durch Bauten und in Plänen eingezeichnet, die Spezifika des modernen Bauens in der DDR.

5. Ebenso wie in der Architektur zeigen sich die Besonderheiten der Moderne-Adaption im Städtebau, dessen erste Aufgabe in der Gestaltung räumlicher Beziehungen zwischen Bauten, Baukomplexen und Stadt- oder Ortsteilen besteht. Hier wurde das Ordnungsprinzip der internationalen Moderne, funktionelle Bezüge durch die bewusst gestalteten Kontrastbeziehungen autonomer Bauten und Baukomplexe erkennbar zu machen, aufgenommen und nach eigenen ideologischen Wünschen abgewandelt: Auf der Grundlage der rektangulären Ordnung entstanden elementare, deutlich abgegrenzte Raumgebilde. In ihnen sollten, entsprechend dem kollektivistischen Ideal, die wichtigsten Gesellschaftsbauten dominieren (Abb. 8 und 9).

In West und Ost strebten die Entwerfer von Bautengruppen oder ganzen Stadtteilen nach einem ausgewogenen Gleichgewicht der Gebäude-

7

massen. Sie setzten die frei stehenden Bauten in Kontrastbeziehungen, nach dem Gesetz der Eurhythmie, das als Kompositionsprinzip der Moderne zu seiner Konsequenz geführt wurde: Spannungsräume zwischen Baukörpern gleicher qualitativer Bedeutung zu bilden. Darin kam ein neuartiges Ideal von Harmonie zum Ausdruck. Es entstanden Begegnungsorte für „moderne Menschen", die sich, ohne jede Hierarchie der gesellschaftlichen Formen, der Arbeit und dem Genuss widmeten, mit den anderen verbunden durch die Rationalität ihres bewussten Lebens. Diesem Selbstgefühl, diesem Körper- und Raumgefühl entsprach die Urbanistik der Moderne. Sie kam auch dem Streben nach Weltläufigkeit entgegen, das die Architekturpolitik der 1960er

kommen. Wie die Einzelbauten in ein gemeinschaftsbildendes „Ensemble" eingeordnet sein mussten, legte Milde am Plan des Rostocker

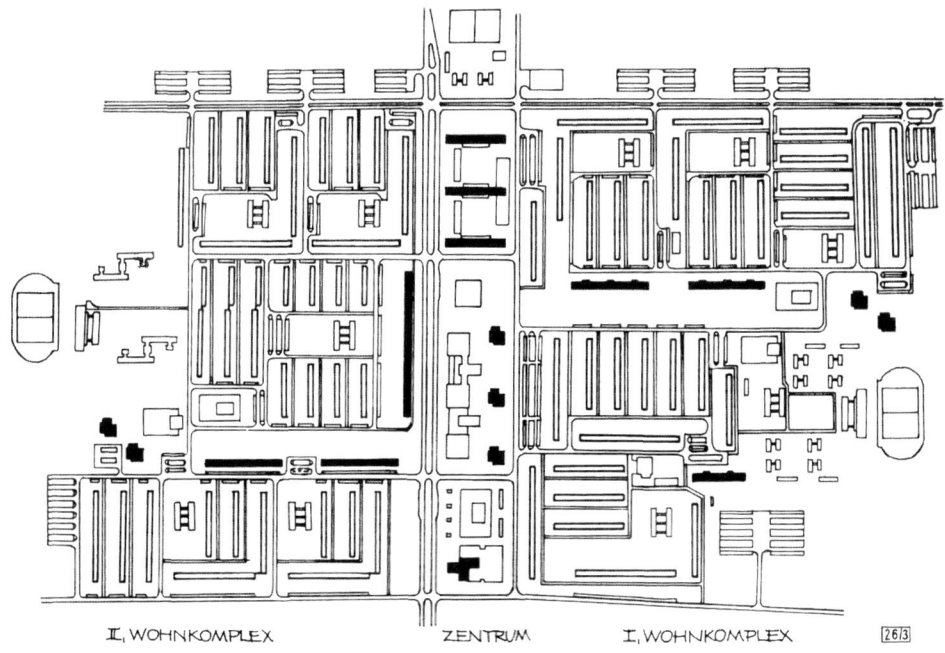

8

Jahre bestimmte. Doch ließen die „fließenden" Räume zwischen den Baukörpern zu wenig von der Gemeinschaftlichkeit erkennen, die alle „sozialistischen Menschen" verbinden sollte. Der Modernismus musste modifiziert werden, nach dem kollektivistischen Menschenbild des Sozialismus, wie es Kurt Milde formulierte: „Das menschliche Individuum erhält seine vollkommene Ausbildung und seinen vollen Wert erst in seiner Beziehung zur Gesellschaft."[1]

Diese Beziehung sollte in einem entsprechend klaren Raumbezug der Baukörper zum Ausdruck

Wohngebiets Lütten Klein (Abb. 8) dar: „Das Haus erhält seine gestalterische Potenz durch seine Stellung im Ensemble. Wenn es dort steht, wo es hingehört, die Form besitzt, um das Ganze ausdrucksstark und einprägsam zu machen, wird es einmalig sein, einmalig durch seine Stellung im Kollektiv. Diese Einmaligkeit gilt es zu erfassen und sie einmalig, d. h. individuell – nicht individualistisch – zu lösen."[2] Das einzelne Gebäude konnte demnach sachlich gestaltet, industriell gefertigt, ubiquitär sein; im Ganzen aber sollte das Wohngebiet, sollte die Stadt oder Ortschaft das Gesellschaftsideal des Sozialismus verräumlichen und darin Individualität gewinnen – eine Spannung, die kaum aufzuheben war. Der Widerspruch im Städtebau des Westens, zwischen dem Ehrgeiz nach persönlicher und korporativer Machtdemonstration und dem ideellen Anspruch auf allgemeine individuelle Selbstentfaltung, ist hierzu komplementär. Ein solches Moment des Gegensätzlichen kann akzentuieren, wie unterschiedlich das Synthesekonzept der Architekturmoderne interpretiert wurde: im Westen sollte Einheit durch Freiheit, im Osten Freiheit durch Einheit erreicht werden.

derne kann nur als ein ideologisches verstanden werden. Ideologisch war der Blick der Politiker auf die Moderne, weil er nicht von

9

spruch im Städtebau des Westens, zwischen dem Ehrgeiz nach persönlicher und korporativer Machtdemonstration und dem ideellen Anspruch auf allgemeine individuelle Selbstentfaltung, ist hierzu komplementär. Ein solches Moment des Gegensätzlichen kann akzentuieren, wie unterschiedlich das Synthesekonzept der Architekturmoderne interpretiert wurde: im Westen sollte Einheit durch Freiheit, im Osten Freiheit durch Einheit erreicht werden.

6. Das Verhältnis der „wissenschaftlichen Weltanschauung", des Marxismus-Leninismus, zur Planungs- und Baupraxis im Sinne der Mo-

einer Analyse des Geschehens, sondern von vorgefassten Grundüberzeugungen ausging. Deshalb konnte die Praxis des Bauens, die diese Politiker selbst in Gang setzten, niemals ganz begriffen, ihre Ergebnisse und deren Folgen konnten kaum erkannt und beherrscht werden. Dabei wirkten die Ideale der Ideologen, die mit der Vergesellschaftung aller Lebensbereiche einem naturgesetzlich aufgefassten Fortschritt zu dienen meinten, auf Architektur und Städtebau ein – sie bildeten keine Rechtfertigungstitel für ein bloßes Streben nach Macht, wie heutige Ideologen es sich vorstellen.

Von diesem „begriffslosen" Umgang mit der Moderne hoben sich die Bemühungen einiger Analytiker ab, das Konzept in eine sozialis-

10

tisch-kommunistische Perspektive zu stellen. Sie gelangten in einer bemerkenswerten Gedankenentwicklung dazu, den Begriff des Bauens überhaupt neu zu bestimmen, gerieten allerdings in einen ganz unideologischen Konflikt mit der Baupraxis, als sich diese in den 1980er Jahren immer deutlicher von der der Moderne entfernte.

Diese war in der DDR weder „eingeführt" noch gar programmatisch begründet worden; sie „er-

gab sich" vor allem aus dem recht pragmatischen Bestreben, das industrialisierte Bauen ästhetisch zu beherrschen. Erst die unübersehbare Qualität – und Menge – des Neugeschaffenen machte eine Anpassung an die einschlägigen Ideologeme erforderlich.

Die wichtigste Modifikation der ideellen Selbstbegründung im Bereich des Bauens betraf den Gesetzesglauben der Marxisten-Leninisten, die Überzeugung, die objektiven Entwicklungsgesetze von Natur und Gesellschaft zu kennen und nunmehr, in der neuen Gesellschaft, bewusst anwenden und zu schöpferischer Wirkung bringen zu können. War das Konzept der „Nationalen Traditionen" von der Vorstellung geprägt gewesen, alle humanitär-ästhetischen Werte der Vergangenheit synthetisieren zu müssen, wurde nun das „Neue" in der architektonischen Beherrschung rationaler Planungs- und Produktionsgesetze gesehen. Die Ausdruckswerte moderner Architektur ließen sich als Ausdruck dieser Herrschaft interpretieren.

Die ersten Versuche, das Modernekonzept wissenschaftlich zu reflektieren und es für die Architekturtheorie fruchtbar zu machen, gingen dem voraus und weit darüber hinaus. Speziell die Texte Bruno Flierls und Lothar Kühnes vom Ende der 1950er Jahre sind von einem analytischen Zugriff auf die Probleme der Praxis bestimmt. In der Begrifflichkeit noch an die Idealismen der „Widerspiegelungstheorie" gebunden, sprengte es bereits den Rahmen der Ideologie, wenn Bruno Flierl erkannte, „dass in der Kunst die Art, wie das Verhältnis der Teile untereinander und zum Ganzen der Form bestimmt wird, eine Widerspiegelung des gesellschaftlichen Verhältnisses der Menschen untereinander [zueinander] und zu Ganzen der Gesellschaft ist."[3] Dieser Zusammenhang realisiere sich in neuen Gesellschaftsordnungen, während im „untergehenden Kapitalismus" eine „produktive Gemeinschaft mechanisch additiv als Summe aus den Teilen, noch erlangt es eine hierarchische und die Teile in ihrer Individualität herabwürdigende Bedeutung."[5] Formuliert war hier ein politisch-ästhetisches Ideal, das sich auf das Formprinzip moder-

11

von Individuen" wegen der „individualistische[n] Herrschaft des einzelnen" nicht mehr möglich sei.[4]

„Im Sozialismus dagegen entwickelt sich das Individuum im Kollektiv und durch das Kollektiv. Es entspricht daher dem auf diese Weise organisierten gesellschaftlichen Verhältnis der Menschen untereinander und zum Ganzen der Gesellschaft, wenn für die sozialistische Kunst das Programm erwächst, die Teile untereinander und zum Ganzen der Form in eine harmonische Übereinstimmung zu bringen und das Ganze als die übergeordnete Einheit für die Teile anzuerkennen sowie bewusst auf die Ganzheit hinzuzielen und von ihr auszugehen. Das Ganze ergibt sich dann weder

nen Bauens bezog und so die Moderne eigenständig interpretierte. Aus Ansätzen wie diesem entwickelten sich Überlegungen zur Architekturtheorie von mehr als nur historischer Bedeutung. Die Geschichte architekturtheoretischen Denkens in der DDR stellt deshalb ein Forschungsthema von großer Aktualität dar.

7. In kaum einem anderen Land war das Bauen so industrialisiert wie im zweiten deutschen Staat: Alle Bauaufgaben, die sich mehrfach stellten, löste man durch Montagebauten aus vorgefertigten Elementen auf der Basis von Typenprojekten. Solche Projekte entstanden, vor allem am Beginn der zweiten Entwicklungs-

12_Berlin, Wohngebiet Fischerinsel, Wohngebietszentrum mit Gaststätte (im Bau) und Wohnhochhäusern; Zentrum; Helmut Stingl, Gerhard Lehmann, Rüdiger Plaethe und Mitarbeiter, Ulrich Müther (Konstruktion), 1971–1973 13_Halle/Saale-Glaucha, Zentrum Steg, Wohnhochhäuser (Hallesche Monolithbauweise); Peter Morgner und Ingrid Schneider, ca. 1979–1985

phase der Moderne, für die „traditionelle" Bauweise. Doch war bereits hier der Einsatz von konstruktiven Montagebauteilen üblich, ebenso

gen entwickelte sich eine differenzierte Ästhetik des Montagebaus, die das markanteste Spezifikum der DDR-Moderne bildet.

12

wie zahlreiche einmalige Bauten aus getypten Montageelementen errichtet wurden. Während die Wohnhäuser, später auch die Schulen und Kindereinrichtungen, meist in der Tafelbauweise entstanden, mussten Gebäude größerer Raumspannweiten im Skelettbau montiert werden (Abb. 10 und 11). Andere Bauweisen des Stahlbetonbaus, wie der Gleitbau, das Tunnelschal- und das Deckenhubverfahren, kamen als Ergänzungskonstruktionen im Industriebau oder für besonders anspruchsvolle Bauaufgaben zum Einsatz. Aus den unterschiedlichen funktionellen und repräsentativen Anforderun-

In Gebäuden aller Bauweisen verkörperte sich das struktive Ordnungsprinzip des Rationalismus: Ob bei den Montagebauten die Einzelformen in eine serielle Gliederung eingespannt sind oder ob, wie bei den Schalenbauten des Ingenieurs Ulrich Müther und der beteiligten Architekten, eine Großform die Gestalt prägt – die Konstruktion bleibt sichtbar oder doch erkennbar, und der jeweilige Zweck des Baus, seine spezifische Qualität, ist an der Größe sowie der gegenseitigen Beziehung der Innenräume abzulesen (Abb. 12 und 13). Für Geschossbauten mit einer Vielzahl abgeschlossener Räume, also vor allem für die Wohn-

13

bauten, brachte die Tafel- oder Plattenbauweise in der Serienanwendung den größten Rationalisierungseffekt. Dies war neben der linearen Abtragung der Gebäudelast darin begründet, dass die Baukonstruktion zugleich die Umhüllungskonstruktion bildet, auch wenn die Fassaden nicht immer zur Lastabtragung dienten. Weiter wurden hier die Elemente mit Fenstern, Türen und technischen Installationen sehr stark vorkomplettiert eingesetzt. Der Tafelbau stellte also ein Konstruktionssystem mit einer Tendenz zum Fertigbau dar, was das Äußere im Sinne einer Ästhetik des Seriellen vorbestimmte. Darin waren plastisch expressive Effekte und selbst monumentale Wirkungen durchaus eingeschlossen; erst in den 1980er Jahren führten die Versuche

14_Mühlhausen, Untermarkt, Hotel „Stadt Mühlhausen"; Rolf Huhn, 1969 **15**_Weimar, Markt, Ostseite, Stadthaus und Cranachhaus; Stadthaus: Neubau mit Fassadenrekonstruktion (nach Wettbewerbsentwurf von Leopold Wiel) auf vorhandenem Kellergewölbe (Wein- und Grillrestaurant „Stadthauskeller"); Klaus-Peter Kiefer, Siegfried Richter, Helmut Ellenberger, Projektierung 1968–1969, Bauzeit 1969–1971; Cranachhaus: Restaurierung; Roland Möller und Kurt Thümmler, 1971

der Anpassung an handwerkliche Bauformen zu einem Grundkonflikt zwischen Konstruktion und bauästhetischem Ausdruck.

Die Skelettbauweisen in Stahlbeton und Stahl setzte man für Gebäude mit eingeschossigen oder gestapelten großen Saalräumen ein. Der Katalog

„Generation" an der Technischen Universität Dresden und durch den halleschen Ingenieur Herbert Müller nach der Vorarbeit des westdeutschen Ingenieurs Silberkuhl entwickelt worden und als alltagstypisches Pendant zu den handwerklich torkretierten Hyparschalen Müthers zu verstehen.)

14

15

der Funktionen umfasst von den Verkaufspavillons bis hin zu den Stadthallen alle bedeutenderen Gesellschaftsbauten. Die Skelette ließen mit ihrer punktförmigen Lastabtragung eine gestalterisch selbstständige Umhüllungskonstruktion viel leichter zu. Von der Ausfachung des Traggerüstes über die Bandfassaden mit massiven Brüstungsstreifen und die Vorhangfassaden mit Glasfüllungen bis zu vorgesetzten Mauerwerksschalen reichten die Möglichkeiten, doch sind sie fast immer in Homologie zur Montagekonstruktion genutzt worden. (Dies gilt besonders für die Schalenkonstruktionen für Dächer und auch Fassaden, montierte Fertigbauteile, die Bauten aller Kategorien das DDR-spezifische Aussehen geben. Sie sind in der ersten

Die beiden Grundbauweisen, der Tafel- und der Skelettbau, müssen, ebenso wie deren genau einzuordnende Vorgänger, die Großblock- und die Streifenbauweise, in ihren wichtigsten Ausformungen und Variationen Gegenstand der Forschung werden, ein notwendiger Beitrag zu einer umfassenden historischen Erkenntnis des Bauens in der DDR.

8. Das Verhältnis der Bauleute zum „Erbe", zur überkommenen Architektur war von einem großen Selbstbewusstsein geprägt. Als Vertreter der Moderne hatten sie die Überzeugung entwickelt, dass die historischen Baustrukturen kein Modell für die Zukunft sein konnten – das Pla-

nen und Entwerfen galt der funktionell und politisch klar geordneten Lebensumwelt des Sozialismus. Doch in dieses Zukunftsbild gehörten auch die wichtigsten Zeugnisse vergangener Baukunst. Sie sollten in ihrem Eigenwert akzentuiert werden, um ein Spannungsverhältnis zu dem dominierenden „Neuen" zu erzeugen und so den Städten und Dörfern eine neuartige Individualität zu geben.

Dort, wo das „Alte" noch vorherrschte, also in fast allen Stadtgebieten und Ortslagen, setzte so gut wie jeder Neubau ein Zeichen für Modernität, während davor, in den 1950er Jahren, das Gros des Neuerrichteten als Auflockerungs- und Ergänzungs-Architektur historischer Stadtkerne oder gar ganzer Mietshausviertel entstanden war. Die völlige Zerstörung aller historischen Gebäudestrukturen war niemals geplant; doch schloss die Erhaltung denkmalgeschützter Stadt- und Ortskerne, Straßen und Gebäude den demonstrativen Kontrast zum Neuen keineswegs aus.

Wenn die alte Umgebung als historisch oder bauhistorisch dauerhaft wertvoll erachtet wurde, konnte ein Neubau auf zweierlei Weise darauf Bezug nehmen: Zum einen ließ er sich in seiner Höhe und Ausdehnung, also quantitativ, auf das Alte abstimmen; seine moderne Autonomie blieb gewahrt, ohne die historische Nachbarschaft zu erdrücken. Beim Wiederaufbau wertvollster, das Bild prägender Baudenkmale oder beim Bauen dicht daneben konnten die Form des alten Baukörpers und auch seiner Hauptfassade aufgenommen werden; doch machten modern geformte Details oder Seitenfassaden auch dann den Neubau kenntlich (Abb. 14 und 15).

Darin wird die Konsequenz modernen Entwerfens deutlich, sich selbst als historisch neu zu begreifen. Die Gestalter der DDR-Moderne sahen sich auf dem Weg in eine Zukunft, in der sich die klare Erkenntnis der Gegenwart und der Geschichte verband. Dies begründet ihren geschichtlichen Wert. Er verdichtet sich in zahlreichen Bauten zum Denkmalwert, den es herauszuarbeiten und zu verteidigen gilt.

ANMERKUNGEN

1 Milde, Kurt: „Gesellschaftliche Bedingungen der Raumaneignung und Qualitäten der Raumordnung". In: Technische Universität Dresden (Hg.): Raumordnung und Bildwerk (Kunstwissenschaftliches Kolloquium, TU Dresden, 10. und 11.10.1968 (Wissenschaftliche Zeitschrift der TU Dresden. 2/1969, 18. Jg), S. 373–378, hier S. 377
2 Ebd.
3 Flierl, Bruno: „Gegen den Idealismus in der Proportionstheorie. Kritische Bemerkungen zu Zielkes Artikel ‚Die einheitliche Proportion'". In: *Deutsche Architektur.* 6/1959, 8. Jg, S. 337–340, hier S. 340
4 Ebd.
5 Ebd.

DENKMALPFLEGE UND GESCHICHTSPOLITISCHER DISKURS_TOBIAS ZERVOSEN

Viel vor allem architektonisch hochwertige DDR-Bausubstanz ist in den letzten Jahren gesichert und vorbildlich restauriert worden. Vieles – und darunter leider immer wieder in mancherlei Hinsicht Wertvolles – ist aber auch durch Abriss verloren gegangen oder durch wenig einfühlsame Sanierungsmaßnahmen bzw. bauliche Erweiterungen durchgreifend verändert, mitunter auch entstellt oder seines ursprünglichen städtebaulichen Kontextes beraubt worden. Verschiedene Faktoren haben Einfluss auf die Frage, ob und inwieweit die Denkmalwürdigkeit von DDR-Bausubstanz anerkannt wird. Dazu gehören zum einen gestalterische, nutzungsbedingte und auch ökonomische Überlegungen sowie denkmalpflegeinterne Debatten. Dazu gehören aber sicherlich auch geschichtspolitische Diskurse, die im Zentrum der folgenden Überlegungen stehen sollen.

Die öffentliche Debatte über die DDR, mit der sich auch die Denkmalpflege konfrontiert sieht, scheint nach wie vor durch einen geschichtspolitischen Diskurs dominiert zu sein, der sehr stark auf Herrschaftsstrukturen und Repressionsapparat sowie die Rolle von Opposition und Widerstand ausgerichtet ist.[1] Vor dem Hintergrund dieses Rasters haben es Architektur und Städtebau einigermaßen schwer. Hat sich hier in der öffentlichen Wahrnehmung doch ein Bild festgesetzt,

was, zur Collage gebündelt und verdichtet, schon im Jahr 1990 auf dem Titel der Architekturzeitschrift *Arch+* zu sehen war – dort freilich bewusst ironisierend und überspitzend: eine Architektur der DDR, die sich in der endlos wiederholten Einheitsplatte zu erschöpfen scheint. Vor allem aber ein Bauen, das des Architekten gar nicht mehr zu bedürfen schien („Architektur ohne Architekten") und als dessen eigentlicher Urheber Staat und Partei galten (Stalin, Ulbricht und Honecker als die „eigentlichen Architekten") (Abb. 1). Bestärkt wurde und wird diese Einschätzung noch durch einen Blick auf die Arbeitsbedingungen der DDR-Architektenschaft: Während bildende Kunst oder Literatur – natürlich unter teilweise erheblichen Einschränkungen – auch in staatsferneren Räumen entstehen konnte, mussten sich Architekten, um überhaupt bauen zu können, auf irgendeine Art und Weise in vom Staat vorgegebene institutionelle Rahmenbedingungen einfügen. So war man in der Regel gleich doppelt auf den Staat angewiesen: zum einen als Arbeitgeber, gleichzeitig aber auch als Auftraggeber. In der breiten Öffentlichkeit werden Architektur und Städtebau deswegen oftmals alleine als baulicher Ausdruck staatlichen Einflusses sowie politischer Vorgaben und Leitlinien verstanden. Die künstlerische und kulturelle Dimension wird hingegen häufig nicht oder nur sehr eingeschränkt wahrgenommen. Architektur wird so zu einem politischen Erbe, dessen Erhaltungswürdigkeit immer wieder in Zweifel gezogen wird. Die Rolle der Fachleute bleibt – wenn sie überhaupt thematisiert wird – eine passive. Möglichkeiten zu aktiver fachlicher Einflussnahme geraten oft gar nicht erst in den Blick.

Dieses Bild findet sich auch in geschichtspolitischen Diskursen wieder. Zum Ausdruck kommt das etwa im Abschlussbericht, den die Enquete-Kommission „Aufarbeitung von Geschichte und Folgen der SED-Diktatur" des Deutschen Bundestages vorgelegt hat und der für die öffentliche Auseinandersetzung mit der DDR-Geschichte von enormer Tragweite war. Dort heißt es zu Architektur und Städtebau:

„Für Städtebau und Architektur gab es kaum Möglichkeiten, Alternativen zur ,Staatsarchitektur' zu entwickeln. Das gesamte Bauwesen wurde zentral gelenkt. Die SED ,führte', d.h. sie leitete im Grunde vom Politbüro aus über das dort angeschlossene Sekretariat für Wirtschaft sowie über die Abteilung Bauwesen des ZK das gesamte Baugeschehen der DDR auf allen Ebenen, von der Planung im Bauministerium bis zur Verwirklichung auf der Baustelle. Diese radikale Zuordnung von Städtebau und Architektur zum Bauwesen als einem Volkswirtschaftszweig führte nicht nur zur Geringschätzung, sondern gerade auch zur Beschneidung ihrer kulturellen Dimension.

Die Instrumentalisierung von Städtebau und Architektur durch den SED-Staat als Ausdruck der herrschenden Ideologie führte in der DDR [...] zu den allgemein bekannten charakteristischen Merkmalen: Verfall der Innenstädte mit ihren (bürgerlichen) Individualbauten, Aufbau riesiger Gebäudekomplexe in Blockbauweise mit normierten Wohnungen und mit stereotypen Plattenfassaden, versehen mit sozialen Einrichtungen zur Kinder- und Altenbetreuung, zentraler Gaststätte, Einkaufsmöglichkeiten etc. Dieses städte- und wohnungsbaupolitische Konzept wurde zum sichtbaren Ausdruck der ,sozialistischen Integration' und Gleichschaltung der gesamten Bevölkerung."[2]

Der Abschlussbericht lässt einen architekturgeschichtlichen Überblick folgen, der nur den Bauensembles der frühen 1950er Jahre architektonischen Wert zugesteht.[3] Die Zentrumsbebauungen der 1960er Jahre hingegen werden als großflächige Stadtzerstörungen angesehen,[4] der Wohnungsbau der 1970er Jahre als „Ausdruck einer bereits konzeptionslos gewordenen Gesellschaft."[5] Abschließend heißt es dann:

„Die Erwartungen, daß in der sozialistischen Gesellschaft wegen des Wegfalls von Bodenspekulantentum die Architektur zu neuer Entfaltung kommen würde, hatten sich nicht erfüllt. Der in der Endzeit der DDR einsetzende Bau von Eigenheimen erfolgte in trostloser Uniformität. Einzig die Restaurierung einiger historischer Bauten in der Phase der ,Pflege des kulturellen Erbes' führte zu anerkennenswerten Leistungen wie dem Wiederaufbau des Ensembles der Bauten am Gendarmenmarkt und des Nikolaiviertels in Berlin. Auch einige der Sonderbauten für ,hochangebundene' gesellschaftliche Zwecke wie der Palast der Republik, der Friedrichstadtpalast und einige große Hotelbauten gelten als architektonischer Ausdruck einer Epoche der deutschen Geschichte."[6]

Unter den angeführten Forschungsdesiderata spielt Architekturgeschichte als eigenständiges Feld denn auch keine Rolle. Vorgeschlagen wird von der Enquete-Kommission vielmehr:

„Die Nachwirkungen der sozialistischen Wohnungsbaupolitik der SBZ/DDR sind besonders dauerhaft und können nicht beseitigt werden. Forschungen über die psychosozialen Folgen der sozialistischen Wohnbauviertel sowie Programme zu ihrer individuelleren Gestaltung sind dringend erforderlich."[7]

Über zahlreiche Feststellungen und Formulierungen ließe sich sicherlich trefflich streiten. Gleichwohl werden aber auch unstrittige Tatsachen benannt. Das Problem liegt letztlich vor allem in der Einseitigkeit der Darstellung. Von den Architekten selbst ist beispielsweise gar nicht die Rede – aus deren Sicht sicherlich ein beklemmendes Déjà-vu aus DDR-Tagen. So muss sich der Abschlussbericht der Enquete-Kommission zumindest zwei Vorwürfe gefallen lassen: Erstens bleibt er weit hinter den Erkenntnissen einer sehr viel stärker differenzierenden Fachwissenschaft zurück. Diese untersucht Architekturgeschichte zum einen vor dem Hintergrund von Politik-, Struktur- und Institutionsgeschichte.[8] Zum anderen aber hat sich mit der Zeit eine weitere Schwerpunktsetzung herauskristallisiert: Arbeiten mit örtlichem, zeitlichem, projektbezogenem, werkgeschichtlichem und damit nicht zuletzt auch akteursbezogenem Fokus ergänzen und erweitern den Blickwinkel.[9] Zunehmend decken sie das komplizierte, weit über das einfache Schema vom alles bestimmenden Herrschaftsapparat hinausreichende Beziehungsgeflecht auf, vor dessen Hintergrund Architektur und Städtebau entstanden.

Zweitens finden sich viele Akteure und Zeitzeugen in Aussagen, wie sie sich im Abschlussbericht der Enquete-Kommission nachlesen lassen, nur zum Teil wieder. Die wenigsten würden, so hat die wissenschaftliche Auseinandersetzung mit DDR-Architekturgeschichte immer wieder gezeigt, das enge Korsett staatlicher Strukturen und die Schwierigkeiten im Umgang mit politischen Leitlinien infrage stellen. Dennoch bleibt viel der erinnerten beruflichen Lebenswirklichkeit auf der Strecke und neben der politischen die fachliche Dimension unterbelichtet.

Um Verkürzungen zu vermeiden, vor allem aber, um die Chance einer differenzierteren öffentlichen Debatte nicht zu verspielen, sollte deswegen eine Öffnung und Weitung der Perspektive auch und gerade auf dem Feld der Geschichtspolitik angestrebt werden. Nicht zuletzt die internationale – und hier vor allem die angelsächsische – Geschichtswissenschaft hat genau das in den letzten Jahren immer wieder eingefordert. Darauf hat 2010 noch der Münsteraner Historiker Thomas Großbölting in der von der Bundeszentrale für politische Bildung herausgegebenen Zeitschrift *Aus Politik und Zeitgeschichte*[10] aufmerksam gemacht. Forscherinnen und Forscher wie Mary Fulbrook oder Paul Cooke mahnen – ausgehend von ihren eigenen Arbeiten – eine Ausdifferenzierung dominierender geschichtspolitischer Diskurse immer wieder an.[11] Besonders deutlich äußerte sich dazu vor allem der australische Deutschlandforscher Andrew H. Beattie. Die geschichtspolitischen Narrative – so fasst Großbölting Beattie zusammen – „seien geprägt […] durch ‚oversimplified western success stories' auf der einen und ‚eastern horror stories' auf der

April 1990 · DM 15　　　Zeitschrift für Architektur und Städtebau　　　G 5416 F

103 ARCH⁺

Architektur ohne Architekten

1

anderen Seite. Im Prozess der Aufarbeitung habe man aktuelle Wert- und Moralvorstellungen in hohem Maße in die Geschichte projiziert und auf diese Weise den Einigungsprozess durch politische und symbolische Disparitäten stark belastet. Statt einer möglichen integrativen Erinnerungskultur seien ostdeutsche Erfahrungen durch eine fälschlich glorifizierte Westnorm an die Seite gedrückt worden."[12] An Multiperspektivität mangele es ebenso häufig wie an Selbstkritik und Selbstreflexion.[13]

Auch wenn dieses Urteil Beatties recht drastisch ausfällt und über die immer häufigeren Versuche eines Aufbrechens allzu scheuklappenbehafteter geschichtspolitischer Diskursmuster hinweggeht – ein wahrer Kern ist dieser Sichtweise sicherlich dennoch nicht abzusprechen. Das Beispiel der Enquete-Kommission, deren Arbeit Beattie ausführlich untersucht hat, mag das exemplarisch illustrieren: Trotz eines intensiven und differenzierten Arbeitsprozesses, der sich auf eine enorme Bandbreite an Stellungnahmen und Expertisen von Zeitzeugen und Fachleuten jedweder Couleur stützte und alleine deswegen von unschätzbarem Wert war,[14] setzten sich im Abschlussbericht mehr oder weniger eindimensionale Deutungsmuster durch. Die von Beattie geforderte Multiperspektivität, Selbstkritik und Selbstreflexion sucht man in der Regel vergebens – zumindest abseits der von einigen Kommissionsmitgliedern abgegebenen Sondervoten.[15] Beobachten lässt sich dieser Mechanismus auch in der Auseinandersetzung mit Architektur und Städtebau: Den eben zitierten Passagen lag eine Expertise von Bruno Flierl zu Grunde.[16] Von dessen differenzierter Darstellung aber blieb letztlich so gut wie

nichts übrig. Flierl nämlich hatte konsequent zwei Pole dargestellt: zum einen die bedrückende Einengung und Gängelung von Architektur und Städtebau durch das Herrschaftssystem des Staatssozialismus und die Unterordnung des Architektenberufs unter ein politisch instrumentalisiertes und staatlich organisiertes Bauwesen. Zum anderen aber auch die unterschiedlichen Beweggründe und Motivationen der Fachleute, sich auf diese Bedingungen einzulassen, und die vielfältigen Strategien, mit ihnen umzugehen. Im Ergebnis beschreibt Flierl eine Architektur und Stadtplanung, der die staatssozialistischen Verhältnisse immer wieder aufs Neue zugesetzt haben, die aber aus unterschiedlichsten Gründen auch zu eigener Qualität und eigenem Ausdruck gefunden hat.

Dieser Vergleich von Flierls Expertise mit dem Abschlussbericht der Enquete-Kommission zeigt, wie sehr auch geschichtspolitische Rahmensetzungen von einer Ergänzung und Ausdifferenzierung profitieren können, wie sie allerspätestens die „Expertenkommission zur Schaffung eines Geschichtsverbundes ‚Aufarbeitung der SED-Diktatur'"[17] – die sogenannte, ebenfalls beim Bundestag angesiedelte „Sabrow-Kommission" vorgeschlagen hat. Ausgelöst wurde damit nicht zuletzt eine kontroverse Debatte. Dabei ging es um das Anliegen der Kommission, neben (nicht anstelle) der Herrschafts- und Widerstandsgeschichte auch die breite Gesellschaftsgeschichte der DDR zum Thema der öffentlichen Auseinandersetzung zu machen. Vorgeschlagen wurde in diesem Zusammenhang die Berücksichtigung von Bindungskräften, „die nach Schließung der DDR-Grenzen zumindest in den sechziger und siebziger Jahren zur relativen Stabilität der diktatorisch verfassten Gesellschaft beigetragen haben und die von ideologischer Überzeugung über soziale Aufstiegsmöglichkeiten und wirtschaftliche Grundsicherung bis hin zu missmutiger Loyalität reichten. Eine historische Aufarbeitung, die die Interaktion von Herrschaft und Gesellschaft übergeht und die entstehenden und erodierenden Bindungskräfte der DDR in ihren jeweiligen Entwicklungsstadien (und damit den lebensweltlichen Rang und Identifikationswert des Alltags) ignorierte, wäre verfehlt und [...] unvollständig. Darüber hinaus würde sie die Selbstwahrnehmung breiter Schichten der früheren DDR-Bevölkerung und ihrer nachwachsenden Generationen nicht angemessen erfassen [...]"[18].

Wie aber lässt sich ein solcher, sicherlich um den einen oder anderen Aspekt zu ergänzender Ansatz für die öffentliche Debatte über Architektur und Städtebau fruchtbar machen?

Hier käme es zum einen darauf an, einer breiteren Öffentlichkeit zu vermitteln, dass sowohl nach dem Einfluss des Herrschaftssystems und seiner Institutionen auf Architektur und Städtebau der DDR gefragt werden muss, als auch nach der Rolle und Bedeutung gesellschaftlicher Akteure – in dem Falle also auch der Architekten und Stadtplaner. Denn eines steht aus Sicht der Forschung und hier auch vor dem Hintergrund meiner eigenen Beschäftigung mit dem DDR-Architektenberuf[19] außer Frage: DDR-Architektur lässt sich niemals vom Staat, seinen politischen Leitlinien, Herrschaftsstrukturen und Institutionen trennen, genauso wenig aber auch ohne den Blick auf die Fachleute erklären. Vieles müsste gerade hier sehr viel stärker ins öffentliche Bewusstsein rü-

cken: Etwa, dass man sich zwar in ein vom Staat vorgegebenes institutionelles Gefüge einordnen musste, dass dieses Gefüge aber nichtsdestotrotz durch fachliche Akteure ausgefüllt und mitgeprägt wurde. So kann ein Gespür dafür entstehen, wie wichtig es ist, nicht blindlings der Propaganda des Herrschaftsapparates und seiner Eigenlogik zu folgen. Geraten doch jetzt erst solche Fragen in den Blick wie:

Wer war aus welchen Gründen und mit welchen Zielen als Architekt und Städtebauer tätig? Lassen sich dabei Unterschiede zwischen verschiedenen Generationen und ihrem politischen Umfeld feststellen? Lassen sich die unterschiedlichen Phasen der DDR-Architekturgeschichte erschöpfend „von oben nach unten", also ausgehend von der politischen Ebene, erklären, oder muss man den Blick nicht ebenso auf die fachliche Basis richten? Welche spezifischen Charakteristika zeichnen DDR-Architektur und die Arbeit der Architekten aus?

Zum anderen könnte ausgehend vom und möglicherweise auch in Ergänzung zum Ansatz der Sabrow-Kommission ein weiterer Aspekt Eingang in die öffentliche Debatte finden: Teil der Interaktion zwischen politisch-staatlicher Ebene und fachlichen Akteuren konnte es – bei allen Einschränkungen und aller fachlichen Bevormundung – auch sein, sich Handlungsspielräume zu erarbeiten und zu nutzen oder aber auch auf unterschiedlichste Art und Weise eigensinnig zu agieren.[20] In beiden Fällen würde es darum gehen, das Schwarz-Weiß einer bloßen „Staatsarchitektur" um die Grautöne eines Architektenhandelns zu ergänzen, das auf Architektur und Städtebau der DDR einen sicherlich nicht zu unterschätzenden Einfluss hatte.

Auch geschichtspolitische Leitlinien sollten also – ähnlich wie Wissenschaft und Forschung – weder ausschließlich das Herrschaftssystem noch alleine Gesellschaft, Alltag und das Handeln von Akteuren in den Blick nehmen. Sowohl das eine wie auch das andere wäre einseitig. Letzteres müsste sich zudem zu Recht den Vorwurf des Weichzeichnens der DDR-Verhältnisse gefallen lassen. Beides müsste vielmehr gleich gewichtet werden. Von einem solch multiperspektivischen und pluralistischen geschichtspolitischen Diskurs könnte schließlich nicht zuletzt die Denkmalpflege profitieren. Denn wenn es um die Sicherung wertvollen baulichen und historischen Erbes geht, werden differenzierte wissenschaftliche Argumente ebenso benötigt wie eine ausgewogene und informierte öffentliche Meinung. Gerade hier wäre es sicherlich hilfreich, wenn DDR-Architektur und -Städtebau nicht alleine mit politischen Leitlinien und Strukturen, sondern verstärkt mit den beteiligten Personen und Fachleuten verknüpft würden. Auch über die Fachwissenschaften hinaus sollte das Bauen der DDR deswegen ein – bzw. viele – Gesicht(er) bekommen.

ANMERKUNGEN

1 Meine Überlegungen zur DDR-bezogenen Geschichtspolitik im Allgemeinen sind durch Thomas Großbölting sowie durch die Ergebnisse der von der damaligen Bundesbeauftragten für Kultur und Medien, Christina Weiss, 2005 eingesetzten und durch Martin Sabrow geleiteten „Expertenkommission zur Schaffung eines Geschichtsverbundes ‚Aufarbeitung der SED-Diktatur'" inspiriert (vgl. hierzu Großbölting, Thomas: „Die DDR im vereinten Deutschland. In: *APuZ. Aus Politik und Zeitgeschichte.* Beilage zur Wochenzeitung *Das Parlament*, hg. von der Bundeszentrale für politische Bildung. 25–26/2010, , S. 35–41; Sabrow, Martin / Eckert, Rainer u. a.: *Wohin treibt die DDR-Erinnerung? Dokumentation einer Debatte.* Göttingen 2007). Davon ausgehend ist es das Anliegen meines Beitrags, Zusammenhänge zwischen geschichtspolitischen Diskursen und der öffentlichen Wahrnehmung von

Architektur und Städtebau der DDR herauszuarbeiten und diese schließlich für den Bereich der Denkmalpflege zu problematisieren.
2 Bericht der Enquete-Kommission. In: *Materialien der Enquete-Kommission „Aufarbeitung von Geschichte und Folgen der SED-Diktatur in Deutschland"* (Band I: *Die Enquete-Kommission „Aufarbeitung von Geschichte und Folgen der SED-Diktatur in Deutschland" im Deutschen Bundestag*). Baden-Baden 1995, S. 178–778, hier S. 338
3 „Sie [die Wohnungsbauensembles der 1950er Jahre, T. Z.] demonstrieren in durchaus differenzierter Anleihe an die empfohlenen nationalen Traditionen, [sic!] die gewünschte ‚Neue Deutsche Architektur' mit neoklassizistischen, neobarocken und neogotischen Stilelementen. Vor allem die Stalinallee […] ist zum Symbolbauwerk der DDR geworden. Mit gutem Grund wurde sie mit dem Tag der staatlichen Vereinigung Deutschlands zum denkmalgeschützten Objekt erklärt" (ebd.). Allerdings waren das Hochhaus an der Weberwiese und die Stalinallee bereits in den 1970er und 1980er Jahren durch die DDR als Denkmale ausgewiesen worden.
4 „Die Projekte [einer zentralen städtebaulichen Dominante in den Bezirksstädten und in Ost-Berlin] gingen mit großflächigen Stadtzerstörungen einher […]" (ebd., S. 339)
5 Ebd., S. 339 f.
6 Ebd., S. 340
7 Ebd.
8 Vgl. unter anderem Hoscislawski, Thomas: *Bauen zwischen Macht und Ohnmacht. Architektur und Städtebau in der DDR.* Berlin 1991; Palutzki, Joachim: *Architektur in der DDR.* Berlin 2000
9 Vgl. unter anderem Butter, Andreas: *Neues Leben, neues Bauen. Die Moderne in der Architektur der SBZ/DDR 1945–1951.* Berlin 2006; Durth, Werner / Düvel, Jörn / Gutschow, Niels: *Architektur und Städtebau der DDR* (Band 1: *Ostkreuz. Personen, Pläne, Perspektiven*, Band 2: *Aufbau. Städte, Themen, Dokumente*). Frankfurt a. M. / New York 1998; Kil, Wolfgang (Hg.): *Wolfgang Hänsch. Architekt der Dresdner Moderne.* Berlin 2009; Knauer-Romani, Elisabeth: *Eisenhüttenstadt und die Idealstadt des 20. Jahrhunderts.* Weimar 2000; Kossel, Elmar: *Hermann Henselmann und die Moderne. Eine Studie zur Modernerezeption in der Architektur der DDR* (Dissertation). Berlin 2008; Kuhrmann, Anke: *Der Palast der Republik. Geschichte und Bedeutung des Ost-Berliner Parlaments- und Kulturhauses.* Petersberg 2006; Müller, Peter: *Symbolsuche. Die Ost-Berliner Zentrumsplanung zwischen Repräsentation und Agitation.* Berlin 2005; Wiesemann, Gabriele: *Hanns Hopp 1890–1971. Königsberg, Dresden, Halle, Ost-Berlin. Eine biographische Studie zu moderner Architektur.* Schwerin 1999; Urban, Florian. *Berlin/DDR – neo-historisch. Geschichte aus Fertigteilen.* Berlin 2007
10 Großbölting 2010 (wie Anm. 1)
11 Großbölting weist hier unter anderem hin auf: Hesselmann, Markus: „Eine schräge Geschichte. Berlin, geprägt von Stasi und Mauer? Die britische Historikerin Mary Fulbrook kritisiert das Geschichtsbild der Hauptstadt". In: *Tagesspiegel* vom 18.07.2007; Cooke, Paul: *Representing East Germany Since Unification. From Colonization to Nostalgia.* London 2005.
12 Großbölting 2010 (wie Anm. 1), S. 37, unter Bezugnahme auf: Beattie, Andrew H.: *Playing Politics with History. The*

Bundestag Inquiries into East Germany. New York 2008

13 Ebd.

14 Vgl. hierzu vor allem die Protokolle, Berichte, Expertisen, Gutachten, Vorträge und Studien, die in den Bänden II–IX veröffentlicht worden sind (*Materialien der Enquete-Kommission „Aufarbeitung von Geschichte und Folgen der SED-Diktatur in Deutschland".* Baden-Baden 1995)

15 Zu einer ähnlichen Einschätzung kommt auch Paul Cooke (Cooke 2005 (wie Anm. 11), S. 37).

16 Bruno Flierl: „Städtebau und Architektur im Staatssozialismus der DDR". In: *Materialien der Enquete-Kommission „Aufarbeitung von Geschichte und Folgen der SED-Diktatur in Deutschland"* (Band III/2: *Rolle und Bedeutung der Ideologie, integrativer Faktoren und disziplinierender Praktiken in Staat und Gesellschaft der DDR).* Baden-Baden 1995, S. 876–903

17 Vgl. Anm. 1

18 Die „Empfehlungen der Expertenkommission zur Schaffung eines Geschichtsverbundes ‚Aufarbeitung der SED-Diktatur'". In: Sabrow/Eckert 2007 (wie Anm. 1), S. 17–45, hier S. 34

19 Vom Autor wird in Kürze eine Dissertation zum Thema „Der Architektenberuf in der DDR" vorgelegt.

20 Vgl. zu diesem Thema Betker, Frank: *„Einsicht in die Notwendigkeit". Kommunale Stadtplanung in der DDR und nach der Wende (1945–1994).* Stuttgart 2005

KONSERVATORISCHE ZWISCHENBILANZEN

GEGENMODERNE – WESTMODERNE – OSTMODERNE. EINE KONSERVATORISCHE ZWISCHENBILANZ AUS BERLIN[1]__NORBERT HEULER

Unter den östlichen Bundesländern, ja selbst im internationalen Vergleich, nimmt das Land Berlin mit seinem jüngeren Denkmalbestand eine Sonderstellung ein. Das Denkmalprofil der Nachkriegsarchitektur hat hier gewissermaßen einen Doppelcharakter angenommen: Es ist geprägt durch das gebaute und gepflanzte Erbe der DDR und zugleich durch Zeugnisse des Westens. Die Rolle der unter den Alliierten gespaltenen deutschen Metropole als Hauptschauplatz der Ost-West-Konfrontation und als architektonisches Schaufenster der Systemkonkurrenz erlaubt eine vergleichende Betrachtung der Entwicklung nach 1945 und eröffnet auch besondere Möglichkeiten der Vermittlung und Aneignung sowie der Erhaltung und Pflege des Erbes der Nachkriegsjahrzehnte. Aufgrund dieses berlintypischen Ost-West-Denkmalprofils erscheint eine auf die sogenannte „Ostmoderne" beschränkte Bilanzierung der Erfolge und Verluste der letzten 20 Jahre seit dem Fall der Berliner Mauer nicht angemessen. Stattdessen sollen auch Bau- und Gartenanlagen aus dem Westteil der Stadt in die Betrachtung miteinbezogen werden, zumal die historische Entwicklung zwischen dem östlichen und den drei Westsektoren der Stadt bisweilen ja in enger Wechselwirkung miteinander bzw. gegeneinander erfolgte und der Begriff „Denkmal Ost-Moderne" diesen Vergleich geradezu herausfordert.

Zweitens soll die Denkmalbilanz gerade wegen der besonderen Situation im sowjetisch verwalteten Ostsektor von Berlin bzw. der „Hauptstadt der DDR" nicht allein auf Schutz- und Pflegefälle der Moderne respektive Nachkriegsmoderne östlicher und westlicher Prägung zielen, sondern das Berliner Nachkriegserbe in seinem gesamten Spektrum einbeziehen, also das architektonische und gartenbauliche Erbe einer Gegenmoderne im Sinne des „Sozialistischen Realismus" oder der „Nationalen Tradition" im Osten nicht ignorieren. Schließlich stehen die Ergebnisse der Ostmoderne nicht nur in einem historischen, sondern häufig auch in einem stadträumlichen bzw. denkmaltopgrafischen Zusammenhang mit Bauzeugnissen der Nachkriegszeit bis zum Bau der Berliner Mauer im Jahr 1961. Die besondere politische Situation der in West und Ost geteilten Stadt spiegelt sich in der Nachkriegsarchitektur des Wiederaufbaus bzw. des Neubaus und Umbaus der kriegszerstörten Stadt ebenso wider wie in der Rezeption der unterschiedlichen Entwicklungen nach 1990 und im Umgang mit dem Nachkriegserbe.[2]

Drittens verfolgt die Berliner Fallstudie ein doppeltes Anliegen: Sie versteht sich als ein Beitrag zur notwendigen Diskussion um Denkmalbewertung und Denkmalkriterien zum Schutz des deutsch-deutschen Nachkriegserbes in der Hauptstadt.

Zugleich möchte sie auf drängende Konservie-
rungs- und Restaurierungsprobleme der praktischen Bau- und Kunstdenkmalpflege hinweisen,

Feststellung wohl für die „erste sozialistische Magistrale" auf deutschem Boden. Der nach Kriegs-
ende unter Hans Scharoun begonnenen Planung

1

die sich aus Unterschutzstellungen ergeben, die
aber durch Denkmaleintragungen alleine nicht zu
lösen sind.

**DIE GETEILTE STADT – STÄDTEBAULICHE UND ARCHITEK-
TONISCHE SYSTEMKONKURRENZ**__Zunächst zeigt die
Planungs- und Baugeschichte der seit Gründung
der DDR und der BRD im Jahr 1949 entstandenen
und mit dem Mauerbau 1961 definitiv verfestig-
ten Teilstädte von Berlin auffällige Parallel- und Ge-
genentwicklungen, die bis zum Mauerfall 1989/90
anhalten sollten. Am offenkundigsten gilt diese

und Realisierung einer „Wohnzelle Friedrichshain",
die mit Zeilenbauten und Laubenganghäusern an
Leitbilder der Zwischenkriegsmoderne anknüpfte,
folgte der monumentale erste Bauabschnitt der
Stalinallee, heute Karl-Marx-Allee, mit ihren „Ar-
beiterwohnpalästen" (1952–1959) im Stil der sogenannten „Nationalen Tradition". Eine Art bau-
politische Antwort darauf gab die Westseite im
Rahmen der Internationalen Bauausstellung
(1957) mit dem Hansaviertel (Abb. 1), das als eine
organische bzw. gegliederte, aufgelockerte und
durchgrünte Stadt dem Leitbild des „westmoder-

nen" Städtebaus verpflichtet war. Ähnlich wie beim späteren Bau des West-Berliner Kulturforums mit Scharouns Philharmonie und Mies van

Spaltung Berlins und der Wettstreit der Systeme durch Gegenüberstellungen und Parallelen demonstrieren:[3]

2

der Rohes Nationalgalerie könnte man hier von einer Art „Stadtlandschaft" am Tiergartenrand sprechen, wogegen der Osten den Leitlinien der 1950 verabschiedeten Grundsätze des Städtebaus und einem traditionellen Blockrand- und Korridorstraßensystem folgte. Der zwischen 1959 und 1965 in industrieller Bauweise ausgeführte zweite Bauabschnitt der Karl-Marx-Allee markiert dagegen den Übergang von der herkömmlichen Massivbauweise der „Nationalen Tradition" zur industrialisierten und präfabrizierten Herstellung (Abb. 2). Auch an diversen denkmalgeschützten Einzelbauwerken lassen sich die

- Deutsche Oper – Staatsoper Unter den Linden
- Zoo-Palast – Kino International (Abb. 3) und Kino Kosmos
- Kongresshalle Tiergarten – Kongresshalle Alexanderplatz
- Café „Kranzler" – Restaurant „Moskau"
- Industrie- und Handelskammer mit Börse Hardenbergstraße – Industrie- und Handelskammer der DDR, Chausseestraße, Ecke Invalidenstraße
- Ernst-Reuter-Platz – Strausberger Platz

Aufschlussreich für die (architektur-)politisch aufgeheizte Atmosphäre in der gespaltenen Stadt erscheint die Tatsache, dass sowohl in Ost- wie auch in West-Berlin die ersten Unterschutzstellungen von Bauten der Nachkriegszeit zu einer Zeit erfolgten, als in Deutschland oder im europäischen Ausland die Diskussion um die Denkmalwürdigkeit von Bauwerken dieser Jahre noch gar nicht eingesetzt hatte. So wurde in West-Berlin die 1956/57 nach Entwurf des Architekten Hugh Stubbins als Beitrag der USA zur Interbau errichtete und Berlin geschenkte Kongresshalle im Tiergarten (Abb. 4) bereits 1959 in die damals an die Bauordnung Berlin angehängte Liste der Baudenkmale aufgenommen, also lange vor Verabschiedung des ersten West-Berliner Denkmalschutzgesetzes im Jahre 1977. Offenbar spielten unter den Bedingungen des Kalten Krieges auf der „Insel" West-Berlin schon früh nicht nur historische Gründe, sondern auch politisch-symbolische Motive eine Rolle für Denkmaleintragungen.

Die Aufnahme von Bauten der Nachkriegszeit in Ost-Berlin in die Denkmalliste erfolgte womöglich ebenfalls nicht allein aufgrund einer gefestigten wissenschaftlichen Einschätzung oder historisch gesicherten Einsicht, sondern als eine denkmalpolitische Initiative. Selbst in der höchsten Denkmalkategorie der DDR, der bereits 1979 veröffentlichten zentralen Denkmalliste der Republik, waren Bauwerke der Nachkriegszeit als Teile des Denkmalensembles „Berlin – Hauptstadt der DDR" verzeichnet, darunter auch das 1951/52 errichtete Hochhaus an der Weberwiese von Hermann Henselmann und das 1962–1964 errichtete Staatsratsgebäude der DDR von Roland Korn und Hans Erich Bogatzki. Außerdem, als „Denkmal der Produktions- und Verkehrsge-

3

4

schichte" zwischen 1965 und 1969 errichtete, der Fernsehturm am Alexanderplatz und als „Denkmal der bildenden und angewandten Kunst" das 1970 auf dem Leninplatz (heute Platz der Vereinten Nationen) errichtete Lenindenkmal von Nikolai Tomski. Auch die regionale Ost-Berliner Liste, die sogenannte „Bezirksdenkmalliste" aus den 1970er Jahren sowie einige der von den Ost-Berliner Bezirken erstellten lokalen Kreisdenkmallisten wiesen Bau- und Bildwerke sowie Gärten aus den Jahren vor und nach dem Mauerbau im Jahr 1961 auf.

Am 21. Mai 1980 stürzte die Dachkonstruktion der Kongresshalle im Tiergarten teilweise ein. Die anschließende Kontroverse mündete im Be-

5

SCHUTZ- UND PFLEGEFÄLLE AUS DEN JAHREN VOR UND NACH DEM MAUERFALL__Ein allgemeines fachliches Bewusstsein für die Denkmalbedeutung der Architektur und Grünanlagen der ersten Nachkriegsjahrzehnte entwickelte sich verstärkt ab den 1980er Jahren. Noch das Europäische Denkmalschutzjahr 1975, in dessen Folge 1977 für West-Berlin das erste Denkmalschutzgesetz erlassen wurde, konzentrierte sich auf die bis dahin nicht geschätzte und im Zusammenhang mit der Flächensanierung gefährdete Architektur und den Städtebau des 19. Jahrhunderts.

schluss zum Wiederaufbau. Auch wenn der Einsturz der Kongresshalle kein direkter Auslöser war, so markiert das Jahr 1980 doch den Zeitpunkt, von dem an die Bedeutung der Nachkriegsarchitektur als Gegenstand von Denkmalschutz und Denkmalpflege immer mehr Interesse und Zuwendung fand. Ausschlaggebend dafür war nicht zuletzt der Umstand, dass die Bauwerke zunehmend ins Sanierungsalter kamen, also Substanz und Erscheinungsbild infolge von Baumängeln und notwendigen Instandsetzungen oder Modernisierungen gefährdet waren. Auf der

Fachtagung „Architektur und Städtebau der Fünfziger Jahre" des Deutschen Nationalkomitees für Denkmalschutz, die im Februar 1990 – also bereits nach der Öffnung der Mauer – unter Beteiligung einiger Kollegen aus der DDR in der Constructa-Stadt Hannover stattfand, wurden sowohl der Stand der zwischenzeitlich erfolgten Forschung und Inventarisation als auch bereits erste Erfahrungsberichte über Probleme und Praxis der Baudenkmalpflege bei der Modernisierung und Instandsetzung von Bauten der 1950er Jahre präsentiert.[4]

In West-Berlin kam vor der Wende 1989/90, abgesehen von der bereits erwähnten Kongresshalle im Tiergarten, eine ganze Reihe von Bauwerken im sogenannten „konstitutiven Unterschutzstellungsverfahren" auf die Denkmalliste, darunter: 1982 die Philharmonie, 1960–1963, Hans Scharoun; 1986 das Kino Gloria-Palast, Kurfürstendamm 10, 1952/53, Fehr & Jäckl; 1988 das Dorette-Haus, Kurfürstendamm 67, 1955/56, Sobotka/Müller; das Schuhhaus Stiller, Wilmersdorfer Straße 58, 1955/57, Hans Simon; das Studentenwohnheim Dauerwaldweg 1, 1960, Peter Lehrecke; das Marshall-Haus, Messegelände, 1950; das Palais am Funkturm, 1957, GrimmekDüttmann, und 1989 die Verkehrskanzel Joachimstaler Platz, 1955/56, Grimmek/Düttmann.

Alle Objekte, die in Denkmallisten der DDR verzeichnet waren, für die eine Denkmalerklärung oder Denkmalverdachtserklärung vorlag bzw. bis zum 3. Oktober 1990 nachgetragen werden konnte, galten nach der Wiedervereinigung nach dem West-Berliner Denkmalschutzgesetz als geschützt. Das galt und gilt beispielsweise für den komplexen Straßenzug der Karl-Marx-Allee zwischen Niederbarnimstraße und Alexanderplatz einschließlich Haus des Lehrers und Kongresshalle, aber auch für Werke der sozialistischen Denkmalskunst oder sowjetische Ehrenmäler und viele Wohnbauten.

Nach der Wiedervereinigung wurden Anfang der 1990er Jahre in der gesamten Stadt weitere Bauten der 1940er und 1950er sowie frühen 1960er Jahre nach dem konstitutiven Eintragungsverfahren geschützt.

Das 1995 in Kraft getretene Denkmalschutzgesetz Berlins löste das konstitutive Eintragungsverfahren durch das nachrichtliche Listenverfahren ab. In die neue Liste wurden im Westteil der Stadt alle bis Mitte der 1960er Jahre errichteten und als Denkmale erkannten Gebäude und Grünanlagen – selten auch jüngere Objekte – eingetragen. Für den Ostteil der Stadt wurden, unter der Grundannahme, dass die DDR als untergegangener Staat als abgeschlossene Kulturepoche zählt, alle vor der Wende errichteten denkmalwerten Gebäude in die neue amtliche Denkmalliste eingetragen. Aktuell entfallen von den über 8000 Denkmalpositionen, die förmlich in der Denkmalliste Berlin aufgeführt sind, knapp zehn Prozent auf Denkmale, die nach 1945 entstanden sind. Neben Baudenkmalen (Architektur- und Kunstdenkmalen) befindet sich darunter auch eine höhere Zahl von großflächigeren Denkmalbereichen (Ensembles, Gesamtanlagen) und eine Anzahl Gartendenkmale der Nachkriegsjahrzehnte, die sich weitgehend proportional auf Ost und West verteilen. Eines der jüngsten Denkmale ist wohl das Bezirksrathaus Berlin-Marzahn (1985–1988).

6

DENKMALBILANZ BERLIN – AUSGEGLICHENE BILANZ WEST?__Die Bilanz bei der Erhaltung und Pflege von Bauten der Nachkriegszeit im Westteil der Stadt ist im Großen und Ganzen positiv. So konnten bereits in den 1980er Jahren bei einigen Geschäftshäusern Maßnahmen, die zur Zerstörung von Denkmalsubstanz und Erscheinungsbild geführt hätten, rechtzeitig gestoppt und die Erhaltung und Instandsetzung der bauzeitlichen, fragilen Fensterkonstruktionen oder zumindest der Einbau denkmalverträglicher Fenster durchge-

setzt werden. Beispiele hierfür sind eine ganze Reihe von Geschäfts- und Kaufhäusern im Bezirk Charlottenburg:[5] das Defaka (Deutsches Familienkaufhaus), 1954/55, Paul Schwebes (Abb. 5 und 6); das Geschäftshaus des Gloria-Palastes, 1952/53, Fehr & Jäckl; das Dorette Haus, 1955/56, Sobotka/Müller; das Gebäude der Hamburg-Mannheimer-Versicherung, 1955/56, Hans Geber und Otto Risse, oder das „Schirmständerhaus" genannte Schuhhaus Stiller, 1956/57, Hans Simon.

In einigen Fällen gelangen sogar Erhaltung und Herrichtung wertvoller Innenräume, wie beim ehemaligen Ufa-Palast am Kurfürstendamm, der heutigen Astor-Filmlounge (1952, Gerhard Fritzsche), einem kleinen Hoffnungsschimmer mitten im allenthalben zu verzeichnenden Kinosterben. Besonders umstritten und deshalb sehenswert als konservatorischer Erfolg im Kleinen war die Erhaltung der Verkehrskanzel am Joachimstaler Platz (1955/56, Bruno Grimmek und Hans Düttmann) oder des heute als „Kulturkiosk" genutzten Verkaufspavillons (1955, Kurt Kurfiss) im Ortszentrum Zehlendorf.

Die Liste lässt sich durch zahlreiche Erhaltungs- und Instandsetzungsmaßnahmen in der Nachwendezeit bis heute fortsetzen. Wichtige Beispiele der letzten Jahre wären das mittlerweile „Haus Hardenberg" genannte Kiepert-Haus (1955/56, Paul Schwebes), das 2004 sogar mit dem Preis „Handwerk in der Denkmalpflege" ausgezeichnet wurde (Abb. 7), der Konzertsaal der Universität der Künste (1954, Paul Baumgarten), das Institutsgebäude Bergbau-Hüttenwesen (1954–1959, Willy Kreuer) oder das später „Telefunken-Hochhaus" genannte Haus der Elek-

7

trizität (1958–1960, Paul Schwebes und Hans Schoszberger), alle im Universitätsquartier Charlottenburg gelegen. Auch im Studentendorf Schlachtensee (1957–1959, 1962–1964, Hermann Fehling, Daniel Gogel und Peter Pfankuch), das jahrelang auf der Abrissliste stand, konnten in den letzten Jahren gute Fortschritte bei der Sanierung und energetischen Erneuerung verzeichnet werden.

Insgesamt dürfen die gestreiften positiven Beispiele jedoch nicht darüber hinwegtäuschen, dass auch herbe Denkmalverluste durch Abbruch zu beklagen waren.[6] Aus historischen und architektonischen Gründen besonders negativ zu bewerten ist wohl der Abriss des unter Denkmalschutz stehenden Börsengebäudes (1954–1956, Franz Heinrich Sobotka, Gustav Müller) mit dem Vereinshaus der Berliner Kaufleute und Industriellen (1953/54, Paul Schwebes), das hinter der ebenfalls denkmalgeschützten Industrie- und Handelskammer in der City West einem „Ludwig-Erhard-Haus" genannten Neubau (1994–1998) weichen musste. Auch der Kinosaal des Gloria-Palastes (1952/53, Fehr & Jäckl) stand einem Investitionsprojekt (Ladenpassage) im Wege, wurde abgebrochen und als Neubau in veränderter Lage nachgebaut. Die Ladenpassage wurde übrigens nach zwei Jahren wieder geschlossen. Zu den aktuellen Verlusten zählt der Teilabriss des charakte-

8

ristischen Schimmelpfenghauses (1957–1960, Franz Heinrich Sobotka, Gustav Müller), ein denkmalgeschütztes Brücken-Bürohochhaus, das Egon Eiermanns Kaiser-Wilhelm-Gedächtniskirche Maßstab und Platzwand bietet, aber der „Kritischen Rekonstruktion" des Vorkriegsstadtgrundrisses im Wege steht. Erfolgversprechender scheint mittlerweile die Sanierung und Modernisierung des benachbarten Ensembles „Zentrum am Zoo" (1955–1957, Paul Schwebes und Hans Schoszberger), wo nach den jüngsten Plänen auch die lange Jahre umstrittene Erhaltung des Kinos Zoopalast und des sogenannten „Bikinihauses" gelingen dürfte.

DENKMALBILANZ BERLIN – VERLUSTBILANZ OST?__Zu den meistdiskutierten und wohl auch schwerwiegendsten Verlusten an geschützten Bau- und

Kunstdenkmalen der Nachkriegszeit zählen im Ostteil der Stadt wohl das Stadion der Weltjugend (1950, Selman Selmanagic, Abbruch 1992), das monumentale Leninstandbild am heutigen Platz der Vereinten Nationen (1970, Nikolai Tomski, Abbruch 1992), die Hochhausscheibe Interhotel „Berolina" an der Karl-Marx-Allee (1961–1963, Josef Kaiser und Günter Kunert, Abbruch 1995/96), die Ungarische Botschaft Unter den Linden (1966, Endre Koltai und Laszlo Kavácy, Abbruch 1998) und die Hyparschale der Mehrzweckgaststätte „Ahornblatt" auf der Fischerinsel, (1971–1973, Gerhard Lehmann, Rüdiger Plathe, Ing. Ulrich Müther, Abbruch 2000). Denkmalwert, zumindest erhaltenswert, aber nach dem bis 1995 geltenden West-Berliner Denkmalgesetz nicht förmlich in Denkmallisten verzeichnet, waren zum Zeitpunkt der politischen Entscheidungen zum Abbruch das Außenministerium der DDR auf der Spreeinsel (1964–1967, Josef Kaiser, Heinz Aust, Gerhard Lehmann und Lothar Kwasnitza, Abbruch 1996, Abb. 8 und 9) und der gegenüberliegende Palast der Republik (1973–1976, Heinz Graffunder mit Karl-Ernst-Swora, Wolf-Rüdiger Eisentraut, Günter Kunert, Manfred Prasser und Heinz Aust, Abbruch 2006–2008).[7] Eingetretenen Denkmalverlusten und anhaltenden Denkmalgefährdungen im ehemaligen Ostteil von Berlin stehen mittlerweile eine Reihe wichtiger Anlagen gegenüber, die nicht nur vor einem Abriss bewahrt, sondern mittlerweile auch erfolgreich instandgesetzt oder modernisiert werden konnten. Wie im Westteil bleiben die notwendigen Standardverbesserungen und die erhöhten Anforderungen an aktuelle bau- und sicherheitstechnische Normen nicht ohne Auswirkungen. Zu der nach wie vor schwierigen Vermittlung der Bedeutung und Qualität der Bauten und Gärten der Nachkriegsjahrzehnte in Ost und West kamen vor allem im ehemaligen Ostteil der Stadt auch (partei-)politisch motivierte Bedenken gegen eine Denkmalerhaltung.

DENKMALBEREICHE DES STÄDTEBAUS DER DDR IN DER MODERNISIERUNG__Vermutlich vorbereitet durch den Siegeszug der Postmoderne in den 1980er Jahren wurden politästhetische Bedenken gegen den „Zuckerbäckerstil" bzw. die „Nationale Tradition" des ersten Bauabschnitts der Karl-Marx-Allee nach 1990 kaum mehr vorgetragen, auch nicht aus dem Westen.[8] Im Zuge der Sanierungsplanung für die 1952–1960 errichteten „Arbeiterwohnpaläste" konnten die meisten Fassaden des im Bezirk Kreuzberg-Friedrichshain gelegenen Straßenzuges bereits in den 1990er Jahren durch Erneuerung der Fassadenkeramik auf einem Wärmedämmsystem instandgesetzt werden.[9] Als besonderen Erfolg der Kontroversen um die angemessene Gestaltung des großzügig dimensionierten Straßenraumes darf die Denkmalpflege wohl den Verzicht auf den von der Verkehrsplanung lange favorisierten Ausbau mit weiteren Fahr- und Parkspuren verbuchen. Schließlich sind auch die über 200 in klassizistischer Manier geschmückten, aber überwiegend maroden Schleuderbetonkandelaber der Magistrale trotz erheblicher Mehrkosten vom Land Berlin mit hoher Sorgfalt nachgebildet worden, um den einzigartigen Charakter dieses Straßenzugs nicht zu gefährden.

Mit dem 1959 bis 1965 errichteten zweiten Bauabschnitt der Karl-Marx-Allee entstand in der Verlängerung der „sozialistischen Magistrale" von den Turmhochhäusern am Strausberger Platz bis zum Alexanderplatz ein großzügig durchgrüntes Wohngebiet aus acht- und zehngeschossigen Wohnscheiben mit Wohnfolgeeinrichtungen für den täglichen Bedarf sowie zahlreichen überörtli-

9

chen Gesellschaftsbauten. Dieses Quartier einer nachgeholten Nachkriegsmoderne ging als „erster sozialistischer Wohnkomplex" in die Architekturgeschichte der DDR ein und sollte in der Beliebtheitsskala der Ost-Berliner als zentrumsnahes und großzügig durchgrüntes Wohngebiet ganz oben stehen.[10]

Obwohl nur die straßenbegleitende Bebauung des zweiten Bauabschnittes der Karl-Marx-Allee förmlich unter Denkmalschutz stand, forderte das Berliner Landesparlament den Senat auf, die westlichen und moderner gestalteten Bauten der Alleebebauung von der Denkmalliste zu löschen, um eine rasche Sanierung des zentral gelegenen Wohnquartiers zu ermöglichen. Die Initiative zur Teillöschung der Alleebebauung aus der Denkmalliste verebbte schließlich wieder und in den folgenden Jahren konnten auch die denkmalgeschützten Plattenwohnhausscheiben bis Ende der 1990er Jahre saniert werden. Neben einer bestandsorientierten Instandsetzung der Balkone und Hauseingänge sowie einem straßenbildgerechten Nachbau der Fenster war vor allem ein wirtschaftlich und konservatorisch vertretbarer Kompromiss für die Fassadensanierung mit Vollwärmeschutz zu finden.

Das für das Pilotprojekt Karl-Marx-Allee 5–11 entwickelte Sanierungskonzept ist keine herkömmliche, also primär auf Substanzerhaltung und historische Authentizität des Erscheinungsbilds, konzentrierte Lösung, so wenig wie Plattenhochhäuser bis dahin eine herkömmliche Konservatorenaufgabe darstellten. Bei der schließlich ausgeführten Variante handelt es sich vielmehr um eine hinterlüftete und wärmegedämmte Vorhangfassade, die den gesamten Plattenbau mit kleinformatigen, hochrechteckigen Keramikelementen auf einer Aluminium-Unterkonstruktion überzieht. In Farbton und Materialcharakter lehnt sich die keramische Wetterschutzschicht an die unter der Luft- und Dämmschicht erhaltene historische Oberfläche an, ohne diese freilich unmittelbar wiederzugeben oder auch nur getreulich abbilden zu können. Das gegenüber der historischen Fassade größere Format der Keramikplatten ist durch das Gesamtgewicht der Vorhangfassade und die statischen Möglichkeiten des Bestandsgebäudes bedingt.

Ein wichtiges Markenzeichen der Plattenbauweise, das sichtbare Fugenbild der vorgefertigten Wandtafeln, konnte durch dunkel abgesetzte, schmale Keramikstreifen auf die neue Fassaden-ebene übertragen werden. Auch wenn die Denkmalbilanz dieser Sanierungsmaßnahme nicht so positiv zu bewerten sein sollte wie deren Energiebilanz, bleibt es ein erfreuliches Fazit: Die Fassaden können sich sehen lassen und sie werden optisch das Verfallsdatum auch dann noch nicht überschritten haben, wenn wir uns an vielen Plattenbau-Verpackungskünsten der Nachwendezeit längst sattgesehen haben dürften. Inzwischen sind die nicht denkmalgeschützten Teilbereiche des komplexen Wohngebiets mit einer städtebaulichen Erhaltungssatzung geschützt worden. Aufgrund der insgesamt positiven Sanierungserfahrungen entlang der Karl-Marx-Allee ist das Sanierungskonzept auch auf Wohnbauten im rückwärtigen Bereich beiderseits der Magistrale übertragen worden, um das vertraute Erscheinungsbild der Fassadengestaltung sicherzustellen.

Das Café „Moskau", eigentlich Restaurant „Moskau" (Architekt Josef Kaiser), ist Teil des in den Jahren 1959–1965 zwischen Alexanderplatz und Strausberger Platz entstandenen zweiten Bauabschnittes der Karl-Marx-Allee. Gemeinsam mit dem Uraufführungskino International und einer Hotelhochhausscheibe bildete es das städtebauliche Zentrum des Wohnquartiers an der Kreuzung Schillingstraße. Nach jahrelangem Leerstand mit temporären Nutzungen wurde das Gebäude 2008/09 im Auftrag des neuen privaten Eigentümers und Bauherrn zu einem Konferenz- und Veranstaltungsgebäude umgebaut (Abb. 10). Der bauzeitliche, transparente und offene Charakter des Gebäudes sowie die Grundrissdisposition blieben weitgehend erfahrbar oder konnten zurückgewonnen werden. Die durch Anstriche und Verkleidungen verdeckten ursprünglichen

Oberflächen wurden wieder freigelegt, die veränderten Decken in Anlehnung an die bauzeitliche Gestaltung erneuert. Die Konstruktion der großflächigen Fenster blieb erhalten und konnte durch den Einbau von Wärmeschutzgläsern technisch aufgerüstet werden. Auch das 9 x 15 Meter große Eingangsmosaik von Bert Heller, dem ehemaligen Rektor der Kunsthochschule Weißensee, mit dem Titel *Aus dem Leben der Völker der Sowjetunion* wurde restauriert.[11]
Im Unterschied zu den bereits in DDR-Zeiten überwiegend denkmalgeschützten Wohnbauten an der Karl-Marx-Allee erfolgte die Unterschutz-

stellung der Wohnbebauung am ehemaligen Leninplatz (heute Platz der Vereinten Nationen) erst Jahre nach der Wende und dem politischen Beschluss von 1991 zum Abbau und zur Deponierung des Leninstandbildes (1991) im Rahmen der Gesamtberliner Denkmalgesetzgebung 1994/95. Die nach einem Gestaltungswettbewerb bereits eingeleitete Sanierungs- und Fassadenmodernisierungsplanung konnte für die zwischen 1968 und 1970 errichteten Wohnhochhäuser am ehemaligen Leninplatz noch so modifiziert werden, dass für die charakteristischen Platzfronten noch ein hohes Maß historischer und ästhetischer Qua-

10

litäten der seriell vorgefertigten Fassadenele-mente erhalten bleiben konnte. Für Bewohner und Passanten haben die platzbildprägenden Charak-terbauten der rund 300 Meter langen „Schlange"

Wettbewerb Mitte der 1990er Jahre zur Gestal-tung des Hauptstadtzentrums freigestellt. Viele Teilnehmer nahmen diese Option zugunsten ei-ner Rückkehr zum Vorkriegsstadtgrundriss wahr

11

und des „Bumerangs" ihr vertrautes und identi-tätsstiftendes Erscheinungsbild bewahrt. Dank ei-ner von den Architekten als „Re-Interpretation" verstandenen Sanierungsstrategie blieb die leb-hafte Gliederung und Farbgestaltung erhalten: Die Wohnbauten sind als Erzeugnis und Zeugnis der DDR-Architekturmoderne lesbar geblieben.

RESTAURIERUNG UND UMNUTZUNG VON SCHLÜSSEL-DENKMALEN DER DDR-ARCHITEKTUR__Das Staats-ratsgebäude entstand 1962–1964 als erstes neues Repräsentationsgebäude der DDR nach dem Mauerbau. Trotz nachweislicher Denkmalei-genschaft wurde seine Erhaltung im Spreeinsel-

und opferten das Baudenkmal einem Straßen-durchbruch. Eine positive Entwicklung für den Staatsrat läutete der Beschluss der Bundesre-gierung ein, den Gebäudekomplex als Sitz des Umzugsbeauftragten der Bundesregierung, des Ministers für Raumordnung, Bauwesen und Städtebau, Klaus Töpfer, und als provisorisches Bundeskanzleramt (1999–2001) herzurichten. 2004 übernahm die Privathochschule ESMT (Eu-ropean School of Management and Technology) das Gebäude durch einen Erbbaurechtsvertrag. Nach einer umfassenden Instandsetzung und Modernisierung wurde die ESMT im Januar 2006 eröffnet (Abb. 11).

Wesentliche Eingriffe erforderten der notwendige Einbau eines zusätzlichen Sicherheitstreppenhauses sowie die Erneuerung der Fensterkonstruktionen. Der Konflikt zwischen den Nutzerinteressen

Erhalten werden konnten alle wandfesten Kunstwerke am und im DDR-Staatsbau, darunter das von Walter Womaka geschaffene Glasbild in der großen Treppenhalle mit dem Titel *Darstellungen*

12

13

und jenen der Denkmalpflege lag vor allem in den großzügigen Raumzuschnitten und dem Wunsch des Nutzers nach vielen kleinen Arbeits- und Seminarräumen. Im Ergebnis konzentrierte sich die Denkmalpflege auf die denkmalgerechte Erhaltung des öffentlichen Foyer- und Treppenhausbereichs sowie die großzügig geschnittenen und repräsentativ ausgestatteten Konferenz- und Sitzungssäle (Abb. 12). Lediglich der Festsaal im zweiten Obergeschoss wurde durch eine transparente Zwischenwand in zwei unabhängige Vorlesungssäle getrennt. Die ursprünglichen Funktions- und Arbeitsräume und kleineren Sitzungsräume wurden den Nutzeranforderungen angepasst.

aus der Geschichte der deutschen Arbeiterbewegung und die Mosaikwand mit dem Staatswappen der DDR in einem heutigen Vorlesungsraum (Abb. 13).[12]

Die Kongresshalle und das Haus des Lehrers am Alexanderplatz von Hermann Henselmann zählen zu den prominentesten Zeugnissen der Ostmoderne, ja der modernen Architektur der 1960er Jahre überhaupt. Ihre denkmalgerechte Erhaltung wurde begünstigt durch ihre bereits aus DDR-Zeiten eindeutig dokumentierte Denkmaleigenschaft. Im Unterschied zu anderen DDR-Bauten der 1960er Jahre im Stadtraum Alexanderplatz konnte die Gebäudegruppe als denkmalpflegerischer Fixpunkt im städtebaulichen Ideenwettbewerb zum Alexanderplatz 1993/94 verankert und gegen Absichten zur städtebauli-

sche Befunde ermittelte ursprüngliche Farbgebung mit einem weißen Grundton und einem kräftigen Türkisblau an den Decken. Beim Haus

14

chen Neuordnung und Verdichtung gesichert werden.

Die Fassade der 2003/04 wiedereröffneten Kongresshalle wurde umfassend erhalten und instandgesetzt, die äußere Kuppelschale neu mit Zinkblech gedeckt. Der große Saal im ersten Obergeschoss mit seiner außergewöhnlichen Gestaltung bekam eine nahezu unsichtbare technische und akustische Nachrüstung (Abb. 14), die Foyers erhielten wieder ihre durch restauratori-

des Lehrers musste die Fensterkonstruktion erneuert werden, wobei sie in Material und Gestaltung das bauzeitliche Erscheinungsbild zurückerhielt. Im Inneren musste das Treppenhaus durch zwei ineinander verschachtelte Treppen ersetzt werden, um die Forderung nach zwei Fluchttreppenhäusern erfüllen zu können. Erhalten, instandgesetzt und restauriert werden konnte der von Walter Womaka geschaffene Mosaikfries *Unser Leben.*

Neben dem Staatsratsgebäude zählt die Restaurierung der Denkmalgruppe am Alexanderplatz unbestritten zu den besonderen Nachwendeerfolgen der Berliner Denkmalpflege. Zu verdanken ist das, wie im Fall der Wirtschaftshochschule im DDR-Regierungsbau, vor allem einem denkmalbewussten und denkmalverständigen Investor, der von Anfang an ein ausgezeichnetes und selbstbewusstes Denkmalmarketing verfolgte, um Interessenten als potenzielle Nutzer von der einmaligen Aura, der besonderen Geschichte und der außergewöhnlichen künstlerischen Qualität des Ensembles zu überzeugen. Dies gilt insbesondere für die Kongresshalle mit ihrer „Raumschiffausstrahlung" im Inneren, die den Besuchern sozusagen ein Sputnikerlebnis im 21. Jahrhundert ermöglicht.[13]

RELIKTE DES EISERNEN VORHANGS ERHALTEN UND ERSCHLIESSEN__Der sogenannte *Tränenpalast* (1961/62, 1974, Horst Lüderitz) war als Ausreisehalle am Bahnhof Friedrichstraße Teil der Grenzanlagen der DDR (Abb. 15). Das Gebäude steht seit 1990 unter Denkmalschutz. Mit seiner betont leichten und hellen, dem Zeitgeschmack entsprechend transparenten und eleganten Architektur sowie mit seinem Standort im Zentrum der Hauptstadt der DDR bildet diese Übergangsstelle eine Ausnahme in der sonst eher sachlichnüchternen oder gar abweisenden Gestaltung der Grenzanlagen.

Im Zusammenhang mit dem inzwischen in der unmittelbaren Nachbarschaft fertiggestellten Hochhaus Spreedreieck stand eine denkmalgerechte Erhaltung des *Tränenpalastes* in situ zeitweise infrage. Inzwischen ist er Bestandteil des Mauergedenkkonzeptes des Landes Berlin und des Bundes. Er wird künftig als zentrale Dokumentationsstätte genutzt, um über die Teilung Berlins und Deutschlands und den Alltag der Menschen in Ost und West bis zur Wiedervereinigung zu informieren. Träger der Dokumentationsstätte ist die Bonner Stiftung Haus der Geschichte der Bundesrepublik. Die Instandsetzung und Restaurierung der Gebäudehülle ist inzwischen weitgehend abgeschlossen. Zum 50. Jahrestag des Mauerbaus vom 13. August 1961 wurde das Haus für Besucher geöffnet. Vielleicht die schwierigste Instandsetzungsmaßnahme war die erforderliche wärmeschutztechnische Aufrüstung der großflächigen Glasfronten des Pavillons durch den Einbau von Wärmeschutzgläsern in die erhaltene und reparierte bauzeitliche Fensterkonstruktion.[14]

Zu den berüchtigten Bauwerken der Ostmoderne könnte man die Berliner Mauer zählen, die gewissermaßen das negative Gegenbild zum freundlich und einladend wirkenden *Tränenpalast* abgab. Sie war in der letzten Generation aus hochmodernen, weil vorgefertigten und selbsttragenden Stahlbetonelementen zusammengesetzt, von denen einige Abschnitte die Maueröffnung und den Fall des Eisernen Vorhangs überdauert haben und denkmalgeschützt sind. Sie stehen vielleicht exemplarisch für die menschenverachtenden Schattenseiten, die die Bauwerke der Ostmoderne im Berliner Stadtbild bisweilen auch repräsentieren. Ihre konstruktive Sicherung einschließlich Korrosionsschutz und Betonsanierung zählt neben der oftmals viel schwierigeren Denkmalvermittlung freilich zu den praktisch-konservatorischen Regelaufgaben, welche die Berliner Denkmalpflege im Osten wie im Westen der Stadt bei Zeugnissen der Nachkriegszeit zu erfüllen hat.[15]

heit versteht – auch von einer Gleichbehandlung in der Geringschätzung oder einer mangelnden Denkmalakzeptanz in Ost und West gegenüber dem

15

Sicher ist, auch 23 Jahre nach dem Fall der Berliner Mauer, dass Bau- und Gartendenkmale der Nachkriegszeit in Berlin nicht die breite Akzeptanz oder gar Anerkennung genießen, derer sich das architektonische und gartenbauliche Erbe vorangegangener Epochen meistens erfreut. Vielleicht treffen sie im ehemaligen Osten bei Denkmaldiskussionen in gewissen Kreisen immer noch eher auf politische bzw. moralische und ästhetische Vorbehalte als Vergleichsobjekte im Westen. Vielleicht muss man – zumindest in einer Stadt wie Berlin, die sich als Werkstatt der deutschen Ein-

Nachkriegserbe ausgehen. Aber das notwendige Werben in Gesellschaft und Politik um mehr Denkmalakzeptanz für die Ost- und Westmoderne im Land darf nicht den Blick für die ungelösten Probleme der praktischen Denkmalkonservierung und -restaurierung verstellen. Ähnlich wie bei manchen Bauten und Anlagen der 1920er und 1930er Jahre werfen fehlende technische bzw. finanzielle Möglichkeiten Fragen nach einer denkmalgerechten Strategie auf, etwa wenn der Ersatz raffiniert minimierter Konstruktionen und filigraner Detaillösungen im Hinblick auf steigende energetische Ansprüche als Forderung im Raum steht. Hier tut nicht nur öffentliche Denkmalakzeptanz not, sondern auch Grundlagenforschung und interdisziplinäre Entwicklungsarbeit der Experten, um substanzschonende Alternativen erproben zu können.

ANMERKUNGEN

1   Das Zustandekommen des vorliegenden Beitrags verdanke ich auch meinen Kolleginnen und Kollegen aus dem Landesdenkmalamt Berlin, namentlich Antje Graumann, die an der Vortragsfassung mitwirkte und mich als Referentin vertrat, sowie Franziska Schmidt, die mir dankenswerterweise die ganze Bildredaktion abnahm.

2   Haspel, Jörg: „Erhalt, Modernisierung und Neuinterpretation – Denkmale der Hauptstadt der DDR". In: *Der Architekt*. 7/2 2000, S. 41–44; Haspel, Jörg / Schnedler, Hendrik: „Denkmale der Hauptstadt der DDR. Zur Nachkriegsarchitektur im ehemaligen Ostteil von Berlin". In: Beutelschmidt, Thomas / Novak Julia M.: *Ein Palast und seine Republik. Ort – Architektur – Programm*. Berlin 2001, S. 22–33

3   Landesdenkmalamt Berlin (Hg.): „Fort mit den Trümmern und was Neues hingebaut" (Berliner Bau- und Gartendenkmale der Nachkriegszeit, Ausstellungsbegleitblatt). Berlin 1999/2000

4   *Architektur und Städtebau der fünfziger Jahre. Ergebnisse der Fachtagung in Hannover 1990* (Band 41 Schriftenreihe des Deutschen Nationalkomitees für Denkmalschutz). Bonn/Baden-Baden 1990; für die 1960er Jahre vgl. *1960 plus – ein ausgeschlagenes Erbe?* (Band 73, Schriftenreihe des Deutschen Nationalkomitees für Denkmalschutz). Bonn/Baden-Baden 2008

5   Heuler, Norbert: „Architektur der 50er Jahre als Aufgabe der praktischen Denkmalpflege" In: Huse, Norbert (Hg.): *Verloren, gefährdet, geschützt. Baudenkmale in Berlin*. Berlin 1989, S. 311–318

6   Eine Art Negativbilanz für den Ostteil und den Westteil von Berlin über die letzten 20 Jahre seit der Maueröffnung versuchen Wolfgang Bittner, Jörg Haspel, Britta Kaden-Pohl und Gabriele Schulz in: „Lenin, Börse, Ahornblatt – Denkmalverluste im vereinigten Berlin". In: *Die Denkmalpflege*, 22/2009, 67. Jg., S. 138–143.

7   Vgl. Haspel, Jörg: „Denkmalschutz für Bauten der 70er Jahre". In: *Denkmalpflege nach dem Mauerfall – eine Zwischenbilanz* (Beiträge zur Denkmalpflege in Berlin, Band 10). Berlin 1997, S. 122–124

8   *Stalinistische Architektur unter Denkmalschutz?*. Tagung des Deutschen Nationalkomitees von ICOMOS und der Senatsverwaltung für Stadtentwicklung und Umweltschutz in der Architektenkammer Berlin, 06.–09.09.1995. *(ICOMOS – Hefte des Deutschen Nationalkomitees, XX)*. München 1996

9   Haspel, Jörg: „Denkmalpflegerische Aspekte der Sanierung und Revitalisierung der Karl-Marx-Allee". In: Engel, Helmut / Ribbe, Wolfgang (Hg.): *Karl-Marx-Allee in Berlin. Die Wandlung der sozialistischen Magistrale zur Hauptstraße des Ostens* (Publikationen der Historischen Kommission zu Berlin). Berlin 1996, S. 187–203

10   Ribbe, Wolfgang (Hg.): *Die Karl-Marx-Allee zwischen Strausberger Platz und Alex* (Berlin-Forschungen der Historischen Kommission zu Berlin, Band VI). Berlin 2005; vgl. auch Leinauer, Irma: „Das Wohngebiet Karl-Marx-Allee. Industrielles Bauen zwischen Strausberger Platz und Alexanderplatz". In: Butter, Andreas / Hartung, Ulrich: *Ostmoderne. Architektur in Berlin 1945–1965*. Berlin 2004, S. 114–123

11   Heuler, Norbert: „Café und Restaurant Moskau und Haus des Lehrers mit Kongresshalle". In: *Beiträge zur Denkmalpflege in Berlin* (Band 35: Berlin im Wandel. 20 Jahre Denkmalpflege nach dem Mauerfall). Petersberg 2010, S. 166–171

12   Heuler, Norbert: „Das Staatsratsgebäude". In: *Beiträge zur Denkmalpflege in Berlin* (Band 35 (wie Anm. 11)), S. 181–183

13   Heuler, Norbert: „Haus des Lehrers und Kongresshalle in Berlin". In: *Die Denkmalpflege*. 2/2005, S. 151–156; Heuler, Norbert: „Café und Restaurant Moskau und Haus des Lehrers mit Kongresshalle". In: *Beiträge zur Denkmalpflege in Berlin*. (Band 35 (wie Anm. 11)), S. 166–171

14   Heuler, Norbert: „Die Grenzübergangsstelle Bahnhof Friedrichstraße – der Tränenpalast". In: *Beiträge zur Denkmalpflege in Berlin*. (Band 35 (wie Anm. 11)), S. 130–132

15   Heuler, Norbert: „Methoden der denkmalpflegerischen Behandlung von Resten der Berliner Mauer". In: Klausmeier, Axel/Schlusche, Günter (Hg.): *Denkmalpflege für die Berliner Mauer. Die Konservierung eines unbequemen Baudenkmals*. Berlin 2011, S. 112–124

VON FALTEN, SCHALEN UND PLATTEN –
DER DENKMALPFLEGERISCHE UMGANG MIT
DEN JÜNGEREN DDR-BAUTEN IM LAND BRANDENBURG_

RUTH KLAWUN

Diskussionen über die Eintragung von DDR-Bauten der 1960er bis 1980er Jahre in die Denkmalliste werden derzeit auch im Land Brandenburg geführt. Im Folgenden soll der Umgang mit den baulichen Zeugnissen dieser Zeit im Land Brandenburg vorgestellt werden. Aus dem Denkmalbestand des Landes werden einige Beispiele herausgegriffen und exemplarisch die Probleme einer denkmalgerechten Sanierung erläutert. Das hierzu verwendete Material stammt von Kollegen und Kolleginnen aus den Dezernaten Inventarisation und Praktische Denkmalpflege des Brandenburgischen Landesamtes für Denkmalpflege und Archäologischen Landesmuseums (BLDAM), denen an dieser Stelle für die Unterstützung gedankt sei.[1] Die bauliche Entwicklung der 1950er Jahre war auch in der DDR durch die Abwendung von einer historisierenden Architektur und der Hinwendung zur Formensprache der Moderne geprägt. Trotz der Forderung von offizieller Seite nach Industrialisierung und Typisierung war eine Auseinandersetzung mit den zeitgenössischen Strömungen der sogenannten „Nachkriegsmoderne" festzustellen. So wurde das typische Vokabular der Architektur der 1950er und der frühen 1960er Jahre, wie Dynamik und Asymmetrie, Transparenz und Rasterbauweise, zurückgesetzte verglaste Dachgeschosse, weit auskragende Betondächer und ähnliches aufgegriffen. Zunächst

entstanden diese Bauten noch in traditioneller Bauweise. Jedoch bereits in der zweiten Hälfte der 1950er Jahre setzte die Entwicklung zum industriellen Bauen ein. Zunächst beschränkte sie sich auf den Wohnungsbau. Der sogenannte „Gesellschaftsbau", das heißt die öffentlichen Bauten, folgte etwa zehn Jahre später.

Die gezeigten Beispiele werden, soweit nicht anders erwähnt, in der Liste der Denkmale des Landes Brandenburg geführt. Zunächst werden Gebäude vorgestellt, die sich durch ihre individuelle Gestaltung auszeichnen.

In Rheinsberg wurde 1960–1966 das Kernkraftwerk Bruno Leuschner errichtet, das bis 1990 in Betrieb blieb. Zu dessen Bauten gehört das Instituts- und Sozialgebäude, das man nach Plänen des Entwurfsbüros für Industriebau Berlin des Ministeriums für Aufbau (Hauptverwaltung, Städtebau und Entwurf) unter Mitwirkung der Architekten Altenkirch, Bahnemann und Draisbach errichtete (Abb.1). Es ist ein lang gestreckter viergeschossiger Stahlbetonskelettbau mit Klinkerausfachungen und Flachdach. Die drei oberen Geschosse springen über das Erdgeschoss vor. Innen sind die bauzeitliche Raumstruktur und die Ausstattung in großem Umfang erhalten.

Die Phase des Umbruchs und der Neuorientierung in der Architektur der DDR mit Hinwendung zur zeitgenössischen internationalen Baukunst wird durch die sachlich-funktionale Formensprache des Gebäudes dokumentiert. Es wirkt trotz seiner Größe elegant und transparent und vermit-

1964 als eingeschossiger Saalbau mit 200 Plätzen aus Klinkern mit Elementen aus Betonformsteinen errichtet. Mit seinen Nebeneinrichtungen wie Kü-

1

telt eindrucksvoll den damaligen Glauben an den wissenschaftlich-technischen Fortschritt und die unbegrenzten Möglichkeiten der Kernenergie. Mit seiner Ausführung in Stahlbetonskelett-Montagebauweise veranschaulicht das Gebäude den damals modernsten Stand der Bautechnik in der DDR und ist ein qualitätvolles Zeugnis der DDR-Architektur der 1960er Jahre.[2]

Der Entwurf für das Kulturhaus des Instituts für Mechanisierung der Landwirtschaft Potsdam Bornim stammt von Rolf Göpfert, Technische Hochschule Dresden (Abb. 2). Das Gebäude wurde

che und Kantine wurde es über einem L-förmigen Grundriss angelegt. Das große, pappgedeckte Satteldach ist weit heruntergezogen. Alle Fassaden sind durch Fenstergruppen unterschiedlicher Größe, Reihung und Gestaltung geprägt und verweisen auf die dahinterliegenden Nutzungen. Der Baukörper wirkt vor allem durch das Wechselspiel von geschlossenen und durch große Fenster geöffneten Wandpartien. Im Inneren des Hauptbaus ist der große Fest- und Bühnensaal mit Parkettfußboden und einem Wandgemälde von Werner Nerlich und Marianne Kühn mit Darstellungen aus der Landwirtschaft hervorzuheben. Eines der typischen Merkmale der Anlage ist die vielfältige Verknüpfung von Innen und Außen. Dies zeigt sich besonders bei der Öffnung des großen Saales in den Park. Der Architekt trat mit dem Anspruch auf, sich an der internationa-

Betonung der horizontalen Linien und durch die großzügige Öffnung zum Außenraum hin entsteht. Motive, die das Babelsberger Postgebäude zu einem typischen Vertreter der deutschen bzw. internationalen Nachkriegsmoderne machen, sind außerdem die Keramik- bzw. Mosaikverkleidungen.[4]

2

3

len Diskussion um die Nachkriegsmoderne zu beteiligen. Das war im Land Brandenburg Anfang der 1960er Jahre eine Ausnahme. Möglicherweise ist sein Entwurf als direkte Auseinandersetzung mit den Arbeiten Hans Scharouns zu sehen, dessen Werke er kannte.[3]

Auch das 1966–1969 nach einem Entwurf von Wolfgang Müller in monolithischer Stahlbeton-Skelettbauweise errichtete Postgebäude im Potsdamer Stadtteil Babelsberg ist ein eindrucksvolles Dokument für den großen Einfluss internationaler moderner Tendenzen auf die Architektur der DDR dieser Zeit (Abb. 3). Die Baugruppe wird in Funktionseinheiten gegliedert. Kennzeichnend sind die visuelle Aufhebung der Schwerkraft durch Aufständerung bzw. vorkragende Betondächer und eine Dynamik, die durch angeschrägte Fluchten, die

Das Kaufhaus in Forst wurde 1963 nach Plänen des Architekten Josef Demkopf errichtet (Abb.4). Es handelt sich um einen viergeschossigen, rechteckigen Putzbau mit überstehendem Flachdach und darüber hinausragendem Treppenhausturm. Die Fassade ist im Erdgeschoss im vorderen Teil mit Natursteinplatten verkleidet und in großflächige, fast quadratische Fenster aufgelöst. Ein weit nach vorn gezogenes Betondach auf Stützen wurde bereits 1993 abgebrochen. Hochrechteckige Fenster befinden sich zwischen schmalen senkrechten Mauerstegen. Die Brüstungsflächen sind wellenförmig ausgeführt. Die Fenster sind aus Stahl und eloxiertem Aluminium mit horizontaler Kippvorrichtung gefertigt. Drei lange Fahnenstangen sind auf dem Dach, weitere Fahnenhalterungen in Höhe des zweiten

Obergeschosses angebracht. Das Innere des Bauwerks wird durch ein großzügiges Treppenhaus mit Stufen aus schwarzen Terrazzoplatten

bei den meisten Gebäuden dieser Bauzeit stand das Problem der unzureichenden Wärmedämmung im Vordergrund der Umnutzung. Auf der

4

und einen Lastaufzugschacht mit doppelflügeligen Metalltüren geprägt. Drei frei stehende Stützen mit Mosaikoberfläche tragen jeweils die Geschossdecken. Das Gebäude stellt eines der wenigen noch erhaltenen Beispiele eines Großkaufhauses der DDR dar, einer Baugattung, die zunehmend vom Abbruch bedroht ist.

Im Zuge der Sanierung und Umnutzung des Gebäudes zu Wohnungen im Obergeschoss konnte das Erdgeschoss weitgehend erhalten werden. Auch das Treppenhaus wurde durch Aufarbeitung der Terrazzotrittstufen im Bestand saniert. Wie

Rückseite und auf Teilen der Seitenfassaden erhielt das Gebäude eine Außendämmung, die das äußere Erscheinungsbild nur in geringem Maß beeinträchtigt. Die Metallfenster blieben in den nach dem Umbau entstandenen Loggienöffnungen in ihren Rahmen erhalten. Da die Kippkonstruktionen der bauzeitlichen Fenster den aktuellen bauordnungsrechtlichen Vorschriften nicht mehr entsprechen, konnten sie nicht erhalten werden.[5]

Die Regattastrecke in Brandenburg an der Havel ist eine Sportanlage mit Zielrichterturm, Aufenthalts- und Umkleidegebäude. Auch ein Restaurant und ein Kiosk gehören zum Denkmal. Das zugehörige Kassenhäuschen wurde 2004 leider abgerissen. Errichtet wurde die Anlage 1969

5

nach einem Entwurf von Hartmut Töpel. Die Strecke konnte für verschiedene Regatten (Kanu, Rudern) sowie für Eissegeln und Motorbootrennen genutzt werden. Die Gebäude sind differenziert gegliedert und in einem funktionalen, sachlichen Stil erbaut. Alle Gebäude wurden auf Stahlbetonplatten errichtet. Das Gelände musste hierzu aufgeschüttet werden. Seit Mitte der 1990er Jahre ist die Regattastrecke Austragungsort zahlreicher, auch internationaler Wettbewerbe. In diesem Zusammenhang gab es verschiedene Umbau- und Sanierungsmaßnahmen an den einzelnen Gebäuden sowie 2009 eine Erweiterung der Strecke von sechs auf acht Bahnen.

Für das Restaurant ist das schwungvolle Kragdach aus Hyparschalen charakteristisch. Es überdacht auf der einen Seite das Restaurant mit seinen verglasten Außenwänden und auf der anderen eine große, dem Wasser zugewandte Terrasse. Das Dach liegt an seinem tiefsten Punkt auf zwei Stahlbetonstützen auf und wird von Zugankern gehalten. Der Zielrichterturm ist ein filigranes, 13,5 Meter hohes Bauwerk, bestehend aus zwei Stahlrahmen mit eingeschobenen Stahlbetondecken, vorgehängter Fassade aus Aluminium und Glas sowie einer Stahlbetontreppe (Abb. 5). Seine Sanierung erfolgte 1995. Um die weitere Nutzung der Regattastrecke zu ermöglichen, musste er durch einen zweiten Zielrichterturm ergänzt werden. Der Umkleidebau der Anlage zeigt sich mit einem Hyparschalendach in kleinteilig gereihter Form. Die Bauten der Regattastrecke gehören mit ihrer eleganten und filigranen Wirkung sowie der geschickten Einpassung in die umgebende Landschaft zu den qualitätvollsten Zeugnissen der DDR-Moderne der 1960er Jahre in Brandenburg.[6] Wegen der Hinwendung zum standardisierten, industriellen Bauen im Industrie- und Städtebau boten sich den Planern und Architekten kaum Chancen zur Realisierung unkonventioneller Lösungen. Zu den wenigen Ausnahmen gehören die Hyperparaboloid-Schalenbauten. Sie waren relativ kostengünstig herzustellen und eigneten sich wegen ihrer individuellen Gestaltungsmöglichkeiten und vielfältigen Architekturformen zur städtebaulichen Akzentuierung der Plattenbausiedlungen. Ab 1970 entstand auf dem Gebiet der DDR eine Vielzahl solcher dominanten Schalenbauten; zumeist handelte es sich um Freizeit- und Gaststättengebäude.

6

Weiterhin fanden vorgefertigte Hypar- oder HP-Schalen, ebenso wie die vorgefertigten VT-Schalen (trapezförmige Faltwerkträger aus Spannbeton), in kleinteilig gereihter Form Verwendung an diversen Bauten, etwa an Turnhallen, Schwimmhallen, Kaufhallen oder auch an Kindergärten.

Ein weiteres Beispiel für ein HP-Schalendach ist das Café Seerose in Potsdam (Abb. 6). Diese Gaststätte wurde im Zusammenhang mit dem ab Anfang der 1980er Jahre am Standort realisierten Wohnungsbauprogramm Wilhelm-Külz-Straße errichtet. Die Planung und Gestaltung des Bauwerks erfolgten durch von Dieter Ahting, die Projektierung der HP-Schalenkonstruktion übernahm Ulrich Müther, damals tätig als Leiter des VEB Spezialbetonbau Binz. Es handelt sich um einen Zentralbau über kreisförmigem Grundriss mit acht rosettenartig von einem zentralen zylindrischen Element ausgehenden HP-Schalen. Sie dienen gleichzeitig als Außenwand und Dach des Gebäudes. Im Inneren zeigt der Gastraum die ge-

wird bis heute als Kindergarten genutzt. Den Entwurf lieferten Erich Hauschild als Architekt und Herbert Müller als Konstrukteur. Dem Kindergar-

7

weißten Unterseiten der HP-Schalen, an denen die Spuren der Holzverschalung noch deutlich zu erkennen sind.[7] Weitere HP-Schalenkonstruktionen von Ulrich Müther finden sich in Eberswalde und Templin, die abhängig vom Erhaltungszustand in die Landesdenkmalliste aufgenommen wurden: Eingetragen sind zum Beispiel der Gaststättenpavillon im Bürgergarten in Templin (1972) und der Kiosk auf dem Gelände des Strandbades Templin (um 1971).

Der 1970 errichtete Kindergarten an der Arndtstraße in Luckenwalde wurde ebenfalls unter Verwendung von HP-Schalen errichtet (Abb.7). Er

ten ist ein großes Freigelände mit nierenförmigem Planschbecken und Spielgeräten zugeordnet. Der ringförmige Montagebau besteht aus Betonfertigteilen mit einer Dachkonstruktion aus aneinandergereihten vorgefertigten HP-Schalen. Das Polygon hat 50 Seiten und einen offenen, runden Innenhof. Nach außen ist der Bau großzügig durchfenstert. An den teils brusthohen, teils kniehohen Brüstungen kann man schon von außen den Küchen- bzw. Arbeitstrakt und die Gruppenräume ablesen. Die originalen Fenster, Türen und partiell angebrachten Markisen sind erhalten.

Im Inneren erschließt ein Flur das gesamte Gebäude ringförmig. Er trennt einen äußeren Kranz mit den Gruppen- und Arbeitsräumen und der Küche von einem inneren mit den Sanitärbereichen.

Der Rundbau-Kindergarten in Luckenwalde stellt innerhalb der oben beschriebenen Bauphase eine Seltenheit dar. Vermutlich wurde er als einziger mit HP-Schalendach im heutigen Land Brandenburg errichtet. Ein vergleichbarer Bau steht in Halle-Neustadt. Wegen der Überformungen ist er dort aber nicht als Denkmal eingetragen. Hervorzuheben ist die Montage aus Teilen des industriellen Wohnungsbaus und Elementen der sogenannten „Mastenbauweise". Hiermit gelangte man zu völlig neuen Formen und Kombinationen. Bei dem Bauwerk wurden wichtige Grundprinzipien des modernen Kindergartenbaus verwirklicht, die auf die späten 1920er Jahre zurückgehen. Es sind der rationale Aufbau, die Eingeschossigkeit, eine zentrale Anordnung der Versorgungsbereiche und die Orientierung der Räume am Sonnenstand sowie direkte Zugänge der Gruppenräume zu den Freiflächen.[8]

Aufgrund der problematischen Situation des Wärme- und Kälteschutzes wurde eine energetische Sanierung mit Mitteln des Konjunkturpaketes geplant. Vorgesehen waren der Austausch der Fenster sowie die Wärmedämmung der Stützen und der Elemente über den Fenstern. Der Austausch der Fenster und die Dämmung der Stützen waren aus denkmalpflegerischen Gründen nicht möglich. So entschied man sich für das Aufarbeiten der Fenster mit neuen Dichtungslippen. Die extrem dünnen Flächen oberhalb der Fenster wurden von innen gedämmt.

Die im Folgenden vorgestellten Bauten sind weitgehend als Typenbauten zu bezeichnen. Aus der Experimentierphase der Typisierung von Bauaufgaben sind die folgenden Verkaufseinrichtungen hervorgegangen.

Die Kaufhalle Dresdner Straße 34 in Elsterwerda, OT Krauschütz, entstand mit Baugenehmigung

8

von 1971 als eingeschossiger Montagebau mit Flachdach aus industriell vorgefertigten Betonteilen (Abb.8). Die Ausführung erfolgte durch die Menzel-Stahlbetonteile GmbH, Elsterwerda. Stahlbetonstützen, die in gegossene Punktfundamente eingetieft sind, und Stahlbetonsparren bilden das tragende Skelett. Die dazwischenliegenden Wandpartien bestehen aus 80 Millimeter dicken verdübelten Einschubplatten aus hellem, feinkörnigem Waschbeton, das Dach aus schmalen Betonplatten, die nach innen entwässern. Der große Verkaufsraum wird durch Stützen gegliedert.

Das Gebäude ist ein frühes Dokument für die Anwendung flexibler Systeme in Stahlbetonskelettbauweise bei öffentlichen Bauten. Bis weit in die 1960er Jahre dominierte dort die konventionelle Mauerwerks- bzw. die Streifenbauweise. Die Anwendung

lung Kultur, als Stadt- und Kreisbibliothek errichtet (Abb.9). Die Pläne stammen von einer Entwurfsgruppe des VEB Baureparaturen Pritzwalk,

9

der Plattenbauweise für Gesellschaftsbauten kam in der DDR im Gegensatz zum Wohnungsbau erst spät durch die Übernahme von Bauelementen der WBS (Wohnbauserie) 70 zustande.

Die Kaufhalle Elsterwerda stellt ein seltenes Beispiel aus der Experimentalphase dar. Sie ging der Produktion nach typisierten Entwürfen mit industriell vorgefertigten Bauelementen unmittelbar voraus.[9] Eine baugleiche Kaufhalle findet sich in Tröbitz. Sie ist ebenfalls in der Denkmalliste eingetragen.

Die Kreisbibliothek Pritzwalk, Kietz 64 wurde 1974–1978 im Auftrag des Kreises Prignitz, Abtei-

die Innengestaltung und die Ausstattung vom VEB Umweltgestaltung und bildende Kunst Potsdam sowie dem VEB Innenprojekt Halle.

Die Kreisbibliothek ist ein frei stehender, massiver Betonplattenbau auf rechteckigem Grundriss. Sie wird von einem Wellendach aus Betonfertigteilen gedeckt, einem sogenannten „VT-Faltendach". Aus hellen und dunklen Steinen gebildete geometrische Mosaikbänder rahmen den Eingang.[10] Der äußerlich unscheinbare, aus typisierten, industriell gefertigten Betonelementen zusammengesetzte Bau entspricht den damaligen Bestrebungen, neben den Wohnbauten möglichst auch die öffentlichen Gebäude baulich zu vereinheitlichen und zu standardisieren. Erst im Inneren erweist sich die Kreisbibliothek als ein funktional durch-

jekt das Potsdamer Wiederverwendungsprojekt („WV-Projekt) für eine zweizügige polytechnische Oberschule.[12]

10

dachter, großzügig bemessener und gediegen ausgestatteter Bibliotheksbau, der bis heute den Ansprüchen an eine Freihandbibliothek genügt.[11]

Einen Bautyp, dem in der DDR besondere Aufmerksamkeit gewidmet wurde, stellen Schulen dar. Die Entwicklung zum industriellen Bauen vollzog sich im Wohnungsbau bereits in der zweiten Hälfte der 1950er Jahre, bei den öffentlichen Bauten erst etwa zehn Jahre später. Die einzelnen Bezirke entwarfen zunächst teilweise ihre jeweils eigenen Typenreihen abhängig von den territorialen Voraussetzungen. Im Bezirk Potsdam beispielsweise plante der VEB Landbaupro-

Nachdem das „Gesetz über das einheitliche sozialistische Bildungssystem" 1965 durch die Volkskammer angenommen worden war, kamen aus ökonomischen Gründen zentrale Typenserien zur Ausführung. Mit dem Gesetz führte die DDR die zehnjährige Schulpflicht und eine Verbindung des theoretischen Unterrichts mit praktischer Arbeit ein. Zudem fand eine stärkere Integration der naturwissenschaftlichen Fächer in den Unterricht statt.

Der VEB Hochbauprojektierung Erfurt entwarf zur besseren Umsetzung dieses Gesetzes die sogenannte „Typenserie 66", die den Schulbau in der gesamten DDR nachhaltig prägte. Da die Produktionstechnik in den meisten Bezirken vorhanden war, basierte der Entwurf auf der 2-Megapond-Wandbau-Montagebauweise in Querwandbauweise[13] mit Außenwänden aus Leichtbetonelementen. Die Schule besteht aus zwei

11

viergeschossigen Baukörpern, die durch einen Zwischenbau miteinander verbunden sind.[14]

In Niedergörsdorf nahe Jüterbog wurde 1983 neben mehreren älteren Schulgebäuden ein Schulneubau vom Typ „Erfurt TS 66/69 einzügig" errichtet (Abb. 10). Als gutes Beispiel für diesen Schulbautypenentwurf möchte die Inventarisation des Landesdenkmalamtes den Bau unter Schutz stellen. Eine abschließende Entscheidung wurde allerdings noch nicht gefällt, da Zweifel darüber aufkamen, ob eine Eintragung ohne vorherige Erfassung sämtlicher DDR-Typenschulbauten angemessen sei. Ideal wäre eine bundesländerübergreifende Erfassung der Typenbauten. Danach könnte über die

Eintragung entschieden werden. Ein solches Projekt sollte jedoch möglichst bald umgesetzt werden, da Schulbauten einem großen Veränderungsdruck unterliegen.

Der Bau von Einfamilienhäusern spielte lange Zeit eine marginale Rolle im Wohnungsbau der DDR. Erst mit der Ära Honecker errang das Eigenheim eine gewisse öffentliche Bedeutung. Infolge des VIII. Parteitages der SED im Jahr 1971 kam es zu einem grundsätzlichen Wandel auch im Bereich des Einfamilienhausbaus. Die Beschlüsse sahen eine weitere Erhöhung des Lebensstandards in der DDR vor.

Als Beispiel für den Einfamilienhausbau stehen zwei Bauten aus Nauen OT Berge, Am Gutshof 1 (Abb.11) und 6. Bei den eingeschossigen Wohnhäusern mit leicht geneigtem Pultdach handelt es sich um Bauten des Typs „Syba-Plastfertighaus L 112" für sechs Personen. Der Projektentwurf und die Herstellung der Bauteile erfolgten durch den VEB Holzbau Mittweida. Der Hersteller lieferte alle Bauteile ab Fundamentoberkante und gab eine Montageanleitung heraus. Der Typ „Syba-Plastfertighaus L 112" ist ein breitgelagerter Flachbau, der aus industriell vorgefertigten Bauteilen montiert wurde. Die Konstruktion basiert auf der Syba-Plastbauweise, einem von Gerd Hintersdorf entwickelten Baukastensystem, das stützenlos nur aus geklebten und geklemmten Elementen bestand. Die Fußbodenplatten, Außen- und Innenwände sowie die Dachdeckenplatten sind verschraubte Holzverbundelemente mit Hartfaserdeckschichten und einer Wärmedämmschicht aus Polystyrolhartschaum. Bei den hier genannten Bauten wurde durch die vollflächige Verklebung der Wärmedämmschicht mit den Deckschichten ein statisch wirksamer Verbund erreicht. Als Wetterschale erhielten die Gebäude eine hinterlüftete Außenhaut aus PVC-Profilen. Das Bausystem er-

Praktische Denkmalpflege bestehen gegen die Eintragung in die Denkmalliste jedoch Bedenken, da zum einen die mangelnde architektonische

12

möglichte relativ variable Grundrisslösungen für eingeschossige Bauwerke mit verschiedenen Nutzungen.[15] Ein weiterer Typenbau eines Einfamilienhauses ist der Typ „HP 1 Luckenwalde" mit HP-Schalendach. Nur wenige der großen Typenbauten wurden bisher einzeln in die Landesdenkmalliste Brandenburgs eingetragen.

Als kontrovers diskutiertes Beispiel sei das ehemalige FDGB-Ferienheim in Templin, Am Lübbesee 1, Landkreis Uckermark, vorgestellt (Abb. 12). Mit Gutachten des Dezernats Inventarisation vom März 2010 wurde dem FDGB-Heim Denkmalwert zugesprochen.[16] Seitens des Dezernats

Qualität die Eintragung nicht rechtfertige und zum anderen bezweifelt wird, dass die Anlage dauerhaft in ihrer Substanz und ihrem Erscheinungsbild erhalten werden kann. Erhebliche konstruktive Mängel und eine völlig unzureichende Wärmedämmung sowie die vorhandenen Grundrisse machten eine weitere Nutzung des Gebäudes und seine substanzielle Erhaltung kaum möglich. Seitens der Inventarisation wird dagegen vorgebracht, dass das heute als Hotel dienende Gebäude hauptsächlich im Sommer genutzt wird und ein Flügel komplett im bauzeitlichen Zustand erhalten ist. Zudem müsse mit einer Sanierung derzeit nicht gerechnet werden. Nach abschließender Diskussion mit den Beteiligten wurde entschieden, von einer Eintragung in die Denkmalliste abzusehen.

Zur Dokumentation des Massenwohnungsbaus in Brandenburg wurden mehrere städtebauliche Anlagen der 1960er und 1970er Jahre als Denkmalbereiche eingetragen. Als Beispiel wird hier abschließend die Stadtpromenade von Cottbus vorgestellt.

Die Stadt entschied damals, die neue Stadtpromenade westlich der Altstadt an der Nahtstelle zwischen dem mittelalterlichen Stadtkern und der gründerzeitlichen westlichen Stadterweiterung zu errichten. Ziel war es, das alte und das neue Stadtzentrum organisch zu verbinden. Eine der städtebaulichen Grundideen der Planung war, den als Promenade gestalteten ehemaligen Bereich der Spremberger Wall- und Grabenanlage an der Westseite der Stadt auch weiterhin von Bebauung freizuhalten. Generalprojektant und Generalauftragnehmer war der VEB Wohnungsbaukombinat Cottbus. Beteiligt waren das Architektenkollektiv unter Leitung des Stadtarchitekten Werner Fichte sowie das Kollektiv der Architekten Gerhard Guder und Gerhard Müller. Die prägenden städtebaulichen Elemente der Anlage sind folgende: Die Stadthalle wurde 1970–1975 unter der Gesamtleitung des Architekten Eberhard Kühn in Zusammenarbeit mit dem Architekten Hans-Georg Vollmer und dem Bauingenieur Horst Müller errichtet. Sie wird auch einzeln als Denkmal in der Denkmalliste geführt. Die Gaststätte „Am Stadttor" und die Volksbuchhandlung Jenny Marx (heute Heron-Buchhandlung) entstanden beide 1968/69 nach dem Entwurf des Architekten Gerhard Baer. Für das konsument-Warenhaus von 1966–1968 waren die Architekten Klaus Frauendorf und Friedhelm Dietze verantwortlich. Die drei Punkthochhäuser baute Rudi Wetzk 1968/69 nach einem Entwurf des Chefarchitekten Gerhard Guder sowie der Architekten Werner Fichte und Joachim Reginka. Die Wohnscheibe von 1970 ist dem Entwurf der Architekten Werner Fichte und Hans-Georg Vollmar zu verdanken und die Milch-Eis-Mokka-Bar „Kosmos" (sogenanntes „Sternchen") von 1969 dem Entwurf der Architekten Jörg Streitparth und Gerd Wessel. Die Pavillons entstanden erst 1977/78 nach dem Entwurf von Gerhard Guder, Werner Fichte und Ewald Jantke (Abb. 13 und 14).[17]

Die Stadtpromenade stellt, auf einem architektonischen, gartenarchitektonischen und künstlerischen Gesamtkonzept beruhend, ein qualitätvolles, individuell gelöstes Beispiel einer Zentrumsneugestaltung der Zeit um 1970 in der DDR dar. Die städtebauliche Anlage bezieht die verschiedenen Einzelbauten in ein Konzept der Freiflächengestaltung mit Werken der bildenden Kunst ein.

Hervorzuheben ist besonders die Einbindung des über Jahrhunderte von Bebauung freigehaltenen Bereichs der mittelalterlichen Wall- und Grabenanlage, der um 1900 als Grünanlage gestaltet worden war. Ein weiterer konzeptioneller Grundgedanke auf der Höhe der Zeit war es, die Kerne des alten und neuen Stadtzentrums als über mehrere Achsen miteinander verbundene Fußgängerbereiche auszubilden.[18]

Durch jüngste Baumaßnahmen ist der Denkmalwert der Anlage leider erheblich beeinträchtigt.

Dem Bauantrag für die Errichtung eines erweiterten Einkaufszentrums wurde, nachdem sich das Landesdenkmalamt und die Stadt Cottbus als untere Denkmalschutzbehörde nicht einigen konnten, durch eine ministerielle Entscheidung entsprochen. Die Folge war der Abriss der Milch-Eis-Mokka-Bar „Kosmos", der Fußgängerbrücke

13

und der Freiflächenanlage. Die Pavillons wurden im Zuge der Umsetzung eines zweiten Bauabschnittes ebenfalls entfernt. Das Landesdenkmalamt nimmt derzeit eine Überprüfung des Denkmalwertes vor.

Mit dieser Auswahl von Bauten aus dem Land Brandenburg sollte verdeutlicht werden, wie vielfältig der Denkmalbestand der 1960er bis 1980er Jahre ist und welche umfangreichen bautechnischen und teilweise auch politischen Probleme mit der Erhaltung der Denkmale dieser Zeit verbunden sind.

14

ANMERKUNGEN

1   Das Material zur Bedeutung der Objekte entstammt weitgehend den jeweiligen Gutachten bzw. Beurteilungen zum Denkmalwert. Besonders sei hier auf die Untersuchungen von Martin Petsch verwiesen, der während seines Volontariates im BLDAM intensiv zu Bauten der 1960–1980er Jahre gearbeitet hat. Die umfassenden Ergebnisse werden in Kürze in seiner Dissertation vorgelegt.

2   Metzler, Matthias: *Beurteilung des Denkmals Verwaltungsgebäude des Kernkraftwerks Rheinsberg, Am Nehmitzsee1 (Typoskript Reg. BLDAM)*. 09.05.2005

3   Horn, Gabriele / Paschke, Ralph: *Gutachtliche Stellungnahme zum Denkmalwert, Ehemaliges Kulturhaus des Instituts für Mechanisierung der Landwirtschaft mit Freiflächen, Max-Eyth-Allee 44a, Potsdam (Typoskript Reg. BLDAM)*. 29.01.2001

4   Vgl. Paschke, Ralph: *Beurteilung des Denkmals Postgebäude, Karl-Liebknecht-Straße 138, Potsdam (Typoskript Reg. BLDAM)*. 02.03.2009

5   Rimpel, Barbara / Hübener, Dieter: *Beurteilung des Denkmals Kaufhaus Lindenstraße 4, Forst (Typoskript Reg. BLDAM)*. 11.12.2006,

6   Töpel, Hartmut: „Regattastrecke Brandenburg" In: *Kulturspiegel der Stadt Brandenburg*. 10/1969, Heft, S. 25–29; ders.: „Regattastrecke Brandenburg". In: *Deutsche Architektur*. 21/1972, S. 544–547; Buchinger, Marie-Luise: *Stadt Brandenburg an der Havel* (Teil 2: Äußere Stadtteile und eingemeindete Orte *(Denkmale in Brandenburg*, Band 1.2)). Worms 1995, S. 188 f.

7   Paschke, Ralph: *Beurteilung des Denkmals Café Seerose, Breite Straße 24, Potsdam (Typoskript Reg. BLDAM)*. 21.12.2004

8   Cante, Marcus / Liebner, Mirjam: *Gutachten zum Denkmalwert Kindergarten Arndtstraße 17 Luckenwalde (Typoskript Reg. BLDAM)*. 03.05.2004

9   Gramlich, Sybille / Petsch, Martin: *Beurteilung des Denkmals Kaufhalle Dresdner Straße 34, Elsterwerda (Typoskript Reg. BLDAM)*. 08.12.2008

10   Im Inneren der Bibliothek befinden sich im Untergeschoss die nicht öffentlichen Bereiche wie Büros, Magazin, Abstell- und Heizraum sowie eine Hausmeisterwohnung. Im Obergeschoss sind die öffentlich zugänglichen Bibliotheksräume mit einem Veranstaltungsraum untergebracht. Der Ausleih- und Lesebereich wird weitgehend stützenfrei in U-Form um einen Raumblock geführt, in dem der Veranstaltungsraum, das Treppenhaus, ein Aufzug und die Sanitärräume liegen. Das einheitlich gestaltete bauzeitliche Mobiliar der Kreisbibliothek ist vollständig vorhanden.

11   Metzler, Mathias: *Gutachtliche Äußerung zum Denkmalwert, Kreisbibliothek, Kietz 64, Pritzwalk (Typoskript Reg. BLDAM)* 20.12.1999

12   Die zweigeschossige Anlage mit Flachdach besteht in der Regel aus zwei parallelen Klassenflügeln und drei Verbindungsgängen. Der Bau wurde in Wandbau-Montagebauweise der Laststufe 2 Mp (Megapond) errichtet. „2-Mp" verweist auf das Maximalgewicht der für dieses Konstruktionsprinzip verwendeten vorgefertigten Wandsegmente. Es war aus transport- und montagetechnischen Gründen auf zwei Tonnen beschränkt. Die Querwände sind tragende Schwerbeton-Elemente, die Längswände nicht tragende Brüstungselemente aus Leichtbeton, die mit dem Deckenelement verankert wurden. Die Giebelelemente sind geschosshoch in Leichtbeton ausgeführt.

13   Die Querwandbauweise ist ein Konstruktionssystem, bei dem die Querwände die Decken- und Verkehrslasten aufnehmen.

14   Zum Thema „Schulbauten in Brandenburg" siehe auch Petsch, Martin: „Der typisierte und industrialisierte Schulbau der DDR von den 1960er bis zu den 1980er Jahren. Das Beispiel Brandenburg". In: *Bildung und Denkmalpflege (Forschungen und Beiträge zur Denkmalpflege im Land Brandenburg, Band 12)*. Worms 2010, S. 180–185

15   Cante, Marcus / Petsch, Martin: *Beurteilung des Denkmals Einfamilienhäuser Am Gutshof 1und 6, Nauen OT Berge (Typoskript Reg. BLDAM)*. 16.02.2009

16   Rohowski, Ilona: *Beurteilung des Denkmals FDGB-Ferienheim „Friedrich Engels", Am Lübbesee 1, Templin (Typoskript Reg. BLDAM)*. 15.03.2010

17   Die Fußgängerbrücke ist ein Entwurf des Architekten Gerhard Guder, den die Firma Schupp im Jahr 1974 ausführte.

18   Ackermann, Irmgard: *Stadt Cottbus (Teil 1: Altstadt und innere Stadtteile (Denkmale in Brandenburg, Band 2.1))*. Worms 2001, S. 295–304

NACHKRIEGSMODERNE IN SACHSEN-ANHALT. EINE DENKMALPFLEGERISCHE ZWISCHENBILANZ__ULRIKE WENDLAND

1

STAND DER AUSWEISUNG UND PRAKTISCHEN DENK-MALPFLEGE__ In Sachsen-Anhalt konzentrieren sich Bauten und Städtebau der Nachkriegsmoderne insbesondere in den kriegszerstörten und wieder aufgebauten Städten Magdeburg, Dessau, Zerbst, Merseburg sowie im 1967 neu gegründeten Halle-Neustadt. Hinzu kommen – wie im gesamten Gebiet der ehemaligen DDR – die Wohnungsbaukomplexe an Stadträndern, Verwaltungs-, Versorgungs-, Bildungs-, Industrie- und Verkehrsbauten in nahezu allen Städten, fallweise auch in größeren Dörfern. Wie überall in den östlichen Bundesländern sind darunter viele Typenbauten.

Die Bauten aus der Phase neoklassizistischen Bauens während der frühen 1950er Jahre sind, wenn von besonderer Bedeutung, während der landes-

weiten Schnellerfassung des Denkmalbestandes in den 1990er Jahren unter Denkmalschutz gestellt worden. Vielerorts sind sie mittlerweile denkmalgerecht instandgesetzt und modernisiert.

Eine denkmalpflegerische Zwischenbilanz für Bauten der 1960er bis 1980er Jahre ist für Sachsen-Anhalt schnell gezogen:

Die denkmalwürdigen und -fähigen Bauten und Objekte wurden bislang nicht systematisch erfasst und ausgewiesen. Ins Denkmalverzeichnis aufgenommen wurden – aufgrund ihrer historischen Bedeutung – Grenzanlagen, allen voran die Grenzübergangsstelle Marienborn (Abb. 1). Auch Kunstwerke im öffentlichen Raum in Halle-Neustadt (Wandbilder, Brunnen, Skulpturen) kamen aufgrund ihrer künstlerischen Bedeutung auf die Denkmalliste (Abb. 2). Weitere Bauten mit einer eindeutigen Denkmalwürdigkeit wurden im Laufe der Jahre ausgewiesen (Abb. 3).

In Methodik und Ergebnis überregional beachtenswerte denkmalgerechte Instandsetzungen von Bauten der Nachkriegsmoderne sind nicht bekannt. Eine unbekannte Anzahl von – möglicherweise denkmalwürdigen – Bauten, Gesamtanlagen und städtebaulichen Strukturen der in Rede stehenden Epoche ging entweder durch Abrisse verloren oder büßte durch Modernisierung ihren Denkmalwert ein (Abb. 4). Für dieses Ergebnis gibt es organisatorische, denkmalkundliche, -poli-

1_Marienborn, Grenzübergangsstelle, Kontrollbereich LKW-Einreise (1972–1974) 2_Halle-Neustadt, Majolikamalerei auf Steinzeugfliesen: *Die vom Menschen beherrschten Kräfte von Natur und Technik* von Josep Renau (1971–1974). Die 37 Meter hohe Arbeit steht unter Denkmalschutz und wurde 2005 restauriert 3_ Hyparschale Magdeburg, aktuelles Foto

tische und -praktische Gründe: Für eine systematische und solide Erfassungs-, Bewertungs- und Ausweisungskampagne für die Objekte der Nachkriegsmoderne fehlen in Sachsen-Anhalt die personellen bzw. finanziellen Ressourcen. Zudem

gestellter Bauten früherer Epochen auch nicht ohne Weiteres erschließt.

Eine denkmalkundlich und -rechtlich ausreichende Absicherung der Eintragung von Bauten der Nachkriegsmoderne ins Denkmalverzeichnis ist aber

2 3

sind die denkmalkundlichen Bewertungsmaßstäbe für die Bauten und Gesamtanlagen dieser Epoche bislang nicht so erarbeitet, dass denkmalrechtlich ausreichend abgesicherte Unterschutzstellungen im größeren Stil für möglich gehalten werden. Es ist nicht einfach, die Denkmalfähigkeit und -würdigkeit herauszuarbeiten, da Auswahlkriterien und Begründungen bei „Massenprodukten" und Typenbauten schwerer zu finden sind als bei Unikaten. Die denkmalrechtliche Anforderung an Denkmalkandidaten, von „besonderer" Bedeutung zu sein, erschließt sich bei Bauten der Nachkriegsmoderne seltener eindeutig. Allerdings muss angemerkt werden, dass sich in einzelnen Fällen die „besondere Bedeutung" unter Schutz

umso dringlicher, als die Akzeptanz der Unterschutzstellung von Bauten der DDR-Nachkriegsmoderne bei betroffenen Eigentümern, in Öffentlichkeit, Behörden, Medien und Politik in Sachsen-Anhalt noch nicht ausgeprägt vorhanden ist. Dabei werden nicht nur die Denkmalwerte von Architektur und Städtebau dieser Epoche infrage gestellt, sondern auch Befürchtungen zum Anstieg der Denkmalmenge an sich geäußert. Dies zeigten Reaktionen nach der Unterschutzstellung des IFA-Autohauses an der Otto-von-Guericke-Straße in Magdeburg aus den frühen 1960er Jahren (Abb. 5). Die Prognose für eine langfristige denkmalgerechte Erhaltung ist nach den bisher in der amtlichen Denkmalpflege angelegten Maßstä-

4

ben, wonach junge Denkmale einen hohen Authentizitätsgrad haben sollen, bescheiden. Denn die gängigen Methoden der Reparatur und energetischen Optimierung sowie die von Architekten und Eigentümern gewählten ästhetischen Strategien dezimieren an Bauten der Nachkriegsmoderne häufig deren denkmalkonstituierende Erscheinungsbilder und Substanz. Die Zumutbarkeitsklauseln der Denkmalschutzgesetze haben zur Folge, dass in der Abwägung zwischen Denkmalpflege- und Eigentümerbelangen diejenigen der Wirtschaftlichkeit einen hohen Rang einnehmen und die denkmalpflegerischen Belange zurückstehen müssen. Auch wenn sie ein denkmalpflegerischer Tabubruch ist, muss die Frage erlaubt sein: Ist es sinnvoll, Bauten mit einer von vornherein schlechten Prognose für ihre konstituierenden Werte auszuweisen?[1]

VERLUST AN AUTHENTIZITÄT__ In den 1990er Jahren, als die Bauten der 1960er bis 1980er Jahre noch einen hohen Authentizitätsgrad durch unveränderte Substanz und Erscheinungsbilder aufwiesen, war der für eine solide Denkmalausweisung notwendige zeitliche Abstand noch zu gering. Außerdem fehlte damals die Grundlagenforschung, um eine „besondere Bedeutung" bei der Ausweisung begründen zu können und konstituierende Werte festzustellen. Seitdem ist durch Modernisierungsverluste, Leerstand und Abriss eine unbekannte Anzahl von Denkmalkandidaten entweder ganz verschwunden oder hat potenziell denkmalkonstituierende Merkmale verloren. Insbesondere Wohnungsbauten wurden nach 1990 relativ zügig und im großen Stil repariert und modernisiert, womit möglicherweise denkmalkonstituierende Merkmale verschwunden sind (Abb. 6).

Weitere Verluste potenzieller Denkmale der Nachkriegsmoderne sind Folge der radikalen wirtschaftlichen Zäsur der 1990er Jahre sowie des demografischen Wandels. Die entstandenen Leerstände betrafen und betreffen denkmalgeschützte Bauten sowie möglicherweise in Betracht kommende Denkmale aller Gattungen und Epochen. Der Überschuss an Gebäuden – insbesondere an Wohnbauten, aber auch an Schulen, Produktions- und Verwaltungsgebäuden, Verkehrs- und Versorgungsbauten – hält bis heute an. Ob der Leerstand und der in der Folge einsetzende Verfall überproportional Bauten der Nachkriegsmoderne traf, ist uns nicht bekannt.

PROBLEME DER DENKMALPFLEGEPRAXIS__ Seit über 20 Jahren wird in der Denkmalpflege über Theorien und Methoden des denkmalgerechten – das heißt Substanz und Erscheinungsbild bewahrenden – Reparierens und Modernisierens von Bauten der Moderne geforscht, diskutiert und experimentiert. Die Probleme sind für die Architektur der Klassischen Moderne sowie für die Nachkriegsmoderne im Wesentlichen ähnlich.

5

Zu bearbeiten sind Anforderungen
• der Statik,
• der nicht mehr erhaltungsfähigen und schwer bzw. gar nicht herstellbaren Bau- und Ausstattungsmaterialien,
• des Brandschutzes,
• der Barrierefreiheit,
• der Energieeinsparung,
• der Versorgung mit Medien,
• der Funktionalität nach heutigen Maßstäben (Grundrisse, Belichtung etc.).

Diese heutigen Anforderungen an Gebäude anderer Epochen führen zwar auch in Beständen älterer Zeitschichten täglich zu Zielkonflikten zwischen Denkmalpflege und Bauherrn und ihren

Planern. Doch werden diese Herausforderungen in traditionell hergestellten Bauten leichter gelöst, da jene oft eine bessere Reparierbarkeit aufweisen und die notwendigen Baustoffe und Bautechniken noch oder wieder vorhanden sind.

„UNGELIEBTE" DENKMALE?__Oft wird – auch von der amtlichen und universitären Denkmalpflege – das Attribut „ungeliebt" oder „unbequem" für Bauten der Nachkriegsmoderne vergeben. Doch trifft diese Kategorisierung nicht das Verhältnis der Immobilieneigentümer und -benutzer, der Politik sowie der Planungsbehörden in Sachsen-Anhalt: Wohnhäuser und Siedlungen dieser Epoche sind nicht ungeliebt. Es gibt vielmehr deutliche Indizien dafür, dass ganze Bevölkerungssegmente Mietwohnungen in Nachkriegsbauten gegenüber denjenigen bevorzugen, die vor 1914 gebaut worden sind. Insbesondere in modernisierten Nachkriegsbeständen ist die Mieterzufriedenheit hoch. Leerstand und Verfall von Bauten der Nachkriegsmoderne sind nicht Folge einer „Abstimmung mit dem Möbelwagen" gegen die Nachkriegsmoderne, sondern der ökonomisch und demografisch bedingten Wanderungsbewegungen. Wertschätzung gegenüber Bauten der 1960er bis 1980er Jahre zeigt sich auch an Bürgerprotesten gegen Abrisse von charakteristischen Bauten der Nachkriegsmoderne[2], erkennbar in den Einträgen von Blogs, Fotocommunities etc. Auch die IBA 2010 hat sich in Sachsen-Anhalt vorrangig mit den Nachkriegsbauten und -quartieren sowie ihren Qualitäten beschäftigt. Zuweilen wird der amtlichen Denkmalpflege ideologisch bedingte Abneigung oder zumindest Ignoranz gegenüber Bauten der DDR-Nachkriegsmoderne unterstellt. Dieses Ressentiment besteht in der derzeit aktiven Generation amtlicher Denkmalpfleger zunehmend weniger. Dominierender ist eher ein durch Überlastung bedingtes Zögern gegenüber weiteren Herkules-Arbeiten und ihren politischen Folgen.

Auch die Vorbehalte der Immobilienwirtschaft gegen Unterschutzstellungen von Bauten der Nachkriegsmoderne haben ihre Ursache augenscheinlich weniger in einer Ablehnung dieser Architekturepoche. Denn insbesondere die kommunale Wohnungswirtschaft hat ein wenigstens pragmatisches, oft sogar positiveres Verhältnis zur „Platte" als zu den Immobilien früherer Epochen. „Drohende" denkmalpflegerische Auflagen erzeugen jedoch, unabhängig vom Alter des Gebäudes, bei den meisten Denkmaleigentümern eine Abwehrhaltung. Auch in der Kommunal- und Landespolitik ist eher eine Abneigung gegen „noch mehr Denkmalschutz" zu konstatieren, insbesondere für Bauten, die zum gewöhnlichen Alltagskontext gehören. Gründe für das Verschwinden auch wichtiger Bauten der Nachkriegsmoderne sind weniger ideologische, sondern vorrangig ökonomische, verbunden mit geringer allgemeiner Anerkennung ihrer Denkmalwerte. Hohe Reparaturkosten, erhebliche Anforderungen für die energetische Optimierung, vergleichsweise niedrige Mietniveaus sowie das Immobilienüberangebot in schrumpfenden Städten sind die Bedrohungen für Bauten der Nachkriegsmoderne.

Eine nicht von der Hand zu weisende Tatsache ist eine verbreitete Unkenntnis der zum Teil vorhandenen ästhetischen, bautechnischen und städtebaulichen Werte.

EIN BEISPIEL STELLVERTRETEND FÜR ANDERE__Der Riebeckplatz und die Hochstraße in Halle mit ihren Verkehrsbauten sowie ihren zeitgenössischen Randbebauungen zeigen die vielschichtige dreistöckiger, entmischter Verkehrsknoten für Auto-, Straßenbahn- und Fußgängerverkehr sowie seine Randbebauung geplant und errichtet. Hier wurde das städtebauliche Ideal der Mo-

6

Problematik im Umgang mit der DDR-Nachkriegsmoderne.

Der einstmalige Thälmannplatz entstand anstelle eines gründerzeitlich geprägten Stadtplatzes, der durch Kriegszerstörungen einen Teil seiner Bebauung eingebüßt hatte. Im Rahmen einer durchgreifenden städtebaulichen Neuordnung wurden zwischen 1964 und 1971 ein gewaltiger derne sehr weitgehend umgesetzt. Den Beginn der Hochstraße flankierten zwei 22-geschossige Punkthochhäuser und zwei Hochhausscheiben. Weitere repräsentative Hochhausscheiben bildeten Raumkanten und gaben dem Stadteingang ein modernes Gesicht (Abb. 7). Die zeitgleich entstandene Hochstraße führt nach Halle-Neustadt.

7

Der Thälmannplatz und die Hochstraße waren aber auch eine Demonstration der neuen Zeit gegenüber den Bauten der alten Zeit. Die Rücksichtslosigkeit dieser Stadtplanung und Ingenieurbauten gegenüber den jahrhundertealten Bauten und Strukturen der intakten Altstadt ist bis heute schmerzlich spürbar – insbesondere an der Längsseite der Franckeschen Stiftungen (Abb. 8),

an der Georgskirche, der mittelalterlichen Stadtmauer und der gründerzeitlichen Bebauung des Waisenhausringes. Bis heute stellt die Hochstraße eine reale und mentale Zäsur zwischen dem Stadtkern und den südlichen Stadterweiterungen dar.

Gleichwohl wäre aus heutiger Perspektive die Gesamtanlage, bestehend aus Verkehrsbauten,

Hochhäusern und Kunstwerken, ein Denkmal gewesen. Doch haben zwischenzeitlich Umbauten, Modernisierungen und Abrisse die Gesamtanlage

lichen Instrumenten und Vermittlungsmöglichkeiten die noch vorhandenen Denkmalwerte der Nachkriegsmoderne nicht allein bewahren. Die

8

rund um den Riebeckplatz und die Hochstraße quantitativ und in ihren denkmalkonstituierenden Werten so dezimiert, dass eine Unterschutzstellung der Reste denkmalkundlich und denkmalrechtlich nicht mehr infrage kommt (Abb. 9). Auch in Halle-Neustadt gab und gibt es verschiedene Einzelbauten und Gesamtanlagen, denen heute, befänden sie sich noch im Urzustand, sicher Denkmalwürdigkeit attestiert werden würde.

FAZIT__Der Denkmalschutz in Sachsen-Anhalt kann mit seinen personellen Kapazitäten, gesetz-

Hoffnung, dass durch Unterschutzstellung die Erhaltungsprobleme leichter lösbar wären, ist berechtigt, wird aber nicht automatisch erfüllt. Denkmalschutz ist nach drei Gesetzesnovellen nurmehr ein Erlaubnisvorbehalt. Der Nachweis wirtschaftlicher und funktionaler Unzumutbarkeit der Denkmalerhaltung durch den Eigentümer ist einfacher, der Gegenbeweis schwerer geworden. Insbesondere bei der Bewahrung von Gesamtanlagen und städtebaulichen Ensembles ist Denkmalschutz zwar eine zusätzliche Erhaltensverpflichtung, aber kein ausreichendes Instru-

9

ment. Denkmalschutz kann jedoch in einem breiter aufgestellten gesellschaftlichen Bewahrungsimpuls eine wichtige Rolle spielen.

Die amtliche Denkmalpflege hat folgende Aufgaben und Projekte auf der Agenda: die Erarbeitung einer Liste der landesweit zeugnishaftesten und authentischsten Objekte der Nachkriegsmoderne („Arche-Noah-Besatzung"); ein Vermittlungsprojekt insbesondere in der betroffenen Kommunal- und Landespolitik sowie der Wohnungswirtschaft; zusammen mit anderen Partnern eine Imagekampagne für die Denkmalwerte der Nachkriegsmoderne; mit den Landesämtern der anderen vier östlichen Bundesländer ein denkmalkundlicher Abgleich über die Existenz, die Bewertung und den denkmalpflegerischen Umgang mit Typenbauten; eine Diskussion mit Vertretern verschiedener Disziplinen und Anwendungsbereiche, ob gegebenenfalls modifizierte, das heißt maßgeschneiderte Authentizitätsanforderungen, an die Nachkriegsmoderne entwickelt werden müssen. (Die Denkmalpflege formuliert in der Praxis an die Instandsetzung einer romanischen Krypta ja auch andere Anforderungen als an diejenige eines gründerzeitlichen Mietshauses.)

Erfolgreicher Denkmalschutz gelingt grundsätzlich dann, wenn weitere Akteure außer den amtlichen Denkmalpflegern und engagierten Wissenschaftlern sich für den Denkmalerhalt aktiv einsetzen.[3] Dies gilt für die Bauten aller Epochen, erst recht aber für die der Nachkriegsmoderne. Die Erhaltung wenigstens einzelner denkmalwürdiger Bau- und Städtebauzeugnisse der ostdeutschen Nachkriegsmoderne kann nur gelingen, wenn die starken Akteure – Ministerien (als Fördermittelgeber), Städte, Wohnungswirtschaft – gemeinsam und aktiv dieses Ziel verfolgen. Dabei leistet die amtliche Denkmalpflege ihren steuernden Beitrag.

ANMERKUNGEN

1 Der denkmalfachliche Grundsatz, denkmalfähige und -würdige Artefakte unabhängig von ihrer Erhaltungsprognose unter Schutz zu stellen, ist in Sachsen-Anhalt nicht nur bekannt, sondern wird auch praktiziert.

2 Gegen den Abriss der beiden Hochhäuser am Riebeckplatz in Halle haben sich ein vernehmbarer Bürgerprotest sowie eine Bürgerinitiative gewandt.

3 Ein gutes Beispiel für eine solche Bürger, Politik und Verwaltung einbindende Initiative war eine Veranstaltung zu den Werten und Perspektiven der akut bedrohten Hyparschale von Ulrich Müther in Magdeburg, vgl. http://www.st.rosalux.de/fileadmin/ls_sanh/pdf/11_0222Hyparschale_MD_Bericht.pdf, 31.08.2011

BLICKE NACH OSTEUROPA

FRAGEN UND BEOBACHTUNGEN ZUR ERHALTUNG DER ARCHITEKTONISCHEN NACHKRIEGSMODERNE BIS 1980 IN POLEN_ROBERT HIRSCH

1

EINFÜHRUNG__ Die Architektur in Polen zwischen 1945 (Ende des Zweiten Weltkrieges) und 1989 (demokratische Wende) hat verschiedene Veränderungen erfahren. Die Geschichte der Nachkriegszeit ist hier sehr stark von den politischen Verhältnissen geprägt, was einen großen Einfluss auf die Strömungen in der Architektur hatte. Dabei können verschiedene Perioden unterschieden werden.

Nach dem Zweiten Weltkrieg war die Bebauung in vielen Städten weitgehend zerstört und der Wiederaufbau wurde die wichtigste Herausforderung nicht nur für die Planer und Architekten, sondern auch für die gesamte polnische Wirtschaft und Gesellschaft. Dabei entstanden zahlreiche neue Bauwerke, die nach den Ideen des *Modern Movement* entworfen wurden – gewissermaßen als Fortsetzung der modernen Architektur der 1930er Jahre. Allerdings dauerte diese Periode nur wenige Jahre, bis etwa 1950 die sowjetischen Einflüsse die Kunst der sozialistischen Länder zu dominieren begannen.

Mit ihrer beeindruckenden Architektur sind beispielsweise solche Gebäude wie der Sitz der sozialistischen Partei Polens (Polnische Vereinigte Arbeitspartei) in Warschau (1948–1951, Entwurf: W. Kłyszewski, J. Mokrzyńsiki, E. Wierzbicki) im Gedächtnis geblieben (Abb. 1). Erwähnenswert sind auch das Warenhaus SMYK in Warschau (1949–1951, Entwurf: Z. Ihnatowicz, J. Romański)[1]

zialistische Realismus – der sogenannte „Sozrealismus" – zum Tragen und entwickelte sich rasch zum offiziellen Stil in der Kunst Polens, aber auch fast aller anderen Staaten im sowjetischen Einflussbereich. Der Sozrealismus betraf alle Kunstbereiche, aber besonders markant war er in Städ-

2

3

und das Kaufhaus Okrąglak (Abb. 2) in Posen (1948–1955, Entwurf: Marek Leykam).[2] Diese Bauwerke zeichnen sich durch ihre modernen, innovativen Bauformen und ihre Funktionalität aus. Sie erfüllen bis heute ihre Aufgabe und gelten als architektonische Errungenschaften. Die drei Bauwerke wurden (erst) vor einigen Jahren in die Woiwodschaftsdenkmalliste eingetragen und unter Schutz gestellt.

DER SOZREALISMUS__Nachdem diese Gebäude fertiggestellt worden waren, kam ab 1949 der so-

tebau und Architektur. Die Achsenanlagen mit riesigen Plätzen, breiten und langen Straßen und Alleen waren stark von sowjetischen Vorbildern beeinflusst. Sie sollten großen Eindruck machen und tun dies bis heute. Die Architektur war monumental mit hohen Stockwerken. An den Fassaden wurden Kolonnaden mit klassischen Säulen und Pilastern verwendet. Die wichtigsten und bekanntesten baulichen Anlagen in Polen entstanden im Zentrum Warschaus sowie in und bei Krakau, zum Beispiel in Nowa Huta. Besonders markant ist der 230 Meter hohe Wissenschats-

und Kulturpalast in Warschau (Abb. 3). Er wurde in den Jahren 1952–1955[3] nach dem Entwurf des sowjetischen Architekten Lew Rudniew errichtet. Das Gebäude galt damals als ein Geschenk der Sowjetunion an Polen und ist einigen in Mos-

4

kau erbauten Hochhäusern, zum Beispiel dem der Lomonosow-Universität, sehr ähnlich. Nach der demokratischen Wende in Polen im Jahr 1989 entstand die Idee, das Gebäude als Symbol der polnischen Abhängigkeit abzureißen. Allerdings war es mittlerweile aufgrund seiner Markanz und Höhe zu einem Wahrzeichen Warschaus geworden. 2007 wurde der Kultur- und Wissenschaftspalast in die staatliche Denkmalliste (Woiwodschaftsdenkmalliste) aufgenommen – eine Entscheidung, die zu vielen Diskussionen führte. Besonders Politiker wurden nicht müde darauf hinzuweisen, dass das Bauwerk ein Zeichen der früheren sowjetischen Herrschaft sei. Ausschlaggebend für die Eintragung war jedoch die künst-

lerische und handwerkliche Qualität und Originalität bis hin zur Innenausstattung.

Auch in vielen Altstädten, zum Beispiel in Danzig, entstanden damals zwischen den wiederaufgebauten Häusern einzelne Bauwerke, die typische Bauformen des Sozrealismus aufweisen. Das waren vor allem öffentliche Gebäude wie das Hauptpostamt des Architekten L. Kadłubowski[4] (Abb. 4) und das Verlagsgebäude „Czytelnik" von W. Rembiszewski – beide in Danzig.

DIE RÜCKKEHR DER MODERNE NACH 1956__Nach der kurzen Epoche des Sozrealismus in der Architektur in Polen kam es ab etwa 1956 zu einer Rückkehr zur modernen Architektur. Dabei war die erhoffte Orientierung an den westlichen Entwicklungen etwas eingeschränkt. Die Kontakte konzentrierten sich vor allem auf die Staaten des Ostblocks. Auch war es eine Zeit des Mangels an den grundsätzlichsten Dingen. Die Folgen der sozialistischen Gesellschaftsordnung und Wirtschaftsweise waren auch im Bauwesen spürbar.

Die Stadtplanung dieser Zeit war vom Wunsch geleitet, die große Nachfrage nach Wohnungen zu befriedigen. Es entstanden umfängliche Siedlungen und ganze Stadtteile, die gemäß den Prämissen der städtebaulichen Moderne konzipiert wurden. Trotz der zunehmend industriellen Bautechnologie versuchten die Architekten in den neuen Großsiedlungen individuelle Bauformen zu realisieren.

Eine besondere Inspiration für die Architektur ging schon bald, ähnlich wie in den westlichen Ländern, von gewagt aussehenden Bauweisen – Flächentragwerken und Seilkonstruktionen –

aus. Ein bekanntes Beispiel im Stadtzentrum Warschaus war das Selbstbedienungsgeschäft „Supersam" mit einem innovativen und gestaltgebenden Hängeseildach aus den Jahren 1960–1962 (Entwurf: Jerzy Hryniewiecki, Ewa

Erstgenannte wurde in direkter Nachbarschaft zum weltberühmten Danziger Zeughaus errichtet. Der obere Abschluss der Straßenfassade wurde mittels zahlreicher Dreiecksgiebel bekrönt, wodurch sie der plastischen Facettierung

5

6

Krasińska, Maciej Krasiński).[5] Trotz heftiger Proteste wurde das Ladengebäude 2006 abgerissen.

Moderne Architektur entstand aber auch innerhalb älterer Stadtstrukturen. 1949 wurde entschieden, Danzig wiederaufzubauen. Neben Neubauten, die von außen wie alte Bürgerhäuser aussahen, erbaute man dort auch zeitgenössisch gestaltete öffentliche Gebäude. Ihre Architekten versuchten dabei einen Einklang mit den traditionellen Formen der umgebenden Bebauung zu schaffen.[6] Beispiele aus den 1960er Jahren sind die Kunstakademie (Abb. 5) und das Bürogebäude Miastoprojekt (Abb. 6).

der Brüstungsbänder der Form nach entspricht. Die kontroverse Diskussion um die Angemessenheit dieser Architektur in solch populärer Nachbarschaft hält bis heute an.

Das Miastoprojekt steht für eine ähnliche architektonische Haltung und wurde in der historischen Altstadt Danzigs errichtet. Sein Architekt hatte die Aufgabe, ein Bürogebäude unmittelbar neben einem bedeutenden, aus dem 17. Jahrhundert stammenden, niederländisch geprägten Bürgerhaus zu errichten – ein dreieckiger Giebel, rote Vormauerziegel und Sandsteinelemente zeichnen dessen Fassade aus. Interessant sind an dem in der Nachbarschaft errichteten Neubau, trotz der zeitgenössisch modernen Bauform, einige Anspielungen auf das Baudenkmal. Die Fassade des neuen Bürogebäudes wurde glatt mit einem zurückgezogenen Erdgeschoss und einem Flachdach gestaltet. Die Fronten versah der Architekt

7

mit hohen Fensterbändern, deren einzelne Fenster in vorstehende und schräg gestellte Rahmen aus Beton eingebaut waren. Ansonsten kamen, wie beim benachbarten Bürgerhaus, rote Ziegel zur Anwendung, die in einem dekorativen Verband vermauert waren.

Fast gleichzeitig entstand 1965 im Altstadtgebiet Krakaus ein Ausstellungspavillon, der vom Volksmund später als „Bunker der Kunst" bezeichnet wurde (Entwurf: Krystyna Tołłoczko-Różyska). Das Gebäude zeichnet sich durch Sichtbetonoberflächen aus, die in der Art von rustikalem Steinplattenmauerwerk gestaltet wurden. Die Parallelen zur internationalen Béton-brut-Architektur jener Zeit sind unverkennbar (Abb. 7).

Spannende Bauwerke entstanden, wie in anderen Ländern auch, für den damals stark aufkommenden Massentourismus. Die Jugendherberge in Sopot von 1964 (Entwurf: S. Sowiński, J. Sowiński) wurde bereits in wichtigen zeitgenössischen Publikationen von Jan Zachwatowicz gewissermaßen geadelt, ist heute aber dennoch vom Abbruch bedroht.[7] Touristischen Zwecken diente ebenfalls das 1971 in Gdynia erbaute Marinegebäude (Entwurf: L. Zaleski, S. Dopierała)[8], in dem sich ursprünglich die Kassen für Personenschiffe, Warteräume und Restaurants befanden. In den letzten Jahren hat es seine alte Funktion teilweise verloren, weil sich der Seeverkehr gewandelt hat. Trotzdem wird es, vor allem wegen seiner attraktiven Lage an der Küstenlinie, weiterhin genutzt. Allerdings betrachtet es niemand als Baumonument, eher als ein Relikt aus vergangenen Zeiten, das noch nützlich ist (Abb. 8).

Typisch für Polen ist der katholische Kirchenbau, welcher in den 1960er und 1970er Jahren eine Blütezeit hatte, vor allem weil zahlreiche Großsiedlungen entstanden waren und deren Bewohner nach Kirchengebäuden verlangten. Der Kirchenbau war dabei ein allgemeines Symbol für die Unabhängigkeit des Denkens und des Schaffens. Entsprechend individuell und vielfältig sind die Bauformen. Die interessantesten Kirchen wurden in den 1960er und 1970er Jahren gebaut, zum Beispiel in Nordpolen die Marienkirche in Wladyslawowo (Pommern),[9] die in den Jahren 1957–1961 entstand (Entwurf: A. Kulesza und Sz. Baum). Sie ist eine der wenigen, die in die Denkmalliste eingetragen wurde (Abb. 9). Viele andere Kirchen werden intensiv genutzt und sind vor allem deswegen in einem guten Zustand.

Hauptsächlich in den 1970er Jahren entstanden auch andere Freizeitbauten, bei denen die Architekten und Ingenieure ihre originellen Bauformen aus der Konstruktion des Daches ableiteten. Besonders markant sind zwei Sporthallen: Spodek in Kattowitz, in den Jahren 1960–1971 errichtet (Entwurf: M. Krasiński, M. Gintowt, A. Żórawski) und Olivia (Abb. 10) in Danzig aus den Jahren 1971 bis 1974 (Entwurf: M. Krasiński, M. Gintowt).[10] Beide Hallen erfüllen ihre Funktion nach wie vor gut und sind bis heute Orte wichtiger Veranstaltungen. Sie wurden glücklicherweise nicht umgebaut, sondern in den letzten Jahren lediglich renoviert. Der fehlende Schutz im Sinne des Denkmalschutzgesetzes wird unter anderem am Beispiel großer Werbetransparente – die häufig an den Gebäuden angebracht

werden – offensichtlich. Ihre markante bauliche Gestalt wird auf diese Weise meist empfindlich gestört. Als Beispiele für Bahnhofsbauten dieser Zeit sollen die Hauptbahnhöfe von Kattowitz und War-

8

schau angeführt werden. Die großen massiven Dächer aus Beton, die auf kelchförmige Pfeiler gestützt sind, bildeten die Bauform des Hauptbahnhofes in Kattowitz, welcher in den Jahren 1969–1973 (Entwurf: W. Kłyszewski, J. Mokrzyński, E. Wierzbicki) errichtet wurde (Abb. 11).[11] Dieses interessante Gebäude, das nicht als Kulturdenkmal erfasst war, wurde leider Ende des Jahres 2010 vollständig abgetragen. Mit dem Hauptbahnhof in Warschau (1972–1975) wollte der damalige Architekt (A. Romanowicz) mittels einer ähnlichen Dachkonstruktion ein originelles, leicht

9

erkennbares Wahrzeichen für die Stadt schaffen. Nach langer Zeit der Vernachlässigung, wird nun in das Bauwerk investiert – es werden derzeit Erneuerungsarbeiten durchgeführt.

DIE DENKMALPFLEGERISCHEN PROBLEME IN GDINGEN__ Die Stadt Gdingen scheint ein gutes Beispiel zu sein, um die gesellschaftliche Einstellung zum Denkmalschutz für die moderne Architektur darzustellen. Die Stadt wurde in der Zwischenkriegszeit als Hinterland für ein neues, groß angelegtes Hafenprojekt errichtet. Der Hafenbau wurde vom wieder erneuerten Staat Polen verwirklicht, um sich vom Hafen in Danzig (damals Freie Stadt Danzig) unabhängig zu machen. Der Bau von Hafen und Stadt war eine gewaltige Herausforderung, zumal Gdingen – bis dahin ein kleines Dorf – gänzlich neu und nach modernen Grundsätzen entworfen wurde. Die Bebauung der Stadt stammt größtenteils aus den 1930er Jahren. Zahlreiche Bauwerke, vor allem Wohnhäuser, Hafenanlagen, Büro- und Dienstleis-

10

tungsgebäude, stehen hier mittlerweile unter Denkmalschutz. Aufgrund ihres geringen Alters, meist nicht mehr als 70 bis 80 Jahre, und ihrer modernistischen Architekturgestaltung werden sie oft nicht als „richtige" Monumente wahrgenommen und akzeptiert. Diese Sichtweise auf die Baudenkmale Gdingens ändert sich nur sehr langsam. Durch Tagungen, Vorträge und Stadtführungen wird durch Mitarbeiter des örtlichen Denkmalamtes das architektonische Erbe der 1930er Jahre einer breiten Öffentlichkeit erklärt

und dafür geworben, es zu schätzen und zu schützen.

Es verwundert nicht, dass bei einer solchen allgemeinen Einstellung gegenüber der jungen Architektur der 1930er Jahre die Pflege und der Schutz von Denkmalen der Nachkriegszeit recht schwierig sind. Nur ein Gebäude aus den frühen 1950er Jahren steht seit 2008 auf der Woiwodschaftsdenkmalliste: der Hauptbahnhof von Gdingen (Entwurf: Wacław Tomaszewski).[12] Trotz seiner äußerlich schlichten Bauform verfügt der Bahnhof über eine wertvolle Innenausstattung mit Mosaiken, Wand- und Deckenbemalungen (Abb. 12). Die Eintragung löste eine rege öffentliche Diskussion aus, wobei nur eine kleine Gruppe von Interessierten und Denkmalpflegern Verständnis für

che Blick darauf ist in Polen allerdings immer noch politisch belastet. Der schlechte Ruf rührt von der Entstehung während der Zeit der sozialistischen Volksrepublik Polen her. Die Liebhaber und Verehrer bezeichnen sie als „die Bauwerke, die zur fal-

11

12

die Unterschutzstellung aufbrachte. In dieser Situation ist der Versuch, die architektonisch wertvollen Bauwerke der 1960er und 1970er Jahre denkmalpflegerisch zu betrachten, annähernd aussichtslos. Für einzelne Bauwerke wurde jedoch im Rahmen der kommunalen Bebauungspläne ein Erhaltungsgebot fixiert. Sie dürfen nicht völlig abgebrochen und nur unter Aufsicht des Denkmalschutzamtes umgebaut werden. Auf eine größere Wertschätzung muss die architektonische Nachkriegsmoderne leider noch warten.

ZUSAMMENFASSUNG__In den 1960er und 1970er Jahren entstanden Gebäude, die wir heute als sehr wertvoll schätzen können. Der gesellschaftli-

schen Zeit geboren wurden." Ihr geringes Alter und die häufige Vernachlässigung erschweren ihre Wahrnehmung als Monumente zusätzlich.

Allenfalls wird die Architektur der Nachkriegszeit zur zeitgenössischen Architektur gezählt. In die Woiwodschaftsdenkmalliste wurden bisher nur wenige Bauwerke aus der Nachkriegszeit aufgenommen, wobei das polnische Denkmalschutzgesetz die Möglichkeit durchaus hergibt, das Erbe aus allen vergangenen Epochen, das heißt bis 1989 – dem Jahr der demokratischen Wende – zu schützen. Die Meinung, dass in der Zeit bis 1989 keine wertvollen architektonischen Leistungen entstanden seien, ist auch unter den Fachleuten weitverbreitet. Dementsprechend gingen in den letzten Jahren viele wertvolle Bauwerke verloren, andere werden demnächst folgen.

Eines der interessantesten Zeugnisse der polnischen Nachkriegsmoderne, der erwähnte Supermarkt Supersam in Warschau, wurde nicht aufgrund von Bauschäden oder Nachnutzungsproblemen abgerissen, sondern um seine Par-

13

zelle für eine Neubebauung verwenden zu können.[13] Stark diskutiert wurde auch der Abriss des Hauptbahnhofes in Kattowitz.[14] Viele Menschen bemühten sich – letztlich erfolglos – um seine Anerkennung als Baudenkmal (Abb. 13). Die meisten der wertvollen Bauten der 1960er und 1970er Jahre sind allerdings immer noch sehr funktional und erfüllen ihre Aufgaben. Gelegentlich werden sie renoviert und so vorerst in ihrem Fortbestand gesichert.[15]

In die Woiwodschaftsdenkmalliste wurde in den letzten Jahren eine Reihe von Gebäuden aus den 1950er Jahren aufgenommen, was heftige Widersprüche hervorrief. Von den Gebäuden aus den 1960er und 1970er Jahren wurde nur ganz wenigen diese Ehre zuteil. Grundsätzlich stellen sich die Eintragungen als langwierige Verfahren

dar und offenbaren, dass weder die Gesellschaft noch die Denkmalbehörden auf diese Aufgabe vorbereitet sind. Andererseits ist in den letzten Jahren eine Veränderung in der allgemeinen und fachlichen Sichtweise spürbar. Engagierte Kreise von Architekten, Kunsthistorikern und Studenten beginnen den Wert der Nachkriegsmoderne zu entdecken[16] – ein Trend, der seinen Einfluss auf die öffentliche Meinung zu entfalten beginnt. Für manche Bauwerke ist es zu spät, aber für die anderen könnte es neue Chancen geben.

ANMERKUNGEN

1   Zachwatowicz, Jan: *Architektura polska.* Warschau 1966, S. 459

2   Marciniak, Piotr: *Doświadczenia modernizmu. Architektura i urbanistyka Poznania w czasach PRL.* Posen 2010, S. 60–61

3   *Renowacje i Zabytki.* 3/2005

4   Miasto Gdańsk. In: Roll, B. / Strzelecka, I. (Hg.): *Zabytków Sztuki w Polsce* (Katalog, Band VIII, Teil 1). Warschau 2006, S. 181

5   Zachwatowicz 1966 (wie Anm. 1), S. 470

6   Friedrich, Jacek: „Problem nowoczesności w kulturze architektonicznej powojennego Gdańska". In: *Niechciane dziedzictwo.* Danzig 2005, S. 33–47

7   Zachwatowicz 1966 (wie Anm. 1), S. 474

8   Der Entwurf befindet sich in der Sammlung der Stadtbehörde in Gdingen.

9   Chrzanowski, Tadeusz / Kornecki, Marian: „Puck, Żarnowiec i okolice". In: *Zabytków Sztuki w Polsce* (Katalog, Band V, Heft 2). Warschau 1989, S. 69; Szafer, Przemysław: *Współczesna architektura polska.* Warschau 1988, S. 159

10   Szafer 1988 (wie Anm. 9), S. 157–158

11   Ebd., S. 71–73

12   Hirsch, Robert / Orchowska-Smolińska, Anna: „Dworzec kolejowy w Gdyni – najmłodszy zabytek". In: *Renowacje i Zabytki.* 4/2010, S. 114–117

13   Piątek, Grzegorz: „Pożegnanie z Supersamem?". In: *Architektura-Murator.* 10/2006, S. 37–45

14   Krajewski, Aleksander: „Napraw sobie miasto", in: *Archiwolta.* 1/2011, S. 57–59

15   Piątek, Grzegorz: „Modernizowanie modernizmu". In: *Architektura-Murator.* 7/2009, S. 24–31

16   Stępień, Piotr: „Zabytki z lat 60". In: *Renowacje i Zabytki.* Nr. 1, Kraków 2000, S. 63–65

OSTMODERNE IN DER SLOWAKEI. DIE UMSTRITTENEN ARCHITEKTURIKONEN UND DER DENKMALSCHUTZ_

PETER SZALAY

1

Der Begriff „Ostmoderne", der die Architektur der 1960er und 1970er Jahre in Osteuropa darstellen soll, ist in der Slowakei nicht sehr geläufig. Wenn man einen der noch lebenden Architekten dieser Ära fragen würde, hätte er sicher Einwände, denn diese Architekten betrachteten ihr Werk als einen Bestandteil der zeitgenössischen Modernebewegung. Es war nicht ihre Absicht, sich von der westlichen Moderne zu unterscheiden – ganz im Gegenteil: Sie wollten sich mit ihren Bauwerken der Architektur in Westeuropa und Nordamerika möglichst annähern. Trotzdem weist die slowakische Architektur der Nachkriegsmoderne bestimmte Spezifika auf – nicht nur im Kontext des Architek-

turschaffens der damaligen Tschechoslowakei, sondern auch im Vergleich mit der Architektur des Auslandes (Abb. 1).[1]

Der spürbare Qualitätsanstieg in der slowakischen Architektur in der Zeit nach dem Zweiten Weltkrieg hängt mit mehreren Faktoren zusammen, wobei der bedeutendste vielleicht das Aufkommen einer neuen Architektengeneration ist. Gemeint sind die Absolventen des ersten Architekturstudienganges hierzulande, der erst nach dem Zweiten Weltkrieg in Bratislava begründet wurde. Die Architekturabteilung an der Slowakischen Technischen Hochschule wurde von bekannten tschechoslowakischen Architekten der Zwischenkriegszeit geleitet[2] und brachte kurz nach dem Krieg die besagte starke Architektengeneration hervor. Gerade einmal 30-jährige Architekten bekamen in den 1950er Jahren bedeutende Stellungen in den staatlichen Architektenbüros anvertraut. Der Enthusiasmus und Mut dieser Jahrgänge zeigte sich in den 1960er Jahren am eindrucksvollsten. In dieser Periode traten jene Architekten gewissermaßen aus dem Schatten der geografischen Peripherie heraus und knüpften erfolgreich an das Weltgeschehen an, weshalb diese Epoche gelegentlich als „goldenes Zeitalter" bezeichnet wurde. Noch nie gab es in der slowakischen Geschichte solch einen Bauboom wie in den 1960er und 1970er Jahren. Die Mehrheit der noch heute bestehenden öffentlichen Gebäude, beispielsweise für kulturelle, schulische oder

slowakischer Städte und ihre Bauten sind oft zu umstrittenen Ikonen geworden. Die architektonische Qualität der slowakischen Architektur die-

2

sportliche Zwecke, ist in diesem Zeitraum entstanden, außerdem ein großer Teil der Stadterweiterungen und Wohnsiedlungen (Abb. 2). Der Wert dieser architektonischen und städtebaulichen Werke erklärt sich nicht nur durch ihre Bedeutung für eine gewisse nationale Emanzipation der Slowakei, sondern auch durch ihre oft herausragende ästhetische und ingenieurtechnische Qualität, die dem Vergleich auch mit älteren Architekturzeugnissen standhält. Die monumentale Wirkung der Architektur der Nachkriegsmoderne ist ein charakteristisches Kennzeichen einiger

ser Zeit wird mittlerweile auch im Ausland anerkannt, wofür unter anderem das prächtig ausgestattete Buch *Eastmodern* steht, das 2007 im renommierten Springer Verlag erschien.[3] Trotzdem wird die Bedeutung dieser Architekturen von einem Teil der Sachverständigen, unter anderen auch Denkmalpflegern, marginalisiert und abgelehnt.

NACHKRIEGSMODERNE ARCHITEKTUR UND DER DENK-MALSCHUTZ IN DER SLOWAKEI__Fachliche Angelegenheiten der Denkmalpflege und des Denk-

3_Diagramm der slowakischen Nationalkulturdenkmale des 20. Jahrhunderts. Autor: Peter Szalay **4**_Diagramm des Topregisters, Architektur-Archiv des 20. Jahrhunderts AA20. Autor: Peter Szalay **5**_Denkmal und Museum des slowakischen nationalen Widerstandes in Banská Bystrica, Dušan Kuzma, Jozef Jurkovič, 1963–1970

malschutzes sind in der Slowakei Sache des Nationalen Denkmalamtes, in dessen Verantwortungsbereich nicht nur der Schutz und die Pflege des baulichen Kulturerbes unseres Landes liegen, sondern auch die Erforschung und die Beurteilung, welche Objekte der nationalen Kulturdenkmalliste hinzugefügt werden sollen. Laut Gesetz muss das Amt bei der Erforschung des Denkmalbestandes mit den staatlichen Forschungsinstituten zusammenarbeiten. Der dem Denkmalamt zugewiesene Beratungspartner für die Fragen der Architektur des 20. Jahrhunderts ist das Institut für Bauwesen und Architektur der Slowakischen Akademie der Wissenschaften in Bratislava.[4]

In der Slowakei ist der Denkmalstatus nicht klassifiziert; es existiert nur eine – die höchste – Form des Schutzstatus, unabhängig von Alter, Gattung und Art. Das entsprechende Denkmalschutzgesetz entstand in seiner jetzigen Form in den 1990er Jahren. Vorteilhaft waren die fast vollständige Übernahme der bis dahin erfassten Baudenkmale und der dadurch gewährleistete strenge Schutz. Jedoch werden weitere Bauwerke nur zögerlich zu Kulturdenkmalen erklärt, was unter anderem auch die Erweiterung des Kulturdenkmalfonds um Bauwerke der Nachkriegsmoderne behindert.

Dies zeigt sich auch angesichts der aktuellen Liste der slowakischen Kulturdenkmale aus der Zeit des 20. Jahrhunderts, die 704 Gebäude und Baukomplexe aufweist (Abb. 3). Bei 69 Prozent der Einträge handelt es sich um Bauwerke aus der Epoche des Historismus und des Jugendstils, auf Leistungen der Avantgarde und des Funktionalismus der Zwischenkriegszeit entfal-

len etwa 30 Prozent und auf die Denkmale aus der Nachkriegszeit weniger als 1 Prozent. Dabei handelt es sich um lediglich sechs Werke der

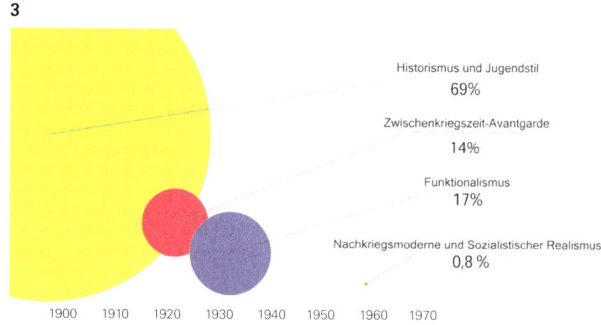

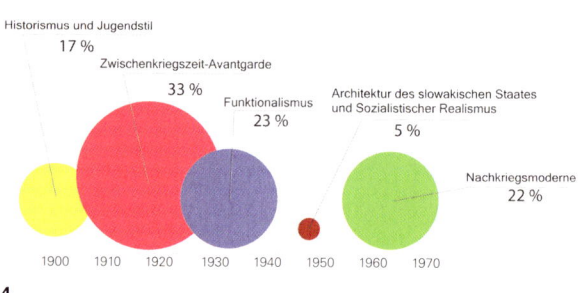

Nachkriegsarchitektur, wobei fünf von ihnen hauptsächlich aufgrund ihres Memorialwertes zu nationalen Kulturdenkmälern erklärt wurden (Denkmäler, die an den Zweiten Weltkrieg erinnern), ohne besondere Beachtung ihrer architektonischen oder künstlerischen Qualität (Abb. 5). Der tatsächliche Bestand der wertvollen Architektur des 20. Jahrhunderts in der Slowakei ist damit nicht repräsentativ abgebildet. Am bereits erwähnten Institut für Bauwesen und Architektur werden seit den 1990er Jahren unter anderem solche Baubestände erforscht und bewertet. Im Jahr 1996 begann die Arbeit an einem Archiv der slowakischen Architektur des 20. Jahrhunderts, das mittlerweile mehr als 3000 Gebäude zählt. Aus dieser Datenbank wurden die „besten Werke"

5

für ein Register ausgewählt, welches wiederum etwas mehr als 600 Objekte umfasst und an das Nationale Denkmalamt weitergegeben sowie der Öffentlichkeit über das Internet zugänglich gemacht wurde. Die künstlerische und zeitliche Spannbreite der Architektur des 20. Jahrhunderts wird hier treffender dargestellt (Abb. 4) als in der Liste der eingetragenen slowakischen Kulturdenkmale. Die von Mitte der 1950er bis in die 1970er Jahre reichende Nachkriegsmoderne macht in diesem Listenvorschlag 22 Prozent des Gesamten aus.

nalen Denkmalamtes nicht geneigt sind, die Kulturdenkmalliste um moderne Architektur und speziell um Werke aus der Nachkriegszeit zu ergänzen. Im Folgenden sollen jene Aspekte erwähnt werden, die den Eintragungen am stärksten im Wege stehen.

Eine der wichtigsten Ursachen sind wohl die Vorbehalte der Denkmalpfleger gegenüber der modernen Architektur im Allgemeinen. Die Mehrheit schützt und erforscht ausschließlich ältere Denkmale. Hinzu kommt, dass die architektonische Moderne bis heute ein mehr oder minder gespaltenes Verhältnis zu ihrer eigenen Vorgeschichte hat. Architekten der Moderne haben auch in der Slowakei nach dem Zweiten Weltkrieg in viele historische Stadtzentren empfindlich eingegriffen, und so sind viele der bedeutendsten Architekturwerke in der Folge von drastischen Modernisierungsmaßnahmen in historischen Strukturen ent-

Davon zeugt beispielsweise auch das Agieren des Denkmalamtes im Umgang mit einem anderen bedeutenden Werk der Nachkriegszeit in Bratislava, dem Gebäudekomplex Hotel „Kyjev" mit dem Kaufhaus Prior (Abb. 7). Dieses Objekt steht am Rande der historischen Zone von Bratislava, in einem der lebendigsten Stadtteile. Im Jahr 2008

6

standen. Ein Beispiel ist die Neue Brücke in Bratislava (Abb. 6), die zu den hervorragenden Werken unserer Architekturhistorie gehört, nicht nur in ihrer konstruktiven, sondern auch in ihrer gestalterisch-künstlerischen Qualität. Das Bauwerk hängt jedoch mit dem Abbruch eines großen Teils der historischen Vorburg von Bratislava zusammen. Obwohl beeindruckend gestaltet und bis heute eines der Symbole im Stadtpanorama Bratislavas, wird mit der Brücke immer auch die negativ besetzte Zeit des Sozialismus assoziiert. Das hat emotionale Barrieren zur Folge, die viele Denkmalpfleger nicht überwinden können; sie empfinden – vor allem innerhalb der historischen Zonen der Städte – die Architektur der Nachkriegszeit ausschließlich als störendes Element.

wurde ein Projekt zur Umgestaltung dieses Stadtbereiches vorgelegt, das vom Abbruch des ganzen Baukomplexes ausging. Diese Pläne lösten die erste öffentliche Diskussion über die Architektur dieser Epoche in der Slowakei aus. In diesem Zusammenhang wurde vorgeschlagen, das Hotel und das Kaufhaus in die Denkmalliste einzutragen, was allerdings vom Nationalen Denkmalamt abgelehnt wurde. Dass der Komplex immer noch existiert, ist allein der gegenwärtigen Bauwirtschaftskrise in der Slowakei geschuldet bzw. zu verdanken.[5]

DER KONFLIKT ZWISCHEN AUTORENRECHTEN UND DENKMALSCHUTZ__Das nächste Problem im Umgang mit den jüngeren Baudenkmalen sind poten-

7

zielle Konflikte zwischen dem Denkmalschutz und den künstlerischen Autoren der Bauwerke. Sie werden dann von der Denkmalbehörde und noch lebenden Architekten ausgetragen, wenn es um die Festlegungen von Instandsetzungs- und Sanierungsmaßnahmen geht.

Ein solches Problem trat bei der Erneuerung des Krematoriums und des Urnenhains in Bratislava auf, welche in der Liste der Nationalkulturdenkmale erfasst sind (Abb. 8 und 9). Der Architekt des Krematoriums, Ferdinand Milučký, der noch berufstätig ist, konzipierte im Jahre 2006 gemeinsam mit dem Denkmalamt die Erneuerungsmaßnahmen an „seinem" Denkmal.[6]

Die notwendige Sanierung bezog sich vor allem auf die gesamte Außenhaut des Gebäudes. Dabei stellte die Erneuerung des Pflasterbelags der großen Freiterrasse das größte Problem dar. Die Terrasse, die den Vorplatz zur Kondolenzhalle bildet, ist zugleich auch die Dachdecke des Unter-

8

geschosses mit der technischen Ausstattung des Krematoriums. Die Terrassen waren ursprünglich mit kleinformatigen Basaltsteinen gepflastert und bildeten eine dunkle Fläche, die fließend in das Innere des Gebäudes überging. Die Abdichtung erwies sich nach Jahrzehnten als unzureichend, sodass zunehmend Feuchtigkeit ins Untergeschoss eindrang. Unter Zeitdruck war eine Lösung für eine bessere Abführung des Re-

genwassers zu finden, wobei sich schließlich der Architekt über den Widerspruch des Denkmalamtes hinwegsetzte: Er realisierte eine Ausführungsart, die von seinem ursprünglichen Gestaltungskonzept stark abwich. Die kleinen, unregelmäßigen Pflastersteine ließ er durch Betonplatten im Maß von 30 x 30 Zentimeter ersetzen. Das feine Raster des ehemaligen Basaltpflasters, welches einen harmonischen Farb- und Materialkontrast zu den glatten Sichtbetonfassaden bildete, wurde gegen einen neuen, billigeren Belag – trotz der Einwände mehrerer berufener Denkmalfachleute – ausgetauscht. Milučký verteidigt den neuen Plattenbelag und verweist darauf, dass er eine „reine horizontale Linie" in die Komposition des Bauwerks hineinbringe, die mit dem alten Material nicht zu erreichen gewesen wäre. Auch will er im Rahmen eines späteren Sanierungsabschnittes den gleichen Plattenbelag im Gebäudeinneren verlegen, um das gestalterische Ziel der Einheitlichkeit zu erreichen.

Dieser Streit hat interessante Fragen zur Beziehung zwischen Denkmalschutz und einem sich entwickelnden Autorenkonzept hervorgebracht – ein weiteres Problem beim Denkmalschutz für die Architekturwerke der Nachkriegsmoderne. Dabei eignet sich der Urheberrechtsschutz nur bedingt für die Durchsetzung denkmalpflegerischer Anliegen. Wie in Deutschland werden baukünstlerische Werke zwar gegen Umbaumaßnahmen geschützt, nicht aber gegen Abbruch bzw. Zerstörung.

BAUMATERIALIEN DER MODERNE UND DIE ERHALTUNG IHRER AUTHENTIZITÄT__ Das Beispiel des Krematoriums von Bratislava deutet einen letzten Problembereich an, der an dieser Stelle erwähnt werden soll. Es handelt sich um die Problematik sehr junger Baumaterialien und Konstruktionen, in deren Erneuerung und Konservierung noch keine Routine vorhanden ist. Das Problem liegt aber auch in der niedrigen Solidität und geringen Qualität der benutzten Materialien, die oft nicht erhalten werden können oder sogar gesundheitsschädlich sind. Mit der ursprünglichen Materialität verbinden sich aber oft wesentliche Teile des Zeugniswertes, was wiederum manchem Denkmalpfleger als Argument gegen die Unterschutzstellung von Bauten der Nachkriegsmoderne dient.[7]

Als illustratives Beispiel soll das Areal der Landwirtschaftlichen Hochschule in Nitra vorgestellt

9

werden, welches in den Jahren 1959–1965 erbaut wurde und für das im Moment die Vorbereitungen für die Eintragung in die nationale Kulturdenkmalliste laufen (Abb. 10 und 11). Die Fassaden der einzelnen Gebäude sind mit typischen Materialien unserer Nachkriegsmoderne verkleidet: mit Glasmosaik und Keramik. Vor allem die Flächen aus Glasmosaik sind in einem schlechten Zustand und bedürfen einer Instandsetzung. Die heutige Landwirtschaftliche Universität will die architektonischen Werte dieses Areals erhalten. Allerdings ist eine den Bestand ausschließlich konservierende Vorgehensweise hauptsächlich aus finanziellen Gründen nicht realisierbar. Am Institut für Bauwesen und Architektur wird über Verfahren nachgedacht, die es ermöglichen, we-

10

11

nigstens einen Teil der Mosaike unter neuen Oberflächenschichten zu belassen und dauerhaft zu erhalten. Nachdem die Universität bereits mit der Fassadensanierung eines Teiles des Komplexes begonnen hat, werden nun in den übrig gebliebenen Bereichen auf die originalen Mosaike neue Verputzschichten in der Farbe der Mosaike aufgetragen. Die Erhaltung der bauzeitlichen Oberfläche unter neuem Putz eröffnet zumindest die Chance einer zukünftigen Freilegung. Ich möchte behaupten, dass ein solches Konzept dem denkmalpflegerischen Grundanliegen näherliegt als andere, die bei der Restaurierung moderner Architektur bisher verfolgt wurden, wie der grundsätzliche Austausch der ursprünglichen Oberflächen und Materialien durch aktuelle Ersatzmaterialien. Nach meiner Meinung basieren solche Herangehensweisen auf der falschen Grundannahme, dass die Denkmale der Moderne Denkmale ohne Altersspuren und Patina seien. Die Erhaltung der Nachkriegsmoderne in der Slowakei bringt, wie in diesem Beitrag aufgezeigt wurde, eine Vielfalt neuer Problemstellungen in der Praxis der Denkmalpflege mit sich. Deren Lösung erfordert eine multidisziplinäre Herangehensweise, die nicht nur architekturhistorische und denkmalkundliche Forschungsarbeit erfordert, sondern sich auch den Baumaterialien sowie den Restaurierungs- und Konservierungsmethoden widmet. Ein wichtiger Schritt zur Rettung dieses zunehmend gefährdeten Teils des slowakischen Kulturerbes liegt in der Schaffung von Akzeptanz in der Öffentlichkeit, aber auch bei den Fachleuten. Ohne eine breitere Unterstützung werden Spitzenwerke der Ostmoderne in der Slowakei weiterhin als widersprüchliches Erbe betrachtet. Hierzu schrieb Henrieta Moravčíková: „Über moderne Architektur muss man reden und schreiben, man muss auf sie hinweisen, sie erklären und loben, denn sie ist und bleibt ein regelrechter Grund dafür, dass man auf die hiesige architektonische Kultur stolz sein kann, und sie ist somit hoffentlich auch ein Bestandteil des Nationalbewusstseins."[8]

Dieser Beitrag entstand mit der Unterstützung der Slowakischen Forschungs- und Entwicklungsagentur auf Basis der Verträge Nr. APVV-0204-07 und APVV-0375-10 sowie der Wissenschaftsagentur VEGA aufgrund des Vertrages Nr. 2/0171/10

ANMERKUNGEN

1 Die slowakische Architektur trat nach dem Zweiten Weltkrieg sozusagen aus dem Schatten des Architekturmittelpunktes heraus, der bis dahin zweifellos in Tschechien, vor allem in Prag, lag. Mehr dazu zum Beispiel Dulla, Matúš: „Das Leichte Nebeneinander von Moderne und Tradition". In: Stiller, Adolph / Šlachta, Štefan (Hg.): *Architektur Slowakei. Impulse und Reflexion.* Wien 2004, S. 135

2 Im Gegensatz zur Hochschule in Prag unterrichteten in Bratislava Persönlichkeiten wie Emil Belluš oder Vladimír Karfík (Baťa-Architekt), die auch in Zeiten stärkster politischer Einmischung, wie in der ersten Hälfte der 1950er Jahre, eine bestimmte schöpferische Freiheit auf der Hochschule aufrechterhalten konnten.

3 Hurnaus, Herta / Konrad, Benjamin / Novotny, Maik: *Eastmodern. Architecture and Design of the 1960s and 1970s in Slovakia.* Wien 2007

4 Arbeitsstelle des Verfassers

5 Siehe hierzu: Moravčíková, Henrieta: „Moderná architektúra v čase a predpoklady jej udržateľnosti". In: *Architektúra & urbanizmus.* 42/2008, S. 181–196

6 Das Krematorium von Bratislava wurde im Jahr 2005 anlässlich eines Jubiläums des Architekten in die Liste der Kulturdenkmale eingetragen. Ferdinand Milučký ist der anerkannteste Architekt dieser Periode in der Slowakei und das Krematorium in Bratislava eines seiner bedeutendsten Werke.

7 Am Institut für Bauwesen und Architektur wird momentan ein Materialarchiv der modernen Architektur in der Slowakei aufgebaut, in welches Materialmuster von Architekturoberflächen und -elementen aufgenommen werden. Darüber hinaus werden dort Literatur und andere schriftliche Unterlagen zu Fragen der Konservierung und ihrer Technologie gesammelt.

8 Moravčíková, Henrieta: „Modern architecture as cultural heritage: presumptions and paradoxes of protection". In: *Monumentorum tutela.* H. 20/2009, S. 123

HUNGARIAN MODERNIST ARCHITECTURE BETWEEN 1960 AND 1980__GYŐR ATTILA

to Eva

Hungarian architecture of the period between 1960 and 1980 has not been well analyzed in Hungarian architectural historiography.[1] The scholarly work regarding the architecture of the quarter-century after 1945 (published in 1972) involved more the presentation of results, along with a catalog.[2] There is still no comprehensive treatise about this period, only some studies and articles dealing with sub-themes, excellent (bilingual) architectural guides, and exhibitions about the work of some prominent architects.[3]

The state preservation organization is also responsible for much of the focus of this period. In 2000, the heritage protection office organized an exhibition about the architectural values of the twentieth century. This exhibition focused on the perhaps more public architectural values of the twentieth century. For the exhibition's catalog, a register was made with 1,500 items, including the most important buildings of the twenty years under examination.[4] However, the number of objects declared to be protected monuments of the period from 1960–80 can hardly reach more than twenty. This number reflects perfectly the public prejudice against this period – often shared by the cultural decision-makers as well – that the architecture of the nineteen-sixties and -seventies (incorrectly referred to as "socialist realism") created worthless and forgettable memories.

Following the books mentioned above, this study presents a different assessment.

Between the two World Wars, modernism began its triumphal march in Hungary in the late nineteen-twenties and the strong modernist tradition continued in the postwar years as well. During the Stalinist, socialist-realist (socreal) architecture of Rákosi's dictatorship, modernism stood in the crossfire of the critics, but it still persisted throughout the years, hiding behind the historical decorative elements and the antique-like porticos of the new buildings. The best examples of this can be observed on the buildings of the cinema (György Szrogh, 1951) and the clinic (András Ivánka, 1951-1952) in Dunaújváros, which was the Hungarian version of the constrained Stalinist town-planning and construction style.

The political détente that occurred in the Soviet Union after Stalin's death took its effect on Hungarian architecture only a few years later. The portico of the culture house (1955–1958) in Várpalota-Inota is stylized and simplified. In the interior, the socreal decoration is changed to representations of Hungarian folk tales; the double building of the Presso Olimpia (Pécs, Lajos Gádoros, 1958–1960) is a modern construction with a shell structure roof, and the socreal reliefs and statues are only aesthetic decorations without any political message. The planning for the railway stations of Székesfehérvár and Debrecen (two of the biggest cities in Hungary) was started by the same architect, László Kelemen in the same year, 1951. The first was executed until 1953, and there are antique pillars, columns, doric entablature, and timpanons on the neoclassical building. The second was finalized only in 1961, and the elements were changed to simple rectangular pillars and unadorned beams. With the pavilion erected at the EXPO 1958 in Brussels (Lajos Gádoros), Hungary announced its return to the path of modernist architecture.

Suppressing the revolution of 1956, the new dictatorship under the regime of János Kádár, felt as the former political system did, that it was very important to build up the symbolic centers of power. As occupied bridgeheads, these new MSZMP party buildings, city and county halls (councils), emerging from the old towns lost every historical socreal element, declared power with their size, their appearance behind a great square adorned with fountains and statues. The typical form of these buildings is made of two parts: a daringly emerging multistory block connected to a low, wide entrance wing. A good example of this is the former county hall and party headquarters building (István Kerekes, 1964–1967) in Kecskemét's new main square developed next to the old city square. Another version of this style, the Szeged county council building is much more exciting (now county hall, Ervin Schöner, 1960–1962), but nevertheless the compact exterior design and the smart and elegant interior (six-story-high atrium with spiral staircase, like a Hungarian version of the Guggenheim Museum) was voted the ugliest building in Csongrád county. A particular party building is the headquarters of the Budapest District 13 (now Hungarian State Treasury, Margit Pázmándy, 1975–1979), which is reminiscent of the Peace Memorial Museum of Kenzo Tange in Hiroshima. This was not an accident: contemporary Hungarian architectural journals often presented the style of the politically less hostile Japanese and Finnish (or Danish) architecture.

The consolidated Kádár regime instituted greater changes as well: new city centers were formed in many towns of the country. Breaking with the former shop-window style of city, instead of Dunaújváros, Salgótarján became the site of the most important town-planning experiment. Partly destroying the old, but not very valuable historical district, a new city center emerged from the plans of the most notable architects. The basic concept is linked with the name of György Jánossy, who also planned the decisive building of the main square, the Hotel Karancs (with József Hrecska, 1959–1963), which had – for the first time in Hungary – a raw concrete front. The huge square is surrounded by the almost floated, glass-fronted box of the culture house (György Szrogh, 1962–1966). A department store (József Finta, 1967–1969), is behind it, a wide, nine-story dwelling-house that closes the view. A decade later, the center, with its expressive name of Forum, was extended with a new square consisting of the extravagant buildings of the regional museum and the cinema (former Nógrádi Sándor Múzeum, former November 7. Filmszínház, both by Géza Magyar, 1972–1980, 1975), the library, and the town hall.

The construction of a new city center also took place in Szekszárd, a town with a long history. Only the personal intervention of the main archi-

with its size, has any monumental effect (Fig.1). Another solution can be observed in the center of Szombathely. An enormous square, placed

1

tect, the England-educated Károly Jurcsik saved the valuable old part of the city, by having the new city center be the continuation of the old town. Planning the new complex (1965–1972), Jurcsik took the same steps as he did with the successful new culture house of Orgovány, considered the best Hungarian example of conceptualism. The buildings, with a low-key exterior and modest size, are covered with clinker bricks, with each of them serving only one function (bank, store, office, etc.). Not even the MSZMP Party House, which differs from the small buildings

outside of the historical town is decorated with the statue of Lenin in the middle, but named after the greatest Hungarian feast, Március 15. Square. It is surrounded by the imposing clinic building and the sport hall (Antal Károlyi, 1961–1965), announcing the health cult of the socialist people. The allocation of the new party house had another purpose: the new building was constructed just beside the bishopric palace and the cathedral.

The Kádár regime, which situated their power centers quickly and spectacularly – as mentioned above – hoped to pacify the people by satisfying their financial needs. Solving the country's housing problem was one of the primary aims of the regime and thus it was the most important task of architecture. The housing complexes grew out of the land like mushrooms utilizing different techniques (house factory, panel, cast, block, etc.). In the suburbs of Budapest and many cities of Hungary, these so-called new socialist industrial towns were often based on imported plans from the Soviet Union and rarely on creative ideas. The architects tried out unique solutions on the Óbuda experimental housing estates (1958–1964); constructing 701 flats, they experimented with several shapes, different floor-plans, different number of levels, and different building technologies with the hope that these solutions would spread.

We also see individually designed houses elsewhere: the residential building of the Gellérthegy u. 33. in Budapest (Lajos Schmidt, 1964–1965) takes the shape of the hill with the offset staircases; the Hajdúság department store and house wedged between older houses on the main street of Debrecen (Tibor Mikolás, 1961) was innovative by varying the depth of façade openings and its free use of colors (Fig. 2). The diplomat houses in the Árnyas út of Buda (György Vadász, Anna Perczel, 1973) resolved the stiffness of the modernism with sculptural balcony railings and with bright blue pirogranite revetment. Modern stepped-hillside (terrace) houses turned up on the hillsides of Buda as a result of the solvent demand (Meredek street, György Kévés, 1969). Nevertheless, aside from these exceptions, the housing estates were boring and lacking in ideas,

but fulfilled their mission for the general embourgeoisement: the political leadership proudly presented in 1975 the one millionth new flat – an impressive efficacy in a small country with a population of only ten million. After 1970, architects made efforts against the schematism of the

2

mass constructions by fitting house estates to the landscape, softening their rigidity, and creating friendly public spaces. Some of them vivified the walls of the houses with simple painted motifs, which resulted in strange or funny nicknames for the houses (parrot-houses, Győr; pajamas-houses, Pécs). Later, when a group of architects decorated the housing estate in Paks with great tulip motifs (Paks, housing estate of the Paks Nuclear Power Plant, György Csete and others, 1975), it caused a great – and in that era very uncommon – debate in the public life (the so-called Tulipdebate).

The national economy had to create the material basis for the large-scale building operations. The new political power entered into a serious legacy, which is shown well by the case of the Újpest water works (1958–1962). The water works was planned for a huge capacity, for the future water supply of the unified Budapest. The utopian build-

Hejőcsaba, György Balázs, 1965; and in the food industry, which regained its deserved role, cold store, Miskolc, László Csaba, 1960), otherwise the new industrial branches fulfilled their claims

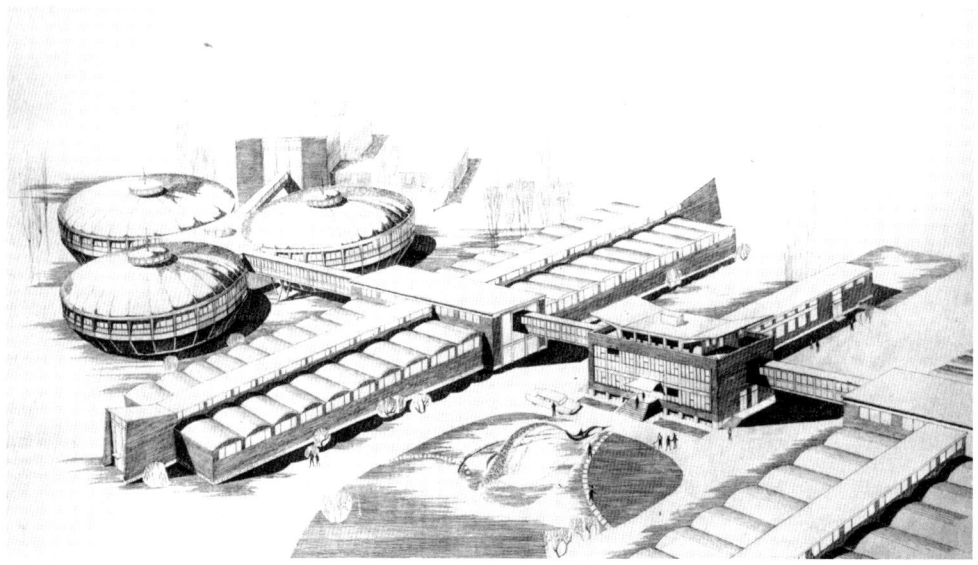

3

ing complex – which consists of 3-3 reservoirs shaped like flying saucers and the connecting Egyptian pylon-shaped offices – had never been used (Fig.3). The old Art Nouveau water works have supplied the capital until today. Kádár ended the thoughtless and forced industrialization, and in 1968 he announced the promising but shortly stranded program of the New Economic Mechanism. Only some smaller, special industrial buildings – rebuilt significantly and badly by today´s standards – were constructed (not accidentally in the building industry: cement works, Beremend, Endre Rácz, 1970–1972; Brickyard, Fehérgyarmat, József Radocsay, 1970; lime plant, Miskolc-

with simple factory halls. A building raised in the Óbuda greenbelt is a monument of special interest: the main building of the former Radelkis, which produced electrochemical gauges (Budapest, 3. district, Bécsi street, Antal Csákvári, 1973), is the best Hungarian example of humanized and landscape-fitted industrial establishments – the industry's primary aim in the Kádár regime was to create saleable products with little raw material and a serious intellectual expenditure. The stepped hillside building is naturally lit by skylights on each of the five levels. The huge raw concrete blocks are gracefully staged on the hillside, so it is no wonder that a renowned international company bought the building after 1989. The socialist economy, struggling in the net of Soviet politics, couldn't create the financial base of the Kádár regime. Tourism offered a solution. The beautiful capital of Budapest was the central interest among foreigners. On the esplanade of Pest, between the reconstructed Chain Bridge and the modernly rebuilt Elisabeth Bridge (Pál Sávoly, 1961–1964), a row of hotels were built with a panoramic view replacing the classicist buildings damaged in the Second World War. The first hotel was the Intercontinental (today the Marriott, József Finta, 1969) looking to the Danube and Buda with all its windows, but with unfriendly closed walls to the side facing Pest. The hotel built last in the row was maybe the best one, the Atrium-Hyatt Hotel (today Sofitel, Lajos Zalavári, 1979–1982) hides a strikingly high atrium and today, after a bit of modernization still provides a high standard.

By developing the Lake Balaton (Plattensee), located in a wonderful natural environment, the government wanted to promote the development of tourism. The purposeful development of Lake Balaton's surroundings was started in the late nineteen-fifties, and is considered one of most successful regional developments in Hungary. The erecting of the Berlin Wall also helped with investment: citizens of the divided Germany could meet in peaceful surroundings on the bank of the Plattensee. Enormous hotels and holiday resorts were built at the major settlements with many of them still being enjoyed (Balatonfüred, Hotel Annabella, Margit V. Pázmándi, 1965–1968; Balatonfüred, Hotel Marina, László Mányoki, 1967–1970; Siófok, row of hotels, Endre Czigler,

1961–1968), only a few of them were later reshaped in an exaggerated way (Tihany, Hotel "Tihany," Attila Kun, 1963). Besides the hotels, minor facilities were also noticed studiously: the Restaurant Tátika (Badacsony, Ferenc Callmeyer

Badacsony, Tátika

4

1958–1962) represents extraordinary value with its bold structure that hangs over the water (Fig.4). Station buildings of the Tihany-Szántód ferry, made from ferroconcrete, also show special forms (János Dianóczky, 1962–1963). Besides Budapest and Lake Balaton, spectacular developments were realized in minor regions: to receive the tourists from neighboring Austria, smaller and greater hotels were built in the Lővérek Mountain around Sopron (SZOT-KPVDSZ Holiday Holuse, József Cserhalmy, György Hegyi, 1968–1973).

The growing tourism influx required the development of the transportation facilities. In Budapest, besides the two older railway stations (Eastern and Western Railway Stations, Keleti and Nyugati Pályaudvar), it was necessary to rebuild the ruined Southern Railway Station to host the traffic head-

5

ing towards the Balaton. The studiously modern "glass-box" floating above the square, designed by György Kővári, represented a whole new world compared to the historical style stations (erected in 1963–1963, rebuilt and enlarged in 1977). The most modern railway station of the era both in style and technology was built in Szolnok (Vilmos Schneller, 1975). The accent of the main building is its enormous horizontal roof floating above the different building parts, but also the other facilities of the station, like the extraordinary six-story control tower, were built with forms, materials

and casings harmonizing with the main building. Near the cathedral in Eger, the huge, round-shaped bus station (with the offices placed in the middle) was designed by János Dianóczky. He was also the designer of ferroconcrete buildings of the Balaton's ferry stations. The fan-shape of the ferroconcrete roof ensures the specialty of the underground station on the Moszkva square (István Czeglédi, 1972) (Fig. 5). The second and third underground lines were the most costly traffic investments of the Kádárregime; it took four decades, because of the efforts to achieve durability by using long-lasting, representative materials in interiors. The only realized highway of the era, which joins Budapest to Balaton (M7), is spanned with daring ferroconcrete walker bridges (designed by Imre Néveri, built in 1966 at Török-bálint; designed by Lajosné Királyföldi, built in 1967 at Kápolnásnyék).

The Kádár regime considered the spiritual and physical education of the socialist people very important. The central stadium (Népstadion, now Puskás Ferenc Stadion, Budapest, Károly Dávid, 1951–1953) was still built by Rákosi, and the great sport hall was realized with Soviet help only in 1982 (Budapest Sportcsarnok, 1978–1982, after the plan of the Sport Palace of Leningrad). Only smaller facilities were made: mainly swimming pools (Komjádi Uszoda, Budapest; Balaton Uszoda, Balatonfűzfő, etc.) for the development of Hungarian swimming. The elements of classical modernism were combined in a very clear way at the sports center of the University of Moson-magyaróvár by the architect Imre Kiss (1962–1965): a small glass-box floats in the middle of the façade of the building with oblique walls (Fig. 6).

The sports center was so successful, that a copy was built with small alterations in the neighboring Sopron (1966).

consolidated and popular Kádár: demolishing a big part of the historic center, an enormous white piece of marble was placed among the small, nice

6

The history of the institutions responsible for brainwashing (and also for entertaining) the people excellently shows how the Kádár regime found itself. In Győr, the film theater Rába (now Richter Hall, Kálmán Lakatos, János Harmati, 1958) was built on a bomb site, nicely inserted in the corner between old historical houses. Its special tower is a mix of a little modernism and little historicism and doesn't damage the harmony between the old and the new. The huge Kisfalufy Theater (Kálmán Vincze, János Harmati, 1978) built nearby, partly by the same architects, was erected under the

baroque houses, which itself is an interesting, valuable building with extraordinary forms and wall decoration. The Kőbánya Cinema (Budapest, 10th district, Péter Molnár, István Mühlbacher, 1964) symbolizes the cultural seizure of power. The excellent (but nowadays unrecognizably rebuilt) building with its glass box standing on pillars almost distracted the attention from the previous focus of Kőbánya's main square: the wonderful art nouveau church of Ödön Lechner.

According to the reviews of the Hungarian architects and art historians, one of the most outstanding buildings of this period is the Club House of the Country Hospital in Győr (library, restaurant, lecture room, etc.; András Ivánka, 1969). Ivánka combined his Swedish studies (Asplund, Town Hall, Göteborg) and the ideas of Le Corbusier in House" (Fig. 7). With the planning of the educational center for the pedagogues (County Pedagogical Center, 1977), Ferenc Bán made the most characteristic building of this period at Sóstó, Nyíregyháza. At one end of the long, narrow build-

7

this work. He closes both sides of the pavilion with glass-steel walls. The creatively linked interior spaces are bounded with a special stairway. Ivánka purposely went against the usual mass production of this age: every detail of the building (the metal parts of the glass wall, the colored ceramics of the walls, the screws of the staircase, etc.) was uniquely designed and handmade. Contemporary Japanese architecture could have had an effect on the designers of the LMM Factory's Culture House in Esztergom (György Kévés, György Tokár, 1969–1971): with the use of uniform concrete slabs, the unified-façade building reminds one of a curled up caterpillar. Even so, the city's inhabitants refer to it as "The Pumpkin

ing, the auditorium is suspended on a girder nearly ten meters long. The air-pipes, which provide the ventilation of the rooms, appear as decorative elements on the end façades.

The school system in the Kádár era basically served the socialistic education of the future generations, and played an important role in the equalization of the social differences. Socialist, industrial cities were born or developed in that time and a row of new schools were built with each usually on a fairly average standard. In some cases, the more complex functions caused the birth of a better work: in the high school in Komló (József Szekeres, 1963–1966) the roof of the first floor is a huge courtyard, with an open-air theater in the middle, and three boxes (the school main building, the dormitory, and the gym) are on the corners. Excellent designers led the construction of the erected in different styles from socialist realism to the modern style, by the collaboration of numerous state design offices and several archi-

8

universities. Lajos Gádoros built the Medical University of Pécs (1957–1966), its lecture hall evokes the Brussels Pavilion of the designer. In the central building of Emil Zöldy's University of Agricultural Sciences in Gödöllő (building of the Faculty of Mechanical Engineering, 1966–1970), the aula with one-story-high transom windows is surrounded by a three-story loggia. A huge relief by Amerigo Tot, named "The Apotheosis of the Nucleus", was placed here only in 1983, but the space is breathtaking even today. At the University of Miskolc, a lot of excellent buildings were tects (Miskolc, City of University, István Janáky, György Jánossy, Lajos Tolnay, Rudolf Janesch, etc.; several periods, 1949–1986). Among many excellent universities, emerges the building of the University of Agricultural Sciences in Debrecen, designed by Tibor Mikolás (1960–1963). The auditorium with two glass walls at both ends, standing between ordinary modernist wings where the departments are situated, is one of the most elegant examples of this era. The special loggia with the pillars, the reliefs decorating the walls, the unique star-vault impressively enhances the effect of this interior. The human-faced regime did not forget the smallest people either: besides a lot of simple nurseries, György Kévés built the unique cell-like formed nursery for Hungarian Radio and Television (Budapest, district II. Völgy street, 1972–1974). The kindergarten groups were accommodated in separate "containers" and the top of a container can serve as a terrace for the other.

In this period, numerous special, uniquely shaped, unclassifiable buildings could be made. The TV Tower on the top of the Avas Hill in Miskolc (Miklós Hofer, 1962) reflects on the space age. The shape of the tower reminds one of the spaceships of the Eastern European science fiction movies of the era, its construction with the suspended slab reflected the highest technical efficiency. The influence of the space age in the architecture can be seen also elsewhere: Elemér Zalotay, who had to leave Hungary because of his unusual plans made the Sputnik Observatory in Szombathely. It is a raw concrete building with strangely shaped parts, inspired both by the expressionist architecture and the style of the New Brutalism. The New Brutalism took effect at other places as well: the District Hospital in Karcag (Péter Vámosy, 1965–1967) and the Country Hospital in Kazincbarcika (György Jánossy, 1969) were built as two versions of the same plan. Both have statuesque, formed elements and are rough concrete structures with the special texture of their materials referred to as the English style. With its shape, the electric center erected in the castle quarter in Buda (Csaba Virág 1972–1979) follows the high-roof design of the baroque houses in this area, however instead of a historicizing fa-çade, the huge glass wall reflects the façades of the adjacent historical buildings, and on the side facing the castle wall, two high concrete towers create a medieval atmosphere. The Yacht Club in Balatonfüred (later OMFB resort) by Virág evokes a sailboat: above the ground floor, which was planned to be made with frameless glass walls, floats the plank-covered story with a terrace-like a ship deck and a tower-like a mast. The building of the Bath in Jászberény (Lajos Zalaváry, 1963) consists of two parts: the technical service is placed in a white box, which was formed with classical modern elements, while the two pools of the thermal bath are shaped like a brick oven (an element borrowed from the folk art of the Jászság territory) (Fig. 8).

Kádár sought to compromise with the historic churches to keep the peace, and he demanded an apolitical, neutral policy from them. They could build churches in increasing numbers with the weakening of the system, but it wasn't well known by the general public. The largest denomination, the Catholic Church built about 300 churches during the three decades of the Kádár era, but more than two-thirds of them were built in the nineteen-eighties. The Calvinists built four churches in the nineteen-sixties and seven in the nineteen-seventies, while the numbers for Lutherans were nine and five respectively.

The construction of only twenty-five new churches between 1960 and 1980 was mentioned in the *Új Ember*, the Catholic monthly journal strictly without photographs (between 1981 and 1984, thirty new churches were mentioned). Not surprisingly, *Magyar Építőművészet*, the official journal of Hungarian architecture barely alluded

to the churches: in 1968, Hollóháza was presented by György Szrogh (Roman Catholic church, László Csaba, 1965–1967), in 1979 three new

wer of the church are formed by three triangles with a 2-2 leaned panel with glass wall between them. The simple interior is made more colorful

10

churches were introduced in the same volume (reformed church, Debrecen, Ernő Kálmán, 1975; Roman Catholic church, Hodász, László Csaba, 1977; Roman Catholic church, Budapest-Farkasrét, István Szabó, 1973–1975).[5] But the selected churches were really the best works of this era; the authors László Csaba and István Szabó were the most outstanding church builders of this period. The first significant work of Csaba was the Roman Catholic church in Cserépváralja (1961), and the most successful was the one in Hollóháza. Here, the nave, the sanctuary and the to-

with modern artworks, but the modernity of the building was hardly acceptable for locals (Fig. 9). Much more popular was the church erected in the most citoyenned district of the capital, the church of Farkasrét by István Szabó: its tower is reminiscent of the hands raised to prayer, the giant painted glass windows straining between the concrete walls of the nave create a real transcendental space.

Next to the church of Farkasrét, the mortuary of the cemetery (Imre Makovecz, 1975) conceals in the capital the most outstanding work of the organic architecture, which was the only ambitious and unified trend in the period besides modernism – and a bit in contrast to it. Mostly natural materials, constructions taken from the nature, traditional Hungarian structures were used by the architects joined to the organic architecture that prospered more in the countryside. One of the first works of the organic architecture was the emblematic spring house in Orfű (György Csete, 1971) (Fig. 10). The building erected in the middle of a forest served as the entrance of the fountain, and the cave linked to it has the shape of a poppy seedpod – its glass dome is the miniature version of the cosmos. Makovecz, the most famous and significant architect of the group in the mortuary of Farkasrét recalls the human chest by the roof and the human heart by the catafalque set in the middle. Nowadays, the organic architecture is still very popular, but during the Kádár era, it was only "tolerated."

Hungarian architecture was on the world's frontline until the First World War, and between the two wars it followed developments in Western Europe with only a slight delay. After 1945, the modernism could briefly proceed the way it had started, and its architects also enriched the period of the socialist realism with valuable memories. But the architecture during the time of Kádár's authority in one aspect was basically different than previously: the average level of the architecture was significantly lower than earlier, the implementation of the plans occurred often in very poor quality; rows of unimaginative and lame edifices were built. No wonder, that people have a negative opinion of this architecture based on a worthless average. But the picture isn't that dark:

in many places, remarkable, protectable buildings were made by excellent architects between 1960 and 1980. The saving of the valuable buildings is prevented not only by the revulsion against the average architecture, but by the politically motivated animosity towards this era as well. This doesn't reduce the real value of the buildings, but the steps to be taken for protecting them become more and more urgent.

NOTES
1 I would like to thank Bettina Lukács, Tibor Angyal, Erika Dóczi and Berta Jékely for their help and patience.
2 Szendrői, Jenő / Arnóth, Lajos / Finta, József / Merényi, Ferenc / Nagy, Elemér: *Magyar építészet 1945–1970.* Budapest 1972
3 Ferkai, András: "Építészet a második világháború után". In: Sisa, József / Wiebenson, Dora (ed.): *Magyarország építészetének története.* Budapest 1998; Vámossy, Ferenc: "Az utolsó fél évszázad építészete". In: Deák, Zoltán (ed.): *Pannon Enciklopédia, A magyar építészet története.* Budapest 2009; Lőrinczi, Zsuzsa / Varga, Mihály (ed.): *Budapest Építészeti Kalauz – Budapest Architectural Guide.* Budapest 1997; Lőrinczi, Zsuzsa (ed.): *Vidéki Építészeti Kalauz – Provincial Architectural Guide.* Budapest 2002
4 Lővei, Pál (ed.): *A műemlékvédelem táguló körei.* Budapest 2000
5 Dóczi, Erika: "Szakrális építészet Magyarországon 1945–1989". In: *Utóirat* (supplement of *Magyar Építőművészet,* 5/2008), S. 48–51

SOWJETISCHE ARCHITEKTUR ZWISCHEN STALIN UND GLASNOST__PHILIPP MEUSER

Am 25. Februar 1956 erlebte die Sowjetunion einen Schock, der das Fundament der kommunistischen Welt für immer verändern sollte. Als Nikita Chruschtschow, der sowjetische Staats- und Parteichef, an jenem Morgen die Machenschaften seines Vorgängers Josef Stalin kritisierte und damit das bis dato wichtigste Kapitel der sowjetischen Geschichte in einem vierstündigen Referat systematisch demontierte, trauten viele Genossen ihren Ohren nicht. Chruschtschows ideologische Abrechnung drei Jahre nach dem Tod Stalins war – historisch betrachtet – gleichsam eine späte Entrechtung der despotischen Herrschaft eines Mannes, der sich skrupellos in die Parteiführung gekämpft hatte und eine Generation lang als „Vater des Volkes" verehrt wurde. Die Epoche Stalins war plötzlich nicht mehr Glanz und Heldentat, sondern galt fortan als ein ausnahmebedingter Unzustand.

Chruschtschows Referat glich einem Neuanfang, der die Sowjetunion ideologisch auf den Ausgangspunkt vor Lenins Tod bringen sollte. Es war eine Revision der politischen Herrschaftspraxis Stalins und seines Größenwahns als eines der „Hirngespinste eines vom Leben abgeschnittenen Menschen"[1]. Der neue Führungsstil und die damit verbundene Ideologie sollten sich auch stilprägend in der (nicht nur sowjetischen) Architektur- und Stadtbaugeschichte niederschlagen.

Denn in derselben Konsequenz, mit der Stalin ab Anfang der 1930er Jahre die russischen Konstruktivisten in ein neotraditionelles, später stalinistisches Korsett gezwängt hatte, ließ Chruschtschow eine neue Epoche der sowjetischen Architektur einläuten. Seine Vorgaben, das Planen und Bauen im Sinne der funktionalistischen Moderne zu rationalisieren, hatten zudem einen weitaus größeren Einfluss auf das Baugeschehen in der sozialistischen Welt als das neotraditionelle Formenvokabular der Stalin-Ära.

Die hierfür entscheidende Rede hielt Chruschtschow am 7. Dezember 1954, anderthalb Jahre vor seiner offiziellen politischen Abrechnung mit Stalin vor den Parteigenossen.[2] In seinem Vortrag vor der Nationalen Konferenz der Vertreter des gesamten planenden, organisierenden und ausführenden Bauwesens proklamierte er die umfassende Industrialisierung der Baukonstruktion unter dem Motto „Höhere Qualität mit weniger Kosten". Mit einer möglichst geringen Anzahl normierter Bauelemente war eine möglichst große Vielfalt an Baueinheiten zu erstellen. Nicht der Architekt, sondern die wiedererstarkende Schwerindustrie, auf die Chruschtschow sein Augenmerk legte, sollte nun die Städte bauen. Chruschtschows Direktive einer künftig rationalisierten Bauweise mit am Fließband vorgefertigten Modulen nach dem Baukastenprinzip rehabilitierte zumindest formal die unter Stalin verpönten Konstruktivisten, kurzum den funktionalen Rationalismus der Moderne, der bis Ende der 1920er Jahre Europa einschließlich der jungen Sowjetunion sowie Amerika bestimmt hatte.

Innenpolitisch bedeutete diese Vorgabe, das gravierende Wohnungsproblem in dem eurasischen Riesenreich zwischen dem nunmehr russischen Kaliningrad (ehemals Königsberg) im Westen und Wladiwostok am Japanischen Meer lösen zu wollen. Außenpolitisch hieß es, den Wettstreit mit dem kapitalistischen Klassenfeind zu gewinnen. Das militärische Gleichgewicht war dafür machtpolitisch zumindest geografisch gesteckt. Nach dem Zweiten Weltkrieg hatten sich die ehemaligen Alliierten mit dem Verschwinden des gemeinsamen Feindes auf der Weltbühne schon 1945 während des Potsdamer Abkommens zerstritten. Der Kalte Krieg war ausgebrochen. Chruschtschows Rede vor der sowjetischen Bauzunft war deshalb ein bedeutendes Manifest, weil damit nicht nur die großen Ziele in der Architekturplanung für eine Nachkriegssowjetunion formuliert wurden, sondern darüber hinaus für weite Teile der Ostblockstaaten. Das rationelle Planen und serielle Bauen, das unter Chruschtschow seinen Anfang im großen Maßstab nahm, sollte zu einem der umfangreichsten Architekturprogramme des 20. Jahrhunderts werden. Kein anderer Staatsmann hat mit seiner Politik einen solch großen Einfluss auf die Bauwirtschaft seines Landes ausgeübt.

NEUE ARCHITEKTURPOLITISCHE KOORDINATEN__Während von der Elbe bis zur Wolga mit den sozialistischen Städtebauprogrammen daran gearbeitet

wurde, den Vernichtungsfeldzug des Zweiten Weltkriegs vergessen zu machen, ging Chruschtschow 1954 zumindest theoretisch mit einer zu detailverliebten Schönheit ins Gericht. „Wir sind nicht gegen Schönheit, wir sind nur gegen sinnlose Dinge"[3], kritisierte er in seiner Rede den Moskauer Chefarchitekten Alexander Wlasow. Für Gebäude mit Spitzen und Türmen und andere „solche Überflüssigkeiten"[4] habe der Staat nun einmal kein Geld. „Viele Architekten", ließ er in der ein Jahr später verabschiedeten Verordnung *Über die Beseitigung der Übermäßigkeit im Planen und Bauen* des Zentralkomitees der KPdSU und des Ministerrats der Sowjetunion wissen, „beschäftigen sich nur mit der Außengestaltung der Fassaden und arbeiten nicht an der Verbesserung der inneren Planung und Einrichtung"[5] der Gebäude. Nachdem Chruschtschow ein Jahr zuvor klar die Konturen eines kostensparenden und ökonomischen Bauens umrissen hatte, war diese Verordnung nun ein Spiegel für die Ignoranz der unter- und nachgeordneten Behörden gegenüber den Beschlüssen der Parteidirektive.

Wenn auch mit Zeitverzug, so verewigte sich der sowjetische Funktionalismus doch beispielhaft und anspruchsvoll in einer Reihe von Sonderbauten und öffentlichen Gebäuden. Der Massenwohnungsbau blieb in seiner ästhetischen Form gegenüber den repräsentativen Projekten zurück. Dennoch leistete er einen wichtigen Beitrag zur politischen Propaganda. Dem pragmatischen Zweck verpflichtet, möglichst viel Wohnraum in möglichst kurzer Zeit und preiswert zu produzieren, verkörperte der funktionale Baustil als künstlerische Ausdrucksform die neue Lebensweise des zu schaffenden „Sowjetmenschen".

1_Parteitagsgebäude der KPdSU, Architekten: M. Posochin, A. Mndojanz, J. Stamo, P. Schteller, N. Schtschepetilnikow (1962)
2_Gebäudekomplex Novy Arbat, Architekten: M. Posochin, A. Mndojanz, G. Makarewitsch, B. Tchor, S. Airapetow, J. Popow, I. Pokrowski, A. Saizew (1968)

DIE 1960ER JAHRE__ Der stilistische Wechsel wurde erst einige Jahre nach Chruschtschows Machtübernahme manifest. In den Jahren 1960 bis 1962 errichtete das Architektenkollektiv der sogenannten „Moskauer Sieben" im Moskauer

1

Kreml den Kongresspalast (Abb. 1). Der voluminöse, in klarer Pfeilerarchitektur konzipierte Bau wurde in dem Jahr eröffnet, als die Kubakrise die Welt an den Rand eines atomaren Kriegs brachte, weil Moskau mit der Stationierung von Mittelstreckenraketen vor der amerikanischen Haustür die Grenzen der machtpolitischen Möglichkeiten ausreizte. Zugleich markierte die diplomatische Meisterschaft beider Seiten bei der Lösung der Krise den Beginn einer internationalen Entspannung. Es begann aber auch eine rege Unterstützung nationaler Befreiungsbewegungen in der „Dritten Welt" als neues Terrain für machtpolitische Abenteuer. Es war das Jahrzehnt, in dem die lichte, luftige Moderne als Ausdruck des de-

mokratischen Aufbruchs zum Importartikel der ehemaligen Kolonialstaaten des Westens sowie des sogenannten „antiimperialistischen sowjetischen Ostblocks" gleichermaßen avancierte und munter vermarktet wurde. In Moskau entstanden als städtebauliche Meilensteine Großprojekte wie der Kalinin-Prospekt (Abb. 2) oder die Uliza Kirowogradskaja, die an die für eine Ville Radieuse dokumentierten Vorstellungen Le Corbusiers erinnert. Das Theater Satire (W. Stepanow, 1963–1965) avancierte mit seiner Flachkuppel zum Vorbild einer Bühnenarchitektur, die in alle Unionsrepubliken und – beispielhaft sei die Kongresshalle am Ost-Berliner Alexanderplatz (Hermann Henselmann u. a., 1961–1964) genannt – auch in die osteuropäischen Bruderstaaten exportiert wurde. Obwohl die neue sowjetische Architektur erst mit einer etwa zehnjährigen Verzögerung den Anschluss an internationale Trends fand, wurde der Bruch mit der Tradition rigoroser vollzogen als in den vom Wirtschaftswachstum beflügelten westeuropäischen Staaten.

KOSMISCHE ARCHITEKTUR__ In der zweiten Hälfte der 1960er Jahre, nach dem Flug des ersten bemannten Raumschiffs Wostok 1 mit Juri Gagarin als Kosmonauten (1961), spitzte sich das Ringen der Gesellschaftssysteme um den Vorsprung in der Weltraumfahrt zu. Im Jahr 1966 gelang den Sowjets die erste Mondlandung, 1970 die erste Venuslandung, wenn auch beides unbemannt. Zwischen diesen Meilensteinen der Weltraumfahrt entstand 1967 in Moskau der Fernsehturm Ostankino in Gestalt einer Rakete. Zwei Jahre später wurde in Ost-Berlin der Fernsehturm errichtet. Auch er verkörpert das futuristische *Space*

Design der 1960er Jahre. Die Faszination der Architekten für die imageträchtige Kosmonautik riss bis zum Ende der Sowjetunion nicht ab. In Taschkent entstand noch in den 1980er Jahren ein Fernsehturm, der in seiner technisierten Form von einer Weltraumrakete kaum noch zu

2

unterscheiden ist. Gagarins Weltraumflug war der Beginn einer semiotischen Architektur, die zum Beispiel Kaluga ein Museum der Kosmonautik bescherte und Kasan einen Zirkusbau (beide 1967), der wie eine fliegende Untertasse aussieht und bei dem die Kuppel nicht mehr wie noch beim Moskauer Theater Satire ein Bestandteil der Gesamtarchitektur ist, sondern sich als eigenständiger Baukörper emanzipiert.

SOZIALISTISCHES BAUEN NACH ORIENTALISCHEM MUSTER__Während außenpolitische Krisen wie etwa in Kuba, Vietnam oder der Tschechoslowakei den Graben zwischen den Supermächten nur noch vergrößerten und der technische Wettlauf im

Weltraum nicht gerade zu einer ideologischen Annäherung beitrug, wurde die Sowjetunion auch durch innenpolitische Ereignisse erschüttert. Im April 1966 zerstörte ein Erdbeben das Zentrum von Taschkent, damals die viertgrößte Stadt der UdSSR. Innerhalb weniger Minuten fielen die überwiegend aus Lehm errichteten Wohngebäude in sich zusammen und hinterließen mehrere Hunderttausend Obdachlose. Was menschlich einer Tragödie sondergleichen gleichkam, bescherte der politischen Führung eine Propagandabühne für einen mustergültigen Wiederaufbau. Binnen Monatsfrist wurden in allen Sowjetrepubliken Planungs- und Bauteams zusammengestellt und nach Taschkent abgeordnet. In den Folgejahren avancierte die Stadt im Süden der Sowjetunion zu einem Versuchslabor industriellen Bauens. Sowjetische Serientypen und regionale Volkskunst wurden zu einer einzigartigen Melange vermengt. Bis heute gilt Taschkent als gelungenes Beispiel für den Versuch Moskaus, den Architekturkollektiven und Baukombinaten in den fernen Sowjetrepubliken eine gewisse gestalterische Freiheit zu lassen.

Zugleich wurde ein Exempel statuiert. Quasi nebenbei wurde eine nicht von der Hand zu weisende Analogie zwischen dem gestalterischen Rahmen der Plattenbauweise und den Ordnungsprinzipien der islamischen Kunst sowie die von Chruschtschow geforderte Austauschbarkeit des Standorts und die Anwendbarkeit ein und desselben Prinzips auf jeden nur erdenklichen Bautyp bestätigt. Oder provokativer: Die sowjetische Ideologie der Serie und das islamische Regelwerk der sich wiederholenden Grundformen basieren zwar auf unterschiedlichen kulturellen Wahrnehmun-

3_Giebelfassaden von Wohngebäuden in Taschkent. Architekt: Nikolai Scharski (ca. 1980) **4**_Lenin-Museum in Taschkent. Architekten: E. Rosanow, V. Schestopalow (1970) **5**_Karl-Marx-Bibliothek in Aschgabad. Architekt: A. Achmedow u. a. (1974) **6**_Haus der Politischen Bildung in Aschgabad. Architekten: V. Kliwenski, D. Wisozkaja (1975)

gen, sind sich aber in der architektonischen Anwendung durchaus ähnlich (Abb. 3).

Wenn Chruschtschow noch 1954 die „zu aufwendig gestaltete Fassade als Verschwendung von Ressourcen, als unnötig und überflüssig", ja „als architektonische Perversion"[6] bezeichnet hatte,

hierfür sind die Bauten des Autozentrums und des Lenin-Museums in Taschkent (Abb. 4), beide Komponenten eines staatstragenden städtebaulichen Arrangements, oder ebenso die Bibliothek in Aschgabad als Teil eines großflächigen, staatlich-öffentlichen Stadtmittelpunkts (Abb. 5). Die Stadt-

3

4

so relativierte sich dies nun mit dem Aufgreifen des universellen Gestaltungsprinzips der islamischen Ornamentik mit ihren repetitiven Mustern, die die Gebäude wie eine Haut überziehen. Eine besondere Bedeutung unter den industriell vorgefertigten Modulen kommt dabei den gitterartigen Sonnenschutzelementen zu, den sogenannten „Pandscharas" (ein Lehnwort aus dem Tadschikischen). In der Architektur des sowjetischen Orients wurden sie bis in die 1980er Jahre als zweite, vorgehängte Fassade verwendet.

DIE 1970ER JAHRE__Der Einfluss orientalischer Bauelemente auf die sowjetische Architektur setzte sich im Kaukasus und in Zentralasien zu Beginn der 1970er Jahre flächendeckend durch. Beispiele

landschaft als Gestaltungsprinzip hatte Hochkonjunktur. Weitläufige Plätze mit landschaftsarchitektonischen Akzenten avancierten zum Baustein eines Gesamtkunstwerks, für das die städtebaulichen Konturen von Brasília als Vorbild galten. In der städtebautheoretischen Haltung und zuweilen auch im gebauten Detail lassen sich Parallelen besonders in den sowjetischen Turkrepubliken sowie in der DDR finden.

Die fortgesetzte Orientierung an westlichen Architekturvorbildern ab Anfang der 1960er Jahre verlief parallel zu der von Breschnew vollzogenen wirtschaftlichen Kooperation mit dem Westen. Chruschtschow hatte noch damit begonnen, den in der Nachkriegszeit unter Stalin verfehlten wirtschaftlich-technischen Anschluss an den Westen mit einer radikalen Modernisierung von Industrie und Landwirtschaft auszugleichen. Dazu gehörten die agroindustrielle Landnahme der Kasachischen SSR mit Zelinograd (heute: Astana) als Zentrum und die verkehrstechnische Erschließung des fernöstlichen Sibiriens (Baikal-Amur-

ten sich mit der Russifizierungspolitik Breschnews, die 1977 auch in der Verfassung verankert wurde. Deren erklärte Ziele waren die Schaffung eines „einheitlichen Sowjetmenschen" und die wirtschaftliche Kooperation mit dem Westen – bei einer gleichzeitigen kulturellen Abschottung

5

6

Magistrale). Die Urbarmachung der zentralasiatischen Steppen war so etwas wie die sowjetische Variante der 100 Jahre zuvor erfolgten zivilisatorischen Durchdringung des amerikanischen Westens. Zu diesem gigantischen Unterfangen gehörten auch die ehrgeizigen Neugestaltungen der mittelasiatischen Städte. Zwischen 1971 und 1980 entstanden in den Hauptstädten der damaligen Sowjetrepubliken Turkmenistan (Aschgabad), Kasachstan (Alma-Ata, heute: Almaty), Kirgistan (Frunse, heute: Bischkek) und Usbekistan (Taschkent) neue stadtlandschaftliche Regierungsviertel mit kulturellen Bauten, die dem sowjetischen Staatsgedanken folgend jene Einheit von Kultur, Bildung und Politik in besonderer Weise artikulieren. Die Gestaltungsmuster deck-

nach außen und einer alltagskulturellen Anpassung nach innen.

Die orientalischen Bauformen in der zentralasiatischen Architektur waren unter Breschnew einer auferlegten Eigenart und Verschiedenartigkeit geschuldet. Diese konnte sich etwa in volkstümlich-modernen Architekturen wie im Musik- und Dramentheater in Kysyn, nahe der mongolischen Grenze, artikulieren oder auch abstrahierend reliefartig im Haus der Politischen Bildung in der turkmenischen Hauptstadt Aschgabad (Abb. 6). In abstrakter Form hielten lokale Elemente aus den fernen Sowjetrepubliken auch Einzug in die DDR-Architektur. Zwar mag die Keramikkunst an Serientypen für Kindertagesstätten in Form von Schmetterlingen oder Fischen eine unbewusste

7_Zirkus am Wernadski-Prospekt in Moskau, Architekten: J. Belopolski, J. Wulych, S. Feoktistow (1970) **8**_Russische Akademie der Wissenschaften in Moskau, Architekten: J. Platonow, L. Barsch, A. Batyrewa, S. Sacharow, A. Swesdin (1990) **9**_Hotel „Kosmos" in Moskau, Architekten: O. Cagoub, P. Juglot, S. Epstein, P Schuglé (F), W. Andrejew, T. Saijkin, B. Steijskal (1979)

Interpretation der islamischen Gestaltungsprinzipien sein, doch steht sie letztlich stellvertretend für einen architektonischen Dekorationskult, wie er im gesamten Einflussbereich der ehemaligen Sowjetunion zu finden ist: serielle Norm in der

stilbildend für die Unterhaltungs- und Vergnügungsarchitektur wurde und neben Sportpalästen, großen Bibliotheken und sonstigen Kulturgebäuden den sichtlichen Willen der Sowjetführung zeigte, „das Kulturniveau der Werktätigen zu stei-

7

Technik, ein Hauch von Individualität in der Ausschmückung.

Die frühen 1970er Jahre waren aber auch die Zeit, in der sich die Moderne im Sowjetimperium ihre repräsentativen städtebaulichen Monumente und Plätze schuf. Deren Planungs- und Bauzeit nahm nicht selten 10 oder 15 Jahre in Anspruch. Es war die Ära einer opulenten Kongressarchitektur, die sich im sozialistischen Einflussbereich vor allem auch in stadtbildprägenden Kulturbauten oder solchen der Wissenschaft artikulierte. In Moskau entstand mit dem Zirkus am Wernadski-Prospekt ein Rundbau, der in seiner Schalenbauweise in modifizierter Form bis hin zu den ethnisierten Varianten in Zentralasien

gern" und „der Erziehung zu einer sowjetpatriotischen Gesinnung"[7] zu dienen (Abb. 7). Zwischen 1973 und 1988 wurde in Moskau das Präsidium der Russischen Akademie der Wissenschaften gebaut; die Technik auf dem Dach ist mit einem stilisierten Gehirn geschmückt und eröffnet einen grandiosen Blick auf die Hauptstadt (Abb. 8). In Semipalatinsk, der von 1949 bis 1991 im Epizentrum sowjetischer Kernwaffenversuche gelegenen Gebietshauptstadt von Nordostkasachstan, entstand ein Dramentheater, das wie ein Renaissancepalast die stadträumlichen Koordinaten der Stadt bestimmt. 1975 wurde der Sportpalast in Kubischew (heute: Samara) fertiggestellt – im selben Jahr, in dem der Vietnamkrieg mit der Wiedervereinigung des asiatischen Landes unter kommunistischem Regime endete. Die 1960er und 1970er Jahre waren die Zeitspanne, in der die Konturen der ideologischen Weltherrschaft durch Stellvertreterkriege möglichst weit auf der nachkolonialen Weltkarte abgesteckt wurden. Das Sowjetimperium gab sich ein neues, internationales Gesicht und erschien nach außen als weltoffen und modern.

Doch gleichzeitig wurden die inneren ökonomischen Zerfallserscheinungen im sozialistischen Lager auch von außen erkennbar. Beispielsweise rebellierte ab 1980 mit Polen abermals ein sowjetischer Vasall aus Protest gegen die desolate Wirtschaftslage. Die Gefahr einer Intervention wurde mehr durch das taktische Kalkül der Sowjetführung denn durch den Gang der Dinge in Polen selbst abgewandt. Denn 1980 fanden auch die Olympischen Sommerspiele in Moskau statt. Mochte die Wirtschaftslage auch noch so prekär sein und waren die Verschleißerscheinungen des hochgerüsteten Systems noch so groß, hier galt es umso mehr, siegesgewissen Zweckoptimismus zu verbreiten.

8

9

DIE 1980ER JAHRE__Dementsprechend wurden in Moskau die architektonischen Akzente gesetzt. Hier entstand mit dem Hotel „Kosmos" (Abb. 9) ein Gebäude wie eine Projektionsfläche für den sozialistischen Fortschrittsgeist: Es stellt zusammen mit dem Denkmal für die Bezwinger des Weltraums am Prospekt Mira eine gewaltige Kunstinstallation inmitten der Stadt dar. Im Westen Moskaus wurde mit der Sportstadt Krylatskoje so etwas wie ein städtebauliches Epizentrum des Leistungssports errichtet. Die organische Architektur mit leichten, schwungvollen Noten verkörperte die Dynamik des olympischen Weltereignisses, das jedoch von einem von den USA angeführten Boykott überschattet wurde. Die Hauptstadt des Sowjetimperiums erlebte einen durchgreifenden Bauboom, mit dem die Überlegenheit der eigenen politischen Ordnung nochmals anschaulich und aller Welt sichtbar demonstriert werden sollte. Die Lust an organischen Formen färbte auf die repräsentativen Bauten an-

10_Kinotheater Rossija in Eriwan, Architekten: G. Pogosjan, A. Tarchanjan, S. Chatschikjan (1975) **11**_Ministerium für Straßenbau in Tbilisi, Architekten: G. Tschachawa, S. Dschalagania, T. Tchilawa, A. Kimber (1974) **12**_Ausstellungshalle Minsk Expo in Minsk, Architekten: L. Moskalewitsch, G. Laskawaja, G. Fedosenko, W. Kopilo (1988)

derer Sowjetrepubliken, beispielsweise auf das Kinotheater Rossija im armenischen Eriwan (1975, Abb. 10) ab. Ebenfalls auffällige, wenn auch andersartige Marken wurden mit dem Ministerium für Straßenbau in der georgischen Hauptstadt Tbilisi (1974) sowie dem Ausstellungsbau der Minsk

KPdSU eingesetzt worden. Erst mit Michail Gorbatschow erfolgte 1985 eine Verjüngung der Führungsspitze und mit dieser zugleich eine Eigendynamik der Entwicklung im Zuge des angestrebten Umbaus der Wirtschaft (Perestroika). Sie führte zwangsläufig zur schonungslosen

10

11

Expo von 1988 in die Stadtlandschaft gesetzt (Abb. 11 und 12).

In jenem Jahr starb in Moskau Konstantin Tschernenko, der erst 1984 dem damaligen Staats- und Parteichef Juri Andropow gefolgt war, welcher wiederum 1982 Breschnew beerbt und für eine kurze Zwischenzeit die Regierungsverantwortung übernommen hatte. Beide Breschnew-Nachfolger stammten noch aus der Ära Stalin und mit ihrer Ernennung war bereits eine Art Rotationsprinzip für das traditionell fast schon päpstlich anmutende oberste Führungsamt der

Offenlegung von Miss- und Vetternwirtschaft (Glasnost) und damit letztlich zur Selbstauflösung der Staats- und Parteidiktatur.

Der Beschluss zur Auflösung der Sowjetunion wurde am 17. Dezember 1991 zwischen dem sowjetischen Staats- und Parteichef Michail Gorbatschow und dem Vorsitzenden der Russischen SSR, Boris Jelzin, gefasst. Vier Tage später traten auf einer Tagung des Allunionsrats in Alma-Ata (heute Almaty) acht ehemalige Sowjetrepubliken der von Russland, Weißrussland und der Ukraine gegründeten Gemeinschaft Unabhängiger Staaten (GUS) bei. Manche Republiken hatte dieser historische Erdrutsch völlig überraschend getroffen. Für die kommunistischen Parteichefs etwa in Usbekistan (Islam Karimow), Kasachstan (Nursultan Naserbajew) oder Weißrussland (Sta-

12

nislau Schuschkewitsch) war es jedoch *die* Chance, im Machtvakuum die politische Führung zu wahren und ihr Volk aus dem kommunistischen Ein-Parteien-System in eine für das in Sachen Demokratie unerfahrene Volk nur scheinbare Freiheit zu führen – und zum Teil bis heute im Amt zu verbleiben.

ANMERKUNGEN
1 Chruschtschow zitiert nach: Meyer, Martin: „Augenblick der Weltgeschichte. Vor fünfzig Jahren – Chruschtschow entlarvte Stalin". In: *Neue Zürcher Zeitung* vom 26.02.2006
2 Erstmals wurde der Text der Rede in der in Moskau erscheinenden Architekturzeitschrift *Projekt Rossija*, 25/2002, in englischer Sprache abgedruckt.
3 Chruschtschows Rede vom 07.12.1954 (siehe Anm. 2)
4 Ebd.
5 Chruschtschow, Nikita Sergejewitsch: „Über die Beseitigung der Übermäßigkeit im Planen und Bauen" (1955). Verordnung des Zentralkomitees der KPdSU und des Ministerrates der UdSSR. Englische Übersetzung in: *Projekt Rossija*. 25/2002; deutsche Arbeitsübersetzung des Verfassers
6 Ebd.
7 Lenin, Wladimir Iljitsch: *Werke* (40 Bände). Berlin 1975

ANEIGNUNGSPROZESSE

BAUTYPOLOGISCHE REIHENUNTERSUCHUNGEN ALS WERKZEUG DER DENKMALERFASSUNG. MENSEN IN DER DDR (1960–1989)__BENJAMIN RUDOLPH

Die Feststellung der Denkmaleigenschaft von baulich-räumlichen Strukturen ist nach dem Gesetz Sache der Landesdenkmalämter und obliegt den hier angesiedelten Referaten Inventarisation/ Erfassung. Für den Wandel vom potenziellen zum juristischen, das heißt eingetragenen Kulturdenkmal ist zumeist eine eingehendere Untersuchung (Gutachten) des Schutzgegenstandes erforderlich, sofern dessen denkmalkonstituierende Eigenschaften in Form von unstrittigen Denkmalwerten nicht klar auf der Hand liegen. Dabei bedient sich die Inventarisation der bautypologischen Reihenuntersuchung, die das Objekt innerhalb einer bestimmten Gruppe von Bauten oder einer bestimmten Zeitphase verortet und somit in der Zusammenschau mit Vergleichbarem seinen Stellenwert erkennen lässt. Sinnvoll ist die Reihenuntersuchung vor allem bei Gebäuden, die einer klar definierten Bauaufgabe angehören und sich einem eng umrissenen Zeitraum zuordnen lassen. Nicht immer ist jedoch ein konkretes Objekt, über das man mehr erfahren möchte, Anlass für eine derartige Untersuchung. Mitunter geht es auch darum, eine bestimmte Gruppe von Bauten, die vielleicht aktuell in ihrem Bestand gefährdet ist, als potenzielle Denkmale in den Blick zu nehmen. Intensiv beschäftigte man sich in den vergangenen Jahren vor allem am Thüringischen Landesamt für Denkmalpflege mit dieser Thematik. Es entstanden größere Studien zur DDR-Architektur in Thüringen (2001)[1] sowie speziell zu SED-Bezirksparteischulen (2007)[2], zu Ausweichführungsstellen (Bunkern) des Ministeriums für Staatssicherheit (2009)[3] und zu gastronomischen Einrichtungen – Mensen – an Hoch- und Fachschulen (2010)[4], zuletzt zum Verwaltungsbau der 1960er Jahre (2011)[5] – angestoßen durch ein Projekt der „Arbeitsgruppe Inventarisation der Vereinigung der Landesdenkmalpfleger". Die bei diesen Projekten ermittelten Daten ermöglichen einerseits Aussagen zu Einzelobjekten in Form eines Kataloges, andererseits – und das ist entscheidender – geben sie Auskunft über baulichen Wandel, Akteure und geschichtliche Hintergründe im Sinne einer Baugeschichte.

Nachgehend sollen die Ergebnisse der Untersuchung zum Hochschulmensabau der DDR – die unmittelbar die beabsichtigte Unterschutzstellung der Mensa der Hochschule für Architektur und Bauwesen Weimar (1979–1982) flankierten – vorgestellt werden.[6]

Zunehmende Studentenzahlen sowie die Erkenntnis „der großen Bedeutung, die der gastronomischen Versorgung der Studenten und beschäftigten an den Universitäten und Hochschulen der DDR für die Verbesserung der Arbeits- und Lebensbedingungen und für eine Erhöhung der Wirksamkeit der Lehr- und Lernprozesse zukommt"[7],

1

führten ab Mitte der 1960er Jahre zum verstärkten Bau von Mensen. Durch „die gastronomische Versorgung zu den Hauptmahlzeiten und in den Vorlesungs- und Arbeitspausen […] sollen die verbrauchte Energie in kürzeren Abständen ersetzt, Ermüdungserscheinungen vermieden und eine kontinuierliche Leistungsfähigkeit gesichert werden", heißt es in einer Publikation des Zentralinstituts für Hochschulbildung, das sich den Grundlagen der Investitionsvorbereitung und Projektierung von gastronomischen Einrichtungen an Hoch- und Fachschulen widmete.[8]

Nach derzeitigem Kenntnisstand wurden zwischen 1960 und 1989 in der DDR etwa 30 Mensen für Hochschulen realisiert. Im Mittelpunkt der folgenden Betrachtung stehen sowohl die Einzelbauten als auch der bauliche Wandel der Mensaplanung innerhalb der erwähnten Zeit-

2

spanne. Der zahlenmäßig geringe Bestand an Mensen der 1950er Jahre soll nicht eingehender behandelt werden, da sich diese Gebäude in konzeptioneller und formaler Hinsicht deutlich von den späteren Bauten unterscheiden.

Am Übergang zwischen den frühen Mensen und denen der 1960er bis 1980er Jahre steht die 1960 bis 1964 errichtete Mensa (I) der Hochschule für Schwermaschinenbau Magdeburg (Projektant:

VEB Industrieprojektierung Magdeburg).[9] Speisesaal und Küchentrakt sind hier nicht in einem Bau integriert, wie dies für die späteren Beispiele gilt, sondern als eigenständige Baukörper additiv und über T-förmigem Grundriss zusammengesetzt. Während der Speisesaal aus Elementen des Industriebaus besteht und mit seiner großen Glasfassade, den weit ausladenden Pultdächern der Kopfbauten und dem gestaffelten Tonnendach über dem Mitteltrakt durchaus modern wirkt (Abb. 1), scheint sich der angefügte Küchentrakt mit weiteren Speiseräumen für Lehrkräfte und Verwaltung eher an einer traditionellen Formensprache zu orientieren; er zeigt Putzflächen und großzügig gegliederte Fensteröffnungen. Ursprünglich war vorgesehen, den durch die zwei unterschiedlichen Bauteile in Grund- und Aufriss wenig regelhaften Komplex mit einem weiteren Speisesaal analog dem im ersten Bauabschnitt ausgeführten zu einer symmetrischen, H-förmigen Anlage zu ergänzen. Dieser Plan wurde jedoch spätestens in den 1970er Jahren verworfen, als man anstelle der geplanten Erweiterung einen die gegebenen Maßstäbe sprengenden Mensaneubau von auffallend nüchterner Gestaltung setzte (Magdeburg II).

In den 1960er Jahren wurden am Entwurfsinstitut des Lehrstuhls Gesellschaftsbau der TU Dresden unter Prof. Rolf Göpfert drei wichtige Mensaprojektierungen durch Ulf Zimmermann, seit 1962 Mitarbeiter des Institutes, später Entwurfsgruppenleiter bei TU-Projekt, erarbeitet.[10] Dazu gehörte zunächst eine kleine, auf 400 bis 600 Essensportionen ausgelegte Mensa für die Ingenieurschule in Wildau, die 1965 geplant und bis 1968 realisiert wurde.[11] Bestimmend für Wildau ist ein eingeschossiger, klarer kubischer Baukörper, der an den Schmalseiten weitgehend geschlossene, aus Backstein gemauerte Wandscheiben, an den Längsseiten eine raumhohe Glasfassade bzw. ein durchlaufendes Fensterband zeigt. Eine aus gefaltetem Aluminiumblech bestehende Attikablende bindet geschlossene und offene Seiten zusammen. Auch die Grundrissstruktur zeigt eine klare Konzep-

tion: Der Bau ist etwa mittig in zwei gleich große Bereiche geteilt, die von Küche und Speisesaal (Abb. 2) eingenommen werden, seitlich ergänzt

3

4

durch eine Eingangszone, Büro und Speisesaal für Lehrkräfte.

Nach dem Bau der Mensa in Wildau wurde Ulf Zimmermann mit dem Entwurf einer Großmensa für die Universität Rostock mit einer Leistung von 4000 bis 5000 Essensportionen beauftragt. Der von ihm vorgelegte Entwurf wurde von dem VEB Industriebaukombinat Rostock weitergeführt und schließlich 1968–1970 umgesetzt (Abb. 3).[12] Es handelt sich um einen zweigeschossigen Flachbau über rechteckiger Grundfläche, der auf der

Rückseite durch einen in das Gebäudevolumen des Hauptbaukörpers eingeschobenen dreigeschossigen Küchentrakt ergänzt wird. Während

Stahlbetonskelettbauweise errichtete Bau kam nach dem Prototyp Rostock auch für die Hochschulen in Cottbus (Fertigstellung 1973), Freiberg

5

die Erdgeschosszone weitgehend transparent gestaltet ist, wird das Obergeschoss durch ein umlaufendes Fensterband im Wechsel mit geschlossenen Wandfeldern und das Raster vertikaler Stahlprofile gegliedert. Im Erdgeschoss sind eine großzügige Eingangshalle, eine Bierstube und ein Erfrischungsraum[13] u-förmig um einen Kern mit Räumen für Technik und Lager angeordnet. Dem gleichen Schema folgen die um den Küchentrakt gruppierten drei Speisesäle mit Klub- und Gästeraum im Obergeschoss. Der in

(1973–1975) und Greifswald (1974–1976) zur Anwendung, wobei am Außenbau gewisse örtliche Anpassungen (etwa hinsichtlich der Bekleidung von Brüstungs- und Attikaelementen) vorgenommen wurden.

Die Grundkonzeption Ulf Zimmermanns für die Mensa in Rostock liegt auch einem zweiten Typ von Großmensen zugrunde, der erstmals für die Hochschule für Elektrotechnik in Ilmenau (1968–1972) eingesetzt wurde (Abb. 4).[14] In diesem Fall wurde der Entwurf jedoch nicht an einen örtlichen Projektierungsbetrieb abgegeben und diesem die Ausführung überlassen, sondern – wie auch bei den folgenden Bauten – von Schattenwirkung, die Farbgebung und Materialästhetik sowie das durch die Stahlkonstruktion vorgegebene Raster bzw. die Rahmungen der Ober-

6

Ulf Zimmermann und Mitarbeitern selbst projektiert.

Was unterscheidet nun die Ilmenauer von der Rostocker Mensa? In erster Linie die Ausführung als Stahlskelettbau, dann eine architektonisch straffere Form – das Obergeschoss kragt leicht über das Erdgeschoss aus, die Lüfterzentrale ist als kubischer Aufsatz weit vom Dachrand zurückgesetzt – und schließlich elegantere Details. Erwähnt seien die plastisch gestalteten Zu- und Abluftöffnungen der Lüfterzentrale mit interessanter geschosszone.[15] Die Grundrisse sind dagegen ähnlich organisiert; das Erdgeschoss nimmt in Ilmenau die großzügige Eingangshalle sowie Bierstube und Erfrischungsraum auf, die jeweils nach außen orientiert sind und Lager sowie technische und küchentechnische Räume umschließen. Die Speisesäle liegen im Obergeschoss und sind von der Essensausgabe bzw. der Küche durch eine schmale Flurzone getrennt, die als Geräusch- und Geruchsschleuse dient (im Unterschied zum Typ Rostock, bei dem keine Trennung zwischen die-

7_Zwickau, Mensa-Hörsaal-Kombination der Pädagogischen Hochschule, Eingangshalle, um 1989 8_Mittweida, Mensa-Bibliothek-Kombination der Ingenieurhochschule, Bierstube mit Keramiken von Marika Sängerlaub, 1980er Jahre 9 _Mittweida, Mensa-Bibliothek-Kombination der Ingenieurhochschule, Ansicht von Osten, 1980er Jahre

sen beiden Räumen existiert). Der Zugang vom Foyer zu den Speisesälen ist kreuzungsfrei organisiert; ankommende und abgehende Gäste nutzen sechs unterschiedliche Treppen, von denen die vier Haupttreppen zu einer langen Treppenachse zusammengefasst sind. Durch eine kleinteilige Struktur der Speisesäle sollte der Eindruck der Massenabspeisung gemildert werden.[16]

Anfangs nicht für die Wiederverwendung vorgesehen, wurde die Ilmenauer Mensa in den 1970er Jahren fünf weitere Male nach einer bei TU-Projekt erarbeiteten örtlichen Anpassung realisiert, nämlich für die Hochschulen in Merseburg (1970–1974), Berlin (Mensa Nord der Humboldt-Universität, 1971–1975), Halle/Saale (1971–1975), Leipzig (Deutsche Hochschule für Körperkultur, 1974–1977) und Dresden (Neue Mensa der TU, 1977–1981).[17] Dabei wurde sowohl das Äußere hinsichtlich Farbgebung, Materialität, Fensterteilung etc. als auch das Innere in den für das Raumempfinden charakteristischen Teilen der Ausstattung variiert, sodass letztlich an den verschiedenen Standorten individualisierte Lösungen entstanden.

Parallel zu den beiden an der TU Dresden entwickelten Mensatypen, die etwa ein Drittel aller zu DDR-Zeiten errichteten Mensaneubauten ausmachen, wurde in den 1960er und 1970er Jahren eine Reihe von Mensen durch Planungsabteilungen der Städte und Bezirke projektiert. Dabei handelt es sich um individuell entworfene Bauten unter weitgehender Verwendung serieller Elemente und in Stahlbetonskelettbauweise. Als gestalterisch anspruchsvolle Beispiele hervorzuheben sind etwa die Mensa der TH Karl-Marx-Stadt / Chemnitz[18] (1968–1971) mit ihrer dreiseitig umlaufenden Glas-

7

8

fassade im Obergeschoss oder die Mensa der Ingenieurhochschule in Wismar[19] (1972–1975), ein aus unterschiedlich großen und hohen Kuben zusammengesetzter Flachbau, dessen Speisesäle von auf Freipfeilern ruhenden Betonschalen (Entwurf: Ulrich Müther) überdeckt sind (Abb. 5). Interessante städtebauliche Lösungen abseits solitärer Einzelbauten stellen die in Hochschulneubaukomplexe eingefügten Mensen der Karl-Marx-Universität Leipzig[20] (1968–1974) und des Potsdamer Instituts für Lehrerbildung[21] (1970–1977) dar. Während die Mensa in Leipzig innerhalb der um einen Innenhof gruppierten Vierflügelanlage als selbstständiger Baukörper in Erscheinung trat (Abb. 6), ist sie in Potsdam vollkommen in das Raumgefüge integriert und auch am Außenbau des einheitlich gestalteten Komplexes nicht ablesbar. Beiden Mensen ist jedoch eine hervorgehobene Lage gemein: Die Leipziger Mensa wandte sich sowohl dem Hofraum als auch der angrenzenden Fußgängerzone zu, die Potsdamer Mensa hingegen gewährt Ausblicke auf den vorgelagerten Platzraum.

Der Berücksichtigung einer besonderen städtebaulichen Situation – der Lage innerhalb einer Stadterweiterung des 19. Jahrhunderts und am Zugang zu einem bedeutenden Gartendenkmal, dem Park an der Ilm – verdankt die Mensa der Hochschule für Architektur und Bauwesen in Weimar (1979–1982), von dem an der Hochschule angesiedelten Projektierungsbüro nach einer längeren Planungsphase realisiert, ihre besondere baukörperliche, materialästhetische und farbliche Gestaltung.[22] Darüber hinaus ist sie eines der wenigen Beispiele für die Einbeziehung einer Mensa in einen älteren Hochschulkomplex aus den 1950er Jahren und die Ausbildung einer geschlossenen dreiflügeligen Anlage um einen Innenhof („Campus").

Ab Ende der 1970er Jahre wurde eine neue Generation Mensabauten von Ulf Zimmermann und Kollektiv bei TU-Projekt konzipiert. Die Gebäude zeichnen sich dadurch aus, nicht mehr nur allein gastronomischen Zwecken zu dienen, sondern weitere Hochschuleinrichtungen zu integrieren und stehen damit in direkter Nachfolge der Hochschulneubaukomplexe von Leipzig und Potsdam. Für die Hochschulen in Mittweida und Zwickau entstanden Kombinationen von Mensa und Bibliothek[23] (1979–1983) bzw. von Mensa

9

und Hörsälen[24] (1987–1989). Die Vereinigung von verschiedenen Funktionen unter einem Dach hatte einerseits wirtschaftliche Gründe; Flächenbedarf und Baukosten wurden reduziert, da Teile des erforderlichen Raumprogramms (zum Beispiel WC-Anlage, Eingangshalle, Garderobe) und technische Anlagen (zum Beispiel Heizung) gemeinsam genutzt wurden und nur einmal angelegt werden mussten. Andererseits ergaben sich interessantere Kommunikationsmöglichkeiten als bei den monofunktionalen Mensen. An die Stelle der bislang üblichen Abschottung der einzelnen Raumeinheiten traten fließende Raumübergänge, begleitet von Zonierungen in Form von Stufen, Pflanztrögen und Fußbodenbelagswechseln. Die Eingangshalle zum Beispiel fungierte nicht mehr nur als Durchgangsraum und Verkehrsfläche, sondern war durch Einbeziehung von Erfrischungsraum und Bierstube auch „Erlebnisbereich" (Abb. 7).

Die genannten Mensen überzeugen vor allem durch ihre innenräumliche Qualität, die ganz auf den Nutzer und dessen Bedürfnisse zugeschnitten ist (Abb. 8). Das Äußere der Bauten hingegen löste sich zunehmend von der klaren, kubischen

10

Form, die für die Mensen der 1970er Jahre kennzeichnend war. Während der Komplex in Mittweida – ungeachtet einer stärkeren Differenzierung der Baumasse – noch deutlich den Prinzipien der Moderne verpflichtet ist (Abb. 9), gilt das in Zwickau nur noch für die Kubatur bzw. die Grundform. Ansonsten bestimmen dreieckige Erker, geschrägte Dachzonen und zum Teil kleinteilig gegliederte Fenster sowie eine expressive Farbigkeit und Materialität das Bild der Fassade (Abb. 10) und verweisen auf postmoderne Strömungen.

Das letzte Mensaprojekt der DDR – die Mensa der Hochschule für Ökonomie in Berlin-Karlshorst – konnte nach einem mangelnder Kapazität geschuldeten Baustopp nicht mehr fertiggestellt

werden.[25] Bemerkenswert an dem 1984/85 von Ulf Zimmermann und Kollektiv (TU-Projekt Dresden) entworfenen Bau ist die Integration verschiedenster Freizeiteinrichtungen – Diskothek, Bowlingbahn, Sauna, Konditionsraum – sowie ein an die Mensen in Mittweida und Zwickau anschließendes Raumkonzept, das weitgehend ohne Raumtrennungen auskommt und verschiedene, sich überlagernde Nutzungen erlaubt. Auch in formaler Hinsicht hätte die Mensa mit ihrem gestaffelten Bauvolumen, einem auskragenden Umgang im ersten Obergeschoss, breiten Attikablenden und Freitreppen eine völlig neue architektonische Qualität bedeutet.

Ein besonderes Merkmal der innerhalb des betrachteten Zeitraums in der DDR erbauten Mensen ist die Ausstattung mit Werken der bildenden Kunst. Von wenigen Ausnahmen abgesehen, wurden nahezu alle Mensen als (halb-)öffentliche Bauten mit baugebundener oder beweglicher Kunst versehen, vom klassischen Wandbild in Eingangshalle oder Speisesaal bis hin zu Lichtgestaltungen, Gobelins oder keramischen Arbeiten. Am weitesten gehen hier die von TU-Projekt geplanten Großmensen und Kombinationen (Mittweida, Zwickau), die überdurchschnittlich reich in mehreren Räumlichkeiten „bekunstet"[26] sind. Dabei wurde wiederholt auf dieselben Künstler zurückgegriffen: Rudolf Sitte etwa – Bruder des Malers Willi Sitte und einer der wichtigsten Bildhauer und Kunstkeramiker der DDR – schuf jeweils mehrere abstrakte Wandbilder, Lichtgestaltungen und betonplastische Arbeiten für die Mensen in Wildau, Ilmenau, Merseburg (Abb. 11), Berlin, Leipzig (Mensa der DHfK), Dresden, Mittweida und Zwickau. Bei den von Projektierungsbüros der Städte

11

und Bezirke realisierten Mensen wurden dagegen vorwiegend lokale Künstler eingebunden. Der künstlerischen Ausstattung kam die Rolle zu, eine anregende Atmosphäre zu schaffen, gleichzeitig trug sie zur Individualisierung und Wiedererkennbarkeit der jeweiligen Objekte bei, vor allem der als Typenprojekt realisierten Großmensen.

Außer der künstlerischen Ausstattung im Inneren wandte man sich auch den Freibereichen zu, die unter anderem in Ilmenau, Rostock, Weimar und Zwickau differenziert gestaltet und mit Terrassenmauern, Beleuchtung, Brunnen, Skulpturen oder ähnlichem versehen wurden. Auch die übrige Innengestaltung ist in der Regel von gehobener Qualität, sowohl was die Bekleidung von Wänden, Böden und Decken als auch Beleuchtung und Mobiliar betrifft. Neben hochwertigen Industrieprodukten, etwa aus den Hellerauer Werkstätten, fanden vielfach auch individuelle Anfertigungen Verwendung.

Ein Blick auf die Überlieferungssituation, die für jede der 27 Mensen ermittelt wurde, belegt eindrucksvoll, wie schnell eine geschlossene Gruppe von Bauten durch Sanierung, Um- und Rückbau innerhalb weniger Jahrzehnte nach Fertigstellung verlorengehen kann. Von den 27 betrachteten Mensen der 1960er bis 1980er Jahre sind bereits fünf Objekte abgerissen (Rostock, Leipzig – Mensa der KMU, Potsdam – Mensa der Akademie für Staats- und Rechtswissenschaft der DDR, Schmalkalden, Jena[27]), weitere zum Abriss vorgesehen (Berlin – Mensa Nord der HU) bzw. abrissgefährdet (Wildau, Potsdam – Mensa des Instituts für Lehrerbildung). Die Mehrzahl ist durch pragmatische Sanierungen und Umbaumaßnahmen teils bis zur Unkenntlichkeit überformt (Karl-Marx-Stadt/Chemnitz, Cottbus, Halle, Freiberg, Erfurt – Mensa der Pädagogischen Hochschule, Magdeburg – Neue Mensa (II), Leipzig – Mensa der DHfK, Mittweida, Zittau und Zwickau). Geringfügige Veränderungen, nach denen prägende Merkmale des originären Erscheinungsbildes weiterhin gegeben sind, betreffen die Mensen in Wildau (im Inneren), Magdeburg I, Ilmenau und Greifswald. Weitgehend im bauzeitlichen Zustand überliefert sind allein fünf Mensen, nämlich Berlin, Merseburg, Dresden, Weimar und Wismar. Neben der 2007 zum Denkmal erklärten Neuen Mensa in Dresden erweisen sich die Mensen in Weimar und Wismar sowie die Gesamtanlage des Instituts für Lehrerbildung in Potsdam aufgrund ihrer herausragenden Gestaltung und der authentischen Überlieferungssituation als potenzielle Kandidaten für die Eintragung in das Denkmalbuch.[28] Ansonsten sind ausschließlich ältere Mensen aus den 1950er Jahren wie in Berlin-Weißensee (Mensa der Hochschule für bildende und angewandte Kunst, 1955–1956), Erfurt (Mensa der PH, 1956–1957) und Dresden (Mensa der Hochschule für Verkehrswesen, 1957–1958) eingetragene Kulturdenkmale.

Was bedeuten diese Erkenntnisse nun für den Ausgangspunkt der Untersuchung, die Überprüfung der Denkmaleigenschaft der Mensa in Weimar?

Zum einen wurde deutlich, dass es sich um einen qualitätvollen, nach individuellem Plan entstandenen Bau handelt, der in Form, Materialität und Farbigkeit auf eine gegebene städtebauliche Situation Bezug nimmt. Zum anderen kennzeichnet die Mensa im Gegensatz zum Gros der anderen Bauten eine vergleichsweise hervorragende Überlieferungssituation. Folgerichtig wurde das Gebäude im April 2011 – etwa ein halbes Jahr nach Abschluss der Untersuchungen – in das Denkmalbuch der Stadt Weimar eingetragen.

Als weiteres Resultat der Auseinandersetzung mit dem Gesamtbestand wurde für zwei andere Bauten – die Mensen in Potsdam und in Wismar – aufgrund von singulären baulichen Besonderheiten und des guten Erhaltungszustands der Denkmalverdacht geäußert, und die zuständigen Landesdenkmalämter wurden diesbezüglich informiert. Auf Grundlage der ermittelten Daten können dort nun vertiefende Nachforschungen angestellt werden, die in eine Unterschutzstellung und im Idealfall in eine Bewahrung authentischer Sachzeugnisse münden.

ANMERKUNGEN

1   Escherich, Mark: *Inventarisationsgutachten. Architektur 1960–1989 in Thüringen* (unveröff. Typoskript). Erfurt 2001 (Archiv Thüringisches Landesamt für Denkmalpflege und Archäologie, Dienststelle Erfurt)

2   Curti, Rocco / Rudolph, Benjamin: „Die ehemalige SED-Bezirksparteischule in Erfurt". In: *Die Denkmalpflege – wissenschaftliche Zeitschrift der Vereinigung der Landesdenkmalpfleger in der BRD.* 1/2009, 67. Jg., S. 32–37; Curti, Rocco: „Ehemalige Bezirksparteischule der SED in Erfurt". In: *Aus der Arbeit des Thüringischen Landesamtes für Denkmalpflege und Archäologie (AdA)* (Band 31). Erfurt 2007, S. 28–39

3   Curti, Rocco / Rudolph, Benjamin: „Die ehemalige Ausweichführungsstelle der Bezirksverwaltung Suhl des Ministeriums für Staatssicherheit (MfS) bei Frauenwald". In: *AdA* (Band 33). Erfurt 2009, S. 242–254

4   Rudolph, Benjamin: „Zum Mensabau in der DDR zwischen 1960 und 1989 – Eine Bestandsaufnahme". In: *AdA* (Band 36). Erfurt 2010, S. 106–147

5   Escherich, Mark / Rudolph, Benjamin: „Verwaltungsbau der Sechziger Jahre in der DDR. Entwicklungslinien in den thüringischen Bezirken Erfurt, Gera und Suhl". In: *AdA*, (Band 39). Erfurt 2011, S. 47–54

6   Es handelt sich um eine gekürzte und überarbeitete Fassung meines Beitrages von 2010, siehe Rudolph 2010 (wie Anm. 4). Der dort publizierte Katalogteil, der Angaben zu Anschrift, Bauzeit, Planern, Lage, eine Baubeschreibung sowie Würdigung aller 27 recherchierten Mensen bietet, bildet das Kernstück dieser Arbeit. Aufgrund des geringen zur Verfügung stehenden Raumes sind nur die wichtigsten Anmerkungen übernommen worden. Für ausführliche Annotationen und Belege siehe Rudolph 2010 (wie Anm. 4).

7   Geiler, Siegfried: *Gastronomische Einrichtungen an Hoch- und Fachschulen. Grundlagen für die Investitionsvorbereitung und Projektierung* (Schriftenreihe Hoch- und Fachschulbau, hg. vom Zentralinstitut für Hochschulbildung, Abteilung Hoch- und Fachschulbau, Heft 17.1). Dresden 1986, S. 7. Diese Veröffentlichung erschien erstmals 1978 (1. Ausgabe).

8   Ebd., S. 13

9   Angaben zum Objekt nach Unterlagen im Archiv des Dezernats Bau und Technik der Otto-von-Guericke-Universität Magdeburg, hier vor allem dem Erläuterungsbericht zum Bauantrag vom 11.11.1960 und der Entwurfs- und Ausführungsplanung

10   Diese und die folgenden Angaben nach mündlicher Mitteilung von Ulf Zimmermann, Dresden

11   Zimmermann, Ulf: „Mensa der Ingenieurschule Wildau". In: *Deutsche Architektur.* 2/1974, 23. Jg., S. 92–95

12   Hammer, Ulrich: „Die neue Mensa der Universität Rostock". In: *Deutsche Architektur.* 4/1971, 20. Jg., S. 233–237

13   Der Erfrischungsraum, in nahezu jeder Mensa zu finden, bestand zumeist aus einem Imbissbereich und einer Milchbar; heute wird er als Cafeteria bezeichnet.

14   Zimmermann, Ulf: „Mensa der Technischen Hochschule Ilmenau". In: *Deutsche Architektur.* 2/1979, 28. Jg., S. 96–101

15   Wolfgang Kil zählt die Mensen Ulf Zimmermanns „zu den wenigen unbestrittenen Erfolgsgeschichten der DDR-Architektur: ,unbeirrbar, so unspektakulär wie selbstbewusst inmitten eines ansonsten immer phantasieloser werdenden Typenbaugeschehens, klug abwägend zwischen den Vorteilen, die Serielles zweifellos bietet, und die Besonderheit des Standortes berücksichtigend, die Architektur nun einmal braucht, um als Ort überhaupt wahrgenommen werden zu können' ". Kil, Wolfgang: „Zukunftsbilder. Wenn Architekten nach der Welt von morgen suchen". In: Sächsische Akademie der Künste und Sächsische Landesstiftung Natur und Umwelt (Hg.): *Baukunst und Umwelt.* Dresden 2008, S. 92–95, hier S. 94

16   Zimmermann 1979 (wie Anm. 14), S. 98

17   Zimmermann, Ulf: „Mensen der Universitäten und Hochschulen in Halle, Berlin und Leipzig". In: *Architektur der DDR.* 3/1979, 28. Jg., S. 159–167; ders.: „Mensa der TU Dresden". In: *Architektur der DDR.* 6/1983, 32. Jg., S. 359–361

18   Sehm, Wolfgang: „Mensa der Technischen Hochschule Karl-Marx-Stadt". In: *Deutsche Architektur.* 7/1973, 22. Jg., S. 418–421

19   Martin, Arno Claus / Fischer, Siegfried: „Mensa der Ingenieurhochschule Wismar". In: *Architektur der DDR.* Heft/1979, 28. Jg. 28, S. 171–173

20   Ullmann, Helmut: „Neubaukomplex der Karl-Marx-Universität". In: *Deutsche Architektur.* 2/1974, 23. Jg., S. 72–91

21   Bartmann-Kompa, Ingrid / Kutschmar, Aribert / Karn, Heinz: *Architekturführer DDR, Bezirk Potsdam.* Berlin 1981, S. 19; Sigel, Paul / Dähmlow, Silke / Seehausen, Frank / Elmenhorst, Lucas: *Architekturführer Potsdam.* Berlin 2006, S. 6

22   Müller, Rainer / Rudolph, Benjamin: „Der Campus der Hochschule für Architektur und Bauwesen in Weimar. Zur Planungs- und Baugeschichte der Bauten an der Marienstraße unter besonderer Berücksichtigung der Mensa". In: *AdA* (Band 36). Erfurt 2010, S. 148–170

23   Zimmermann, Ulf: „Mensa- und Bibliotheksgebäude der Ingenieurhochschule Mittweida". In: *Architektur der DDR.* Heft/1986, 35. Jg., S. 27–33

24   Architektengemeinschaft Zimmermann: *Bauten 1963–2008* (bearbeitet von Ulf Zimmermann und Norbert Zimmermann). Dresden o. J., S. 170–177. Angaben zur Bauzeit nach Mitteilung von Ulf Zimmermann, Dresden

25   Beschreibung nach Angaben und Unterlagen von Ulf Zimmermann, Dresden

26   Der Begriff der „Bekunstung" wurde (erstmals) von Monika Gibas und Peer Pasternack verwendet, vgl. Gibas, Monika / Pasternack, Peer (Hg.): *Sozialistisch behaust & bekunstet. Hochschulen und ihre Bauten in der DDR 1999* (Leipziger Beiträge zur Wissenschaftsgeschichte und Wissenschaftspolitik). Leipzig 1999

27   Die Mensa in der Sockelbebauung des Universitätshochhauses (1970–1972; Hermann Henselmann und Kollektiv) wurde erst nach Abschluss der Untersuchung bekannt. Sie wurde als Teil des Sockels 2003 abgerissen.

28   Von den bereits abgerissenen bzw. erheblich veränderten Mensen wären aus Sicht des Verfassers den Bauten in Rostock, Mittweida und Zwickau Denkmalwerte zugekommen.

MENSADEBATTE WEIMAR. ÜBER DIE STRATEGISCHE ORGANISATION EINER INITIATIVE UND DEREN RAHMENBEDINGUNGEN__MORITZ FRITZ UND FLORIAN KIRFEL

1

Zum Zeitpunkt des Symposiums „Denkmal Ostmoderne", als die Mensa am Park (Abb. 1) noch als denkmalverdächtiges Anschauungsobjekt der späten Ostmoderne diente, war keinesfalls absehbar, dass drei Monate später die Eintragung in das Denkmalbuch der Stadt Weimar erfolgen würde.[1] Umso interessanter ist aus heutiger Sicht der damit verbundene Aneignungsprozess, der zu dieser öffentlichen Würdigung geführt hat. Einen besonderen Nährboden für die zuvor stattgefundene intensive öffentliche Diskussion um

die Mensa am Park bot dabei sicherlich das seit Jahren andauernde zähe Ringen um einen geeigneten Bauplatz für das neue Bauhaus-Museum. Ebenso waren auch vergleichbare Debatten um Gebäude der Ostmoderne bzw. der Nachkriegsmoderne im gesamten Bundesgebiet ein günstiger Anknüpfungspunkt.[2] Ein hohes Identifikationspotenzial mit dem Schicksal des Gebäudes ergab sich aber vor allem aus der eng mit der Hochschulgeschichte verwobenen Bau- und Planungsgeschichte der Mensa am Park.

Im Folgenden soll die Entwicklung der sogenannten „Mensadebatte" unter Berücksichtigung der spezifischen Rahmenbedingungen geschildert werden.

ZUR BAU- UND PLANUNGSGESCHICHTE DER MENSA__

Bis die Mensa am Park am 16. November 1982 ihre Pforten öffnen konnte, waren mehr als zehn Jahre Planungs- und Entwurfstätigkeit vergangen.[3] Der Auftrag zur Planung einer neuen Mensa wurde an die an der Weimarer Hochschule angegliederte Projektierungsabteilung des Ministeriums für Hoch- und Fachschulwesen vergeben. Nachdem zunächst die Professorin für Ausbau und Raumgestaltung Anita Bach die Leitung des Projektierungsbüros innehatte, übernahm 1972 Peter Karsten, ab 1979 Kurt Lembcke die Verantwortung für das Bauvorhaben.[4] Dabei gingen den ersten Vorstudien für ei-

2

3

ben hatte,[5] erfolgte im Jahr 1979 der erste Spatenstich. Durchgesetzt hatte sich letztendlich ein Entwurf der Projektierungsbüromitarbeiter Horst Schuster und Siegfried Richter, der durch Peter Klaus Kiefer noch einmal grundlegend konstruktiv überarbeitet wurde. Der Bau wurde mithilfe von Studenten und Mitarbeitern realisiert, wobei sich die geldwerte Eigenleistung durch Arbeitseinsätze auf 150 000 Mark belief. Gegenüber früheren Varianten erweiterte sich das Raumprogramm um einen Clubraum und ein Restaurant, in das auch Parkbesucher einkehren konnten. Außerdem erhöhte man die Kapazität auf 2500 Essen pro Tag.

Die leichte Glas-Stahlkonstruktion des Vorentwurfes (Abb. 2), die sich an das Gebäudevolumen der Altbauten anschmiegte, wich aufgrund konstruktiver Vorteile einer eher massiv wirkenden Vorhangfassade aus Waschbetonplatten, die zu den Parkseiten eine großflächige Verglasung erhielt. Die Konstruktion ließ nun bis zu 18 Meter Länge stützenfreie Räume zu (Abb. 3).

Die Großzügigkeit und die Transparenz der zum Park und zum Hof des Hörsaalgebäudes gelegenen Essensräume zeichnen den Bau, der 1983 mit dem Architekturpreis des Bezirkes Erfurt ausgezeichnet wurde, bis heute aus (Abb. 4).

WIEDERENTDECKUNG DER MENSA__Vielen der Mitarbeiterinnen und Mitarbeiter der Bauhaus-Universität Weimar sind die besonderen Begebenheiten um das Gebäude auch heute noch bestens bekannt. Nicht wenige waren selbst an der Planung und Ausführung in verantwortlicher Weise beteiligt.[6] In der Wahrnehmung der Studierenden hingegen verlor die Mensa als qualitätsvoller Bau mit

nen Mensaneubau aus dem Jahr 1973 zwei studentische Ideenwettbewerbe voraus. Nach Prüfung zahlreicher Standorte im gesamten Stadtgebiet, einigte man sich auf den heutigen Bauplatz am Ilmpark, für den das Projektierungsbüro drei städtebauliche und baukörperliche Varianten ausarbeitete.

Nachdem es zum Teil erbitterte Diskussionen mit der Stadt, den Denkmalbehörden und der Parkverwaltung um die Höhenentwicklung und die Raumausdehnung des Mensagebäudes gege-

dem Ende der DDR stark an Bedeutung. Sie diente vielmehr als Zweckbau zur Nahrungsaufnahme. Einzig ihre kommunikative Funktion als soziales Zentrum fand allseits Anerkennung (Abb. 5).

4

Erst im Herbst 2007 wurde die Mensa am Park ganz bewusst auch aus architektonischer Sicht wieder in den Fokus des hochschulinternen sowie öffentlichen Interesses gerückt. Die universitätseigene Architektursammlung, das Archiv der Moderne, veranstaltete im ehemaligen Restaurant eine Ausstellung über das Schaffen von Anita Bach und zeigte unter anderem originale Pläne sowie Teile der abhandengekommenen ursprünglichen Cafeteria-Ausstattung der Mensa (Abb. 6).[7] Der jüngeren Studentengeneration wurde so erstmals verdeutlicht, dass es sich bei der Mensa am Park um ein individuell aus der Hochschule heraus geplantes Gebäude handelt.

Nach einer jahrelangen Suche nach einem geeigneten Bauplatz für das neue Bauhaus-Museum wurde der Standort der Mensa am Park

im November 2009 von den handelnden Akteuren[8] öffentlich als „der von allen präferierte und mit Macht angestrebte"[9] Standort proklamiert. Maßgeblichen Anstoß hierfür gab die Leitung der Bauhaus-Universität. Ein studentischer Entwurf für einen Mensaneubau an anderer Stelle auf dem Universitätscampus wurde als „bestechende Lösung"[10] (Abb. 7) präsentiert und der Fortbestand der Mensa am Park schlagartig infrage gestellt. Der architektonische Wert der Mensa erschien den Akteuren offenbar abwägbar angesichts der hochinteressanten Option an der Schnittstelle zweier Welterbestätten[11] Bauhaus-Museum und Bauhaus-Universität in räumliche Nähe zu bringen.

Ein öffentlicher Diskurs zu diesem Standort, welcher den Abriss eines potenziellen Baudenkmals und die mögliche Beeinträchtigung des UNESCO-Weltkulturerbes Park an der Ilm in Kauf nimmt, wurde zu diesem Zeitpunkt nicht geführt. Zudem war eine substanzielle Würdigung des Baus öffentlich nicht wahrzunehmen.

DIE INITIATIVE MENSADEBATTE__Um diese Informationslücke zu schließen, gründete die Studenten bzw. Mitarbeiter der Bauhaus-Universität Weimar, Moritz Fritz, Florian Kirfel, Johannes Schäfer und Johann Simons, im Dezember 2009 die Initiative Mensadebatte. Vordergründiges Ziel war „der öffentliche Diskurs um den Umgang mit der Mensa am Park in Weimar und die Standortentscheidung um das Neue Bauhaus-Museum"[12], wobei der potenzielle Abriss der *Mensa am Park* schnellstmöglich verhindert werden sollte.

Inhaltlich legte die Initiative ihren Fokus bei der Diskussion auf drei Themen:

Erstes Anliegen war die Sensibilisierung der Öffentlichkeit für eine Architektur, die aufgrund fehlender Lobby noch nicht auf der Denkmalliste des

debatte.de (Abb. 8). Die in Form eines Weblogs[13] angelegte Seite sollte in kürzester Zeit eine breite Öffentlichkeit informieren und zur Diskussion an-

5

6

Freistaates Thüringen zu finden ist. Weiterhin wurde die Erhaltung des Hochschulstandortes am Park als ein deutliches Zeichen für die Präsenz und Bedeutung des Hochschullebens in der Stadt gefordert. Nicht zuletzt waren Fragen der Nachhaltigkeit in der Architektur ein wichtiges Thema für die Initiatoren. Ein so junges Gebäude wie die Mensa nach wenigen Jahren der Nutzung abzubrechen, sei aufgrund der gebundenen grauen Energie nicht verantwortbar.

Als Kerninstrument der Kommunikation entwickelten die Initiatoren die Internetseite mensa-

regen. Mittels drei aufeinander aufbauender Kommunikationsstufen sollte dies erreicht werden:

1. SCHAFFUNG EINER DISKUSSIONSGRUNDLAGE__Zur ersten Kommunikationsstufe gehörte die Darstellung der Baugeschichte der Mensa am Park, Information über die geplante Neuordnung des gesamten Areals, aber auch die Formulierung von Thesen zur Erhaltung von Bauten der Spätmoderne, die über die rein denkmalpflegerische Sichtweise hinausgehen.

2. VERBREITUNG DER INFORMATIONEN__Mit der Internetseite als Ausgangspunkt wurden die Inhalte

durch eine Kombination aus klassischen und neuen Medien kommuniziert: Neben Pressemitteilungen sowie Mailing-Aktionen an Vertreter der Politik und Mitglieder der Universität wurden die

Gastbeiträge und bis zu 10 000 Seitenaufrufe pro Woche belegen dies.

Die Lokalzeitungen, das örtliche Radio und die überregionale Fachpresse, berichteten umfang-

7

Nutzung von virtuellen sozialen Netzwerken (Facebook) als gleichwertiges Infotool verstanden.[14]

3. BETEILIGUNG DER ÖFFENTLICHKEIT__Eine Interaktion zwischen Initiative und Öffentlichkeit fand auf dem Weblog statt. Nutzern war es möglich, selbst Kommentare oder auch ganze Berichte zu verfassen. Diese wurden jeweils nach einer redaktionellen Freigabe auf dem Blog veröffentlicht. Am 31. Dezember 2009 ging *mensadebatte.de* online.

REAKTIONEN UND EINE ERSTE WEICHENSTELLUNG__
Die Resonanz auf mensadebatte.de war von Anfang an beachtlich: Zahlreiche Kommentare,

reich und mit ständigem Bezug auf die Initiative, die als „Mensadebatte" zu einem Begriff wurde.[15] Hochschulintern war man sich zu diesem Zeitpunkt keineswegs über den Umgang mit der Mensa einig. Während der Studierendenkonvent die Initiative unterstützte, war die Hochschulleitung sowie gut die Hälfte der Architektur-Professoren wenig begeistert.

Das Echo, welches die Diskussionen hervorrief, bewegte das Thüringische Kultusministerium jedoch nach nur drei Wochen zu einer Klarstellung: Der Standort am Park für das neue Bauhaus-Museum wurde aufgegeben.[16] Damit war die unmittelbare Abrissgefahr für die Mensa abgewendet. Argumente für diese Entscheidung gab es viele. Allein bei dem vorgeschlagenen Ersatzneubau für die Mensa zeichneten sich erhebliche baurechtliche Probleme ab, die zu einer Ablehnung des Projektes führen mussten. Besonders schwer wogen die Einwände, die Vertreter von ICOMOS, einem Bauhaus-Museum in unmittelbarer Parknähe, entgegenbrachten.

VERSTETIGUNG DER ARBEIT DER INITIATIVE__ Nun war das Gebäude zwar vor dem unmittelbar drohenden Abriss gerettet, ein Wert erhaltender Umgang aber längst nicht gewiss. Aus einer emotional geführten Debatte musste eine fundierte Auseinandersetzung mit der Architektur werden, wenn die Initiative mehr sein sollte als ein „Spaß".[17] Als der sicherste Weg, einen respektvollen Umgang mit dem Gebäude, insbesondere bei einer Sanierung, zu garantieren, erschien der Denkmalschutz. Die Frage nach der Denkmalfähigkeit der Mensa wurde bis dahin jedoch ohne belastbare Untersuchungen im luftleeren Raum geführt.

Auch wenn die Baugeschichte grob rekonstruiert werden konnte, war die Autorenschaft noch nicht eindeutig geklärt und das Gebäude ließ sich noch nicht mittels eines bautypologischen Vergleiches einordnen. Ein Treffen von Mitarbeitern des Thüringischen Landesamtes für Denkmalpflege und Archäologie (TLDA), der Professur Denkmalpflege und Baugeschichte sowie der Gründer der Initiative im Juni 2010 wurde zum Wendepunkt: Mit den Ressourcen der Bauhaus-Universität Weimar sollten alle erreichbaren Fakten zur Mensa am Park zusammengetragen werden. Ein

interdisziplinäres Seminar wurde als geeignetes Instrument angesehen. Zeitgleich verfassten Benjamin Rudolph und Rainer Müller vom TLDA einen Aufsatz zur Bau- und Planungsgeschichte der Mensa[18] sowie Benjamin Rudolph eine Bestandsaufnahme aller Mensabauten der DDR zwischen 1960 und 1989.[19]

8

SEMINAR „DIE MENSA AM PARK", WINTERSEMESTER 2010/11__ Das Seminar war als erweiterte Übung in der Bauforschung angelegt und wurde von drei Fächern der Architekturfakultät getragen: Denkmalpflege, Baukonstruktion und Bauklimatik. Der fächerübergreifende Ansatz korrespondierte mit der komplexen Aufgabe des Seminars und es entstand eine umfangreiche Stoffsammlung. Zu Fragen des Denkmalwertes und des Stellenwertes innerhalb der DDR-Bauten für Bildung und Wissenschaft wurden zwei Hausarbeiten von Studierenden verfasst. Die Fassadenkonstruktion wurde am Bestand aufgemessen, die entstandenen Zeichnungen mit Archivunterlagen abgeglichen und schließlich im Gespräch mit ehemals am Bau Beteiligten korrigiert. Außerdem wurde eine erste Einschätzung der Energiekennwerte vorgenommen und mit thermografischen Aufnahmen untermauert.

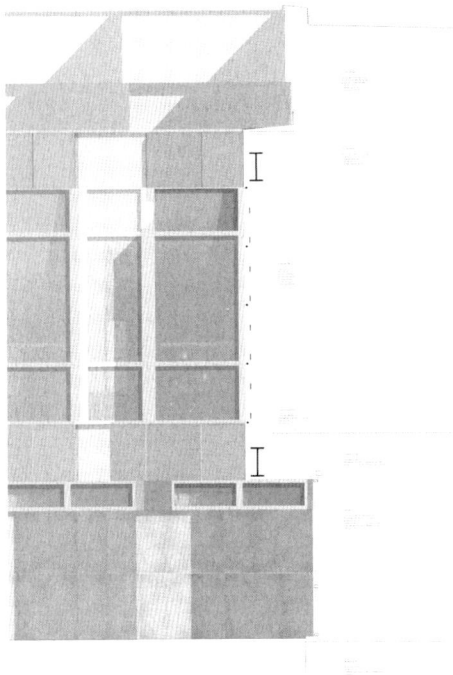

9

Am 26. Januar 2011 wurden die Ergebnisse in einem größeren Rahmen präsentiert. Neben einem Vertreter aus dem Thüringer Ministerium für Bildung, Wissenschaft und Kultur, waren der Geschäftsführer des Studentenwerks (Betreiber des Gebäudes), Mitglieder der Hochschulleitung sowie zahlreiche am Bau Beteiligte im ehemaligen Clubsaal der Mensa anwesend. Die Ergebnisse des Seminars und die parallel entstandenen Forschungsarbeiten belegten zu diesem Zeitpunkt eindeutig den baukulturellen Wert der Mensa am

Park. Mit großen, anschaulichen Zeichnungen wurden die haptischen und architektonischen Qualitäten der Fassade verdeutlicht und gleichzeitig die Möglichkeiten zur denkmalverträglichen Sanierung aufgezeigt (Abb. 9). Die Ergebnisse des Seminars wurden in einer umfangreichen Dokumentation zusammengefasst und unter anderem dem Landesdenkmalamt übergeben.

DENKMALAUSWEISUNG__Die nun vorliegende Faktenlage scheint eindeutig: Am 26. April 2011 wurde die Mensa am Park in das Denkmalbuch der Stadt Weimar eingetragen (Abb. 10). Sie war damit Weimars bis dahin jüngstes Baudenkmal. Die Entscheidung zur Unterschutzstellung der Mensa basiert laut dem Landesdenkmalamt auf den eingehenden Analysen zum Bestand an Mensa-Bauten der ehemaligen DDR sowie auf Voruntersuchungen zur Erhaltung wesentlicher denkmalkonstituierender Eigenschaften. In der Begründung zur Unterschutzstellung heißt es unter anderem: „Die 1979–1982 von dem in Weimar an der Hochschule für Architektur und Bauwesen angesiedelten Projektierungsbüros nach einer längeren Planungsphase realisierte Mensa ist durch ihre besondere städtebauliche, baukörperliche, materialästhetische und farbliche Gestaltung ein wichtiges Zeugnis der spätmodernen Architektur in der DDR. [...] Darüber hinaus ist sie eines der wenigen authentisch überlieferten Exemplare dieser Baugattung. Die – im Vergleich zum zeitgenössischen Gesellschaftsbau der DDR – hohe architektonische Qualität ist Ausdruck der besonderen Entstehungsumstände an einer renommierten Architekturhochschule und darin auch ein Teil der Geschichte der heutigen Bauhaus-Universität."[20]

**MENSADEBATTE 2.0 ODER NUTZEN EINES KURZEN MO-
MENTES DER AUFMERKSAMKEIT__**In nur wenigen
Monaten wandelte sich die Mensa in der Wahrnehmung vom schmucklosen Zweckbau zu einem baugeschichtlich relevanten sowie architektonisch hochwertigen Gebäude. Währenddessen
hat die Initiative mensadebatte ihr Anliegen einer
breiten Öffentlichkeit bekannt gemacht und darüber in Universität und Behörden eine Debatte
auslösen können, die bundesweit Anschluss in
Fachkreisen gefunden hat. Rückblickend stellt
sich die Frage, welche Rahmenbedingungen ausschlaggebend für den schnellen Erfolg gewesen
sein könnten und inwieweit das Vorgehen auf andere Problemfälle übertragbar sein könnte.

Mit dem heutigen Abstand stellen wir fest, dass
die mit unserem Anliegen verknüpfte Diskussion
über ein neues Bauhaus-Museum unsere Initiative von ähnlichen zur Erhaltung spätmoderner
Architektur unterscheidet. Für unseren Aufruf,
die architektonischen Werte der Mensa öffentlich
zu diskutieren, wirkte die Standortsuche für das
neue Bauhaus-Museum wie ein Resonanzboden
und war so gesehen ein Glücksfall. Hinzu kommt
das ernsthafte Interesse der Weimarer Bürger
am Ilmpark als Stätte der Weimarer Klassik. Dieses kulturelle Erbe wird leidenschaftlich, wie
man es bei bürgerschaftlichem Engagement er-
wartet, gegen allzu schnelllebige Veränderungen
verteidigt.[21] So wurden die „Parkschützer" (die
sich teils in den 1970er Jahren gegen die Errichtung der Mensa ausgesprochen hatten) unfrei-
willig zu Fürsprechern ihrer Erhaltung. Bei der
Debatte um die Mensa am Park kam also ein wesentlicher Aspekt hinzu: Sie war weniger rück-
wärtsgewandt, sondern wurde auch von dem

10

Einsatz für den Bau des neuen Bauhaus-Muse-
ums getragen. Angesichts der vielen bereits öffentlich diskutierten Standortoptionen musste
die Entscheidung für die Mensa nicht auch eine
prinzipielle Entscheidung gegen ein neues Bauhaus-Museum sein. Der in Erhaltungsdiskussio-
nen allzu gern verwendete Vorwurf, ein „Entwick-
lungsverhinderer" zu sein, war in unserem Fall
als Gegenargument unwirksam.

Mit der Wahl der Kommunikationsinstrumente und der Entscheidung, den Umgang mit der Mensa als öffentliche Debatte zu führen, war offenbar der richtige Weg gefunden.[22] Trotzdem war in den ersten Wochen ein enormer zeitlicher Aufwand notwendig, um die Debatte in die Öffentlichkeit zu tragen. Eine Arbeit, die nur unter bestimmten Voraussetzungen mit dieser Intensität geleistet werden kann. Die Exponierung der Initiative aus einer anfänglichen Außenseiterposition, fordert die eigene Überzeugung, über gute Sachargumente zu verfügen, und eine innere Unabhängigkeit. Denn das unausgesprochene Ziel der Initiative, die bereits gestellte Bauvoranfrage zu „beeinflussen" rief nicht nur Wohlwollen, sondern auch Ablehnung hervor, die die Existenz der Initiative im Kern infrage stellte.

Oft starten Initiativen, die sich für die Erhaltung eines Bauwerks einsetzen, erst nachdem konkrete Pläne öffentlich vorgestellt worden sind oder der Abbruch bereits beschlossene Sache ist. Diese Initiativen sind damit von vornherein in einer defensiven Position. In unserem Fall wurden alle relevanten Informationen zur Planung veröffentlicht, sobald sie verfügbar waren. Die Akteure auf der Gegenseite waren auf eine transparente Debatte nicht vorbereitet. Sie konnten und wollten den „Vorwürfen" öffentlich nichts entgegensetzen.[23] Zudem unterschätzten sie am Anfang offensichtlich die mediale Resonanz auf die Initiative. Heute gehen wir davon aus, dass ein stärkeres Werben, überhaupt eine frühzeitige Veröffentlichung der Pläne und des Verfahrens für ein neues Bauhaus-Museum am Standort der Mensa durch die Verantwortlichen, ein anderes Ergebnis der Debatte ermöglicht hätte.

AUSBLICK__Spätestens mit der Denkmalausweisung der Mensa am Park hat auch die Mensadebatte einen Wendepunkt erreicht. Aus der öffentlichen Diskussion über die Erhaltung ist schrittweise eine breite fachliche Auseinandersetzung geworden, die nun mithilfe aller Beteiligten zu einem gemeinsamen Ergebnis geführt werden soll: Ziel ist es, im Rahmen eines Forschungsprojektes an der Bauhaus-Universität Weimar ein beispielhaftes integriertes Sanierungskonzept zu entwickeln. Dabei sollen gleichermaßen denkmalpflegerische Zielstellung, Energiekonzept, architektonische Qualitäten sowie heutige Nutzeranforderungen berücksichtigt werden. Angesichts der geringen Erfahrung und dem Unwissen, das den Umgang mit dem baukulturellen Erbe der Ostmoderne immer noch prägt, besteht dringender Bedarf an vorbildlichen Lösungen.

ANMERKUNGEN

1 „Eintragung in das Denkmalbuch". Aus: *Benachrichtigung der Eigentümer* vom 26.04.2011

2 Mazzoni, Ira: „Abrissunternehmen Moderne". In: *Süddeutsche Zeitung* vom 18.02.2010, S. 13. Als Beispiele werden unter anderem die Beethovenhalle in Bonn, das Schauspiel in Köln oder der Niedersächsische Landtag genannt.

3 Umfangreiche Ausführungen zur Bau- und Planungsgeschichte machen Engelberg-Dočkal, Eva von / Luck, Stephan: „Die ‚Mensa am Park' in Weimar". In: *Insitu – Zeitschrift für Architekturgeschichte*, 2/2010, 2. Jg., S. 231–246, sowie Müller, Rainer / Rudolph, Benjamin: „Der Campus der Hochschule für Architektur und Bauwesen in Weimar. Zur Planungs- und Baugeschichte der Bauten an der Marienstraße unter besonderer Berücksichtigung der Mensa". In: *Aus der Arbeit des Thüringischen Landesamtes für Denkmalpflege und Archäologie* (Heft 36 (Neue Folge)). Erfurt 2010, S. 148–170.

4 Anita Bach begleitete die Planung im Auftrag des Rektors Albert Fuchs auch weiterhin: Engelberg-Dočkal/Luck 2010 (wie Anm. 3), S. 234.

5 Müller/Rudolph 2010 (wie Anm. 3)

6 Zum Beispiel Heiko Schultz, ehemals Bauleiter der Mensa, heute Kanzler der Bauhaus-Universität, und Helmut Hengst, verantwortlich für die Cafeteria-Ausstattung, heute Leiter der künstlerisch-experimentellen Werkstätten

7 *Anita Bach. Bauen und Lehren an der Hochschule für Architektur und Bauwesen Weimar,* Ausstellung des Archivs der Moderne der Bauhaus-Universität Weimar (Christiane Wolf und Johannes Schäfer), 18 Tafeln, Weimar 2007

8 Klassikstiftung Weimar (Bauherr), Stadt Weimar, Bauhaus-Universität Weimar, Freistaat Thüringen und das Studentenwerk Thüringen; weitere Informationen: http://www.mensadebatte.de/?p=271, „Wer sind die handelnden Akteure?"

9 *Thüringer Allgemeine* vom 19.11.2009

10 Ebd.

11 Gemeint sind die Welterbestätten „Klassisches Weimar", hier der Ilmpark, und „Das Bauhaus und seine Stätten in Weimar und Dessau".

12 http://www.mensadebatte.de

13 „Ein Blog oder auch Weblog, Wortkreuzung aus engl. World Wide Web und Log für Logbuch, ist ein auf einer Website geführtes und damit – meist öffentlich – einsehbares Tagebuch oder Journal, in dem mindestens eine Person, der Weblogger, kurz Blogger, Aufzeichnungen führt, Sachverhalte protokolliert oder Gedanken niederschreibt." (http://de.wikipedia.org/wiki/Blog, Zugriff 15.08.2011)

14 Die Facebook-Seite ist unter https://www.facebook.com/pages/Mensadebatte-Weimar/226328872363 erreichbar

15 Eine Auflistung der Berichterstattung ist unter http://www.mensadebatte.de/?page_id=5 abrufbar

16 *Thüringer Allgemeine* vom 19.01.2010

17 Kommentar von Henryk Goldberg in der *Thüringer Allgemeinen* vom 11.01.2010

18 Müller/Rudolph 2010 (wie Anm. 3)

19 Siehe den Beitrag von Benjamin Rudolph in diesem Band

20 „Begründung zur Eintragung in das Denkmalbuch". Aus: *Benachrichtigung der Eigentümer* vom 26.04.2011

21 In der Vorplanung besetzt das neue Bauhaus-Museum am Standort der Mensa ein noch größeres Baufeld als es die Mensa bereits einnimmt.

22 Im September 2010 erhält die Initiative Mensadebatte eine Anerkennung beim Thüringer Baukulturpreis der Stiftung Baukultur. Die Jury erkennt insbesondere an, „dass hier ein hochmodernes Medium engagiert genutzt wird, eine brisante Architekturdebatte in die Öffentlichkeit zu tragen und das dialogische Potential des Blogs für die Baukultur, welche immer auch eine Kultur des Diskurses verlangt, fruchtbar zu machen."

23 Prof. Dr. Zimmermann, Rektor der Bauhaus-Universität Weimar, äußerte sich erstmals am 25.01.2010 im Studentenradio Bauhaus FM. Zu diesem Zeitpunkt war der Standort bereits durch das Kultusministerium aus dem Rennen genommen worden.

DER „PLATZ OHNE NAMEN". ZUR WAHRNEHMUNG DER OSTMODERNE IM ZENTRUM BERLINS_STEPHANIE HEROLD UND SYLVIA BUTENSCHÖN

Der „Platz ohne Namen" liegt im historischen Zentrum Berlins. Er umfasst mit etwa 13 Hektar annähernd ein Viertel der ursprünglichen Siedlungsfläche der mittelalterlichen Stadt. Die Fläche erstreckt sich vom Bahnhof Alexanderplatz im Nordosten bis zur Spree im Südwesten und ist umrandet von den Rathauspassagen, dem Roten Rathaus und dem Nikolaiviertel an der südöstlichen Längsseite und einer Zeilenbebauung an der Karl-Liebknecht-Straße an der nordwestlichen Längsseite. Auf dem Platz befinden sich der Fernsehturm mit seiner Fußumbauung und die Marienkirche. Ein Teil der Fläche, südwestlich der querenden Spandauer Straße, wird aufgrund der dortigen Denkmalsetzung als „Marx-Engels-Forum" bezeichnet (Abb. 1).

PLANUNGSPHASE__ In diesem Gebiet gab es bis zum Zweiten Weltkrieg eine enge Altstadtbebauung auf relativ kleinen Parzellen. Starke Kriegszerstörungen führten dazu, dass nur einzelne Gebäude erhalten und weitergenutzt werden konnten. In diesem zerklüfteten Zustand verblieb das Gebiet bis zur Mitte der 1960er Jahre. Das beschädigte Rathaus wurde 1951 wiederaufgebaut. Die beräumte Freifläche zwischen Rotem Rathaus und Marienkirche bzw. Karl-Liebknecht-Straße wurde als Grünfläche in zeitgenössisch schlichter Formensprache gestaltet. Abwechslungsreich be-

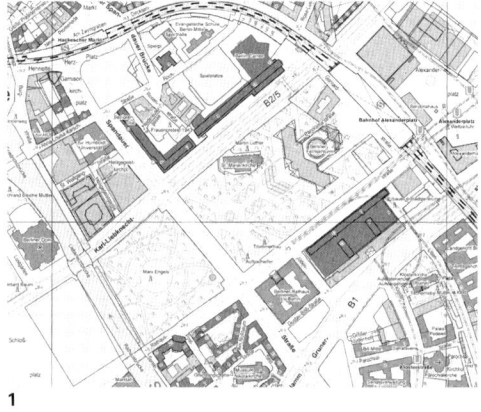

1

pflanzte Staudenbeete umrandeten eine große Rasenfläche, auf der die damals beliebten, leicht und luftig wirkenden Birken punktuelle Akzente setzten. Zwei Plastiken, der *Aufbauhelfer* und die *Aufbauhelferin* von Fritz Cremer, schmückten den öffentlichen Grünraum (Abb. 2).

Der III. Parteitag der SED beschloss im Juli 1950 eine Konzeption zum Ausbau Ost-Berlins zur Hauptstadt der DDR. Dazu gehörte die Ausformung einer zentralen Trasse in Ostwest-Richtung vom Brandenburger Tor über den Alexanderplatz bis in die Frankfurter Allee, die als „Zentrale Achse" bzw. „Zentrumsband" bezeichnet wurde.[1] Ziel der städtebaulichen Planung in der Hauptstadt der DDR war es, das historische Zentrum der Stadt auf neue Weise zum gesellschaftlichen Mittelpunkt im Leben und zum architektonischen

Höhepunkt in der Gestalt der Stadt werden zu lassen.[2] Das Aufbaugesetz vom 6. September 1950 sicherte das Verfügungsrecht für die Städte über

DDR" durchgeführt, dessen Vorgaben festlegten, dass der Marx-Engels-Platz auf der Spreeinsel, vormals Standort des abgerissenen Stadtschlos-

2

Grund und Boden, wodurch es möglich wurde, städtebauliche Ensembles nach sozialistischen Grundsätzen zu gestalten, im Gegensatz zum kapitalistischen privaten Bauen auf der eigenen Parzelle.

In den verschiedenen Planungen der 1950er Jahre waren durchgehend ein zentrales Gebäude auf dem heutigen Marx-Engels-Forum und eine dichtere Bebauung zwischen dem Bahnhof Alexanderplatz und der Marienkirche vorgesehen.[3] 1958/59 wurde ein „Ideenwettbewerb zur sozialistischen Umgestaltung der Hauptstadt der

ses, und ein zentrales Gebäude an der Spree als politisches Forum dienen sollten und dass von dort bis zum Alexanderplatz ein Einkaufs- und Handelszentrum im Sinne eines am Rathaus gelegenen Marktes, einer Agora, entstehen sollte, während der Alexanderplatz als Verwaltungs- und Verkehrszentrum vorgesehen war. 64 Entwürfe wurden eingereicht, die meisten mit dem zentralen Gebäude als Höhendominante. Hermann Henselmann reichte außer Konkurrenz einen Plan ein, der abweichend davon eine Turmkonstruktion vorsah, die als Denkmal für die Eroberung

3_Gestaltung der Freiflächen des Zentrumsbandes, Entwurf und Zeichnung Hubert Matthes und Erhard Stefke, 1973. Ausschnitt des zentralen Bereiches zwischen Bahnhof Alexanderplatz und Spandauer Straße **4**_Moderne, repräsentative Freiflächengestaltung zwischen Rathaus und Fernsehturm, im Zentrum der wiederaufgebaute Neptunbrunnen, Mitte der 1970er Jahre

des Weltraums durch die sowjetischen Sputnik-Satelliten gedacht war.[4]

Als Ergebnis des Wettbewerbs kam im April 1961 ein Magistratsbeschluss zum Aufbau des Stadtzentrums zustande, der verbindlich ein Konzept der Funktion einer städtebaulichen Dominante, nun aber nicht mehr an der Spree, sondern am Nordostrand der Fläche in der Nähe des S-Bahnhofes Alexanderplatz. Der erste Entwurf sah eine runde Umbauung des Turmes und rechteckige

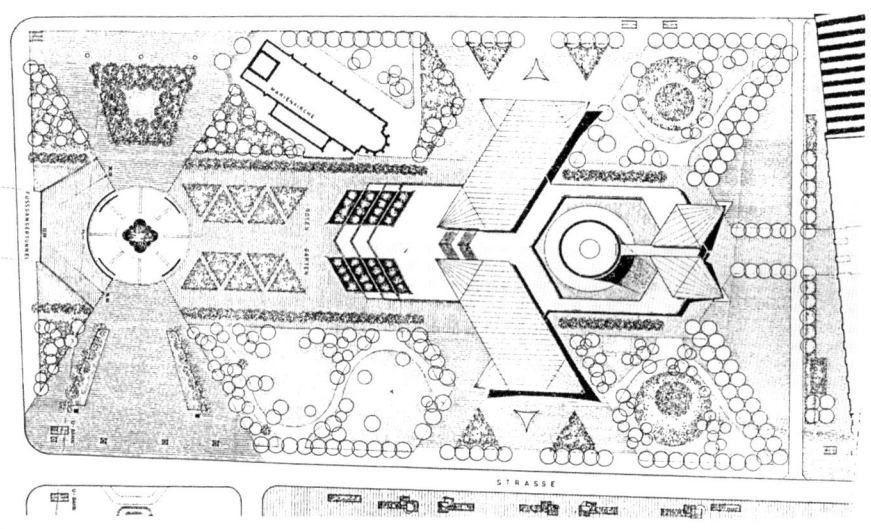

3

mit zentralem Gebäude vorsah. Die ersten Baumaßnahmen erfolgten aber zunächst auf der Spreeinsel, wo 1962–1964 das Staatsratsgebäude und danach das Ministerium für Auswärtige Angelegenheiten errichtet wurde. Die Entscheidung für ein großes Zentralgebäude wurde bereits 1963 – aus Kostengründen und weil es nicht mehr zeitgemäß erschien – wieder aufgegeben.

REALISIERUNGSPHASE__1964 fiel dann die Entscheidung für die Errichtung des Fernsehturms, der leichter zu finanzieren war, da es eine technische Notwendigkeit für ein solches Bauwerk gab. Der Fernsehturm ersetzte das zentrale Gebäude in

Beete auf der Freifläche vor, die von 1965 bis 1969 errichtete Variante wurde mit hexagonaler Fußumbauung verwirklicht. Die Turmumbauung von den Architekten und Ingenieuren Walter Herzog und Heinz Aust sollte als „Bindeglied zwischen Turm und Stadt"[5] fungieren. Hier waren mehrere Einrichtungen für die Öffentlichkeit untergebracht, zum Beispiel die Berlin-Information sowie gastronomische Betriebe.

Die Freiflächengestaltung wurde zusammen mit der Umbauung des Fernsehturms konzipiert und von 1969 bis 1972 fertiggestellt. Verantwortlich für die Gestaltung waren die Gartenarchitekten Hubert Matthes und Erhard Stefke,[6] deren Dar-

4

stellung von 1973 die formalen Ideen dieser Planung zeigt (Abb. 3). Die „extrovertierte Grundhal-
tung" der Fernsehturmumbauung sollte – nach
Herzog und Aust – den angrenzenden Raum „ak-
tivieren".[7] Tatsächlich wurde die Linienführung
des Gebäudes aufgenommen und in der Gliederung der Freifläche fortgesetzt. In unmittelbarer
Nähe des Turmes geschah dies mit dem ebenfalls von Walter Herzog gestalteten Kaskaden-
brunnen, und dann auch in der weiteren Gestaltung mit den dreieckigen Rosenbeeten, deren

Form sich auch seitlich des Turmes wiederholte.
Das Sechseck sowie die Rhomben und Drei-
ecke vermitteln zwischen dem Kreis des Turmes
und der Vierecksokonfiguration der Platzumbau-
ung. Der Mittelraum in der Achse der Wasser-
kaskaden findet neben den repräsentativen Rosenbeeten einen weiteren Höhepunkt im
Neptunbrunnen, der im Schnittpunkt der Achsen von Fernsehturm und Rotem Rathaus wieder aufgebaut wurde (Abb. 4).[8] In diesem Bereich wurde um den Brunnen herum das

Kreismotiv wieder aufgenommen und durch Trapezformen zum Rathaus und zur Karl-Liebknecht-Straße hin geöffnet. Der so markierte Rathausvorplatz wurde durch Pflasterung als

5

Versammlungsplatz definiert. Im gesamten Freiraum verwendeten die Gestalter unterschiedliche Bodenbeläge, die Aufenthalts- und Durchgangszonen markieren sollten. Es ist eine qualitativ hochwertige Umsetzung und Materialverwendung zu konstatieren, was sich auch beim Mobiliar zeigt, für das der Metallkünstler Achim Kühn herangezogen wurde, der die Metallgitterstühle entwarf (Abb. 5).

Die Freifläche zwischen Spandauer Straße und Spree war bis 1972 als geplanter Standort eines Zentralgebäudes freigehalten worden. Nach dem politischen Führungswechsel von Ulbricht zu Honecker erfolgte eine Planungsänderung in

Bezug auf das zentrale symbolträchtige Gebäude, das nun auf dem Grundstück des ehemaligen Stadtschlosses vorgesehen wurde. In neuer Form und mit neuem Nutzungsprogramm wurde 1973 bis 1976 auf der Spreeinsel der Palast der Republik errichtet. 1972 stand damit die Freifläche östlich der Spree für eine Erweiterung der Grünfläche zur Verfügung. Im Hinblick auf die 1973 stattfindenden 10. Weltfestspiele der Jugend und Studenten erfolgte der Abriss der restlichen dort verbliebenen Vorkriegsgebäude und die Anlage einer relativ schlicht gestalteten Grünfläche durch FDJ-Aktivisten (Abb. 6). 1976 wurde dann für diesen sogenannten „Park an der Spree" ein landschaftsarchitektonischer Wettbewerb ausgeschrieben, mit dem ein repräsentativer Erholungspark in gestalterischer Einheit mit der Fläche am Fernsehturm geschaffen werden sollte.[9] Von den vier eingereichten Entwürfen wurde allerdings keiner umgesetzt, stattdessen erhielten das Büro des Chefarchitekten und das Stadtgartenamt den Auftrag, einen Gestaltungsvorschlag für die Fläche unter Beachtung der Wettbewerbsergebnisse zu entwickeln. Im Grunde wurde dabei die bestehende Gestaltung nur um einige neue Wege ergänzt. Das Denkmalensemble für Karl Marx und Friedrich Engels, das diesen Bereich heute zum Marx-Engels-Forum macht, wurde erst 1986 an dieser Stelle eingeweiht, nachdem es eigentlich für einen anderen Ort geschaffen worden war. Die von Ludwig Engelhardt, Werner Stötzer, Margret Midell, Arno Fischer und Peter Voigt entworfene Skulpturengruppe sollte auf dem ehemaligen Standort des Kaiser-Wilhelm-Denkmals vor dem Palast der Republik errichtet werden. Weil dieser Raum als Pkw-Parkplatz gebraucht wurde, kam es zu einer Verlegung bei selbem Konzept, aber einer Vergrößerung der Figuren.

aber zeittypische Formensprache fand sich auch bei den westdeutschen Bundesgartenschauen, zum Beispiel 1967 in Karlsruhe und 1971 in Köln. Westlich der Spandauer Straße war die Grünflä-

6

7

REALISIERTER ZUSTAND__Das Gesamtareal zwischen Bahnhof Alexanderplatz und Spree bildete so seit Anfang der 1970er Jahre einen zentralen öffentlichen Raum, der überwiegend als grüne Freifläche ausgestaltet war. Nicht nur durch die Spandauer Straße war dieser Raum zweigeteilt: Östlich der Straße, zwischen Rathaus und Fernsehturm, zeigte sich eine qualitativ hochwertige, in Formen und Materialien moderne Grünflächengestaltung, in der geometrische, ausdrucksvolle Großformen mit geschwungenen Wegen in einer stärker vegetationsgeprägten Seitenzone kombiniert wurden (Abb. 7). Diese zwar nicht sehr häufig im öffentlichen Raum realisierte,

chengestaltung zurückhaltender bzw. schlichter. Für diesen Bereich an der Spree gab es zwar viele Entwurfsideen, die Ausführung geriet aber deutlich sparsamer – so wurde beispielsweise der Bezug zum Wasser kaum in Szene gesetzt. Statt großzügiger, gepflasterter Aufenthaltsbereiche gab es hier mehr (preiswertere) Rasenflächen und eine Abschirmung zu den Seiten mit relativ dichtem Baumbestand.[10] Insgesamt zeigt sich jedoch eine Gestaltung, die den Vorstellungen der DDR-Zentrumsgestaltung entsprach[11] und die im Ostteil zwischen Fernsehturm und Spandauer Straße als begrünter Stadtplatz, im Westteil zwischen Spandauer Straße und Spree als Grünanlage mit zentralem Denkmal charakterisiert werden kann.

An dieser Situation hat sich bis heute in den Grundzügen wenig geändert. Im Bereich zwischen Fernsehturm und Spandauer Straße wurde allerdings

8

die Ausstattung (Möblierung und Beleuchtungssystem) verändert bzw. die mobile Bestuhlung vollständig entfernt. Auch die Bodenbeläge wurden in großen Teilen verändert, wahrscheinlich aufgrund von Schadhaftigkeit. Die gestalterische Wahl fiel dabei auf verschieden eingefärbtes Verbundpflaster, was den qualitativen Ansprüchen des Vorgängerzustandes nicht gerecht werden kann (Abb. 8). Außerdem wurden 2005 bis 2007 die Kaskaden unterhalb des Fernsehturms saniert und die ursprünglichen Betonoberflächen der Einfassung mit Granitplatten verkleidet (Abb. 9). Zwischen Spandauer Straße und Spree wurde das Denkmalensemble des Marx-Engels-Forums im Herbst 2010 um einige Meter vom Zentrum an

den Rand der Grünanlage verschoben, um Raum für den Bau einer neuen U-Bahnlinie zu schaffen. Die Rückkehr des Denkmals an seinen früheren Standort hängt von dem weiteren Umgang mit der gesamten Freifläche ab, um die sich spätestens seit 2009, in ihren Anfängen aber auch schon früher, eine vielschichtige Diskussion entsponnen hat.[12]

HEUTIGE DEBATTE__Dabei kann man zwei argumentative Hauptstränge unterscheiden, die die Debatte prägen und sich dabei in ihren jeweiligen Argumentationen teilweise auch überschneiden. Grund für das allgemeine Interesse scheint in erster Linie die Wiederentdeckung des Ortes als Mitte Berlins zu sein.[13] Diese Wiederentdeckung generierte in der Folge zwei Ideen zum zukünftigen Umgang mit dem Platz: einerseits eine rückwärtsgewandte Sichtweise, die hier die Keimzelle des historischen Berlins sieht und diese Tatsache auch gestalterisch wieder ins Bewusstsein rücken möchte; andererseits eine stärker zukunftsorientierte Variante desselben Gedankens, die das Potenzial des Platzes als neues repräsentatives Zentrum in der Mitte der Hauptstadt hervorheben möchte.[14] Auch wenn diese Darstellung in ihrem Schematismus verkürzt ist, so kann man sich die Diskussion als auf einem Zeitstrahl stattfindend vorstellen, auf dem alle Zustände des Ortes diskutiert werden, seien sie historisch oder fiktional, einzig der Ist-Zustand rückt dabei in den Hintergrund.

DER „PLATZ OHNE NAMEN" ALS DIE KEIMZELLE BERLINS__Die stärkere Position im Streit um die Berliner Mitte nimmt zweifelsohne die erstgenannte

Partei ein. Von dieser Seite wird eine (gestalterische) Aufwertung des Ortes mit seiner historischen Bedeutung für die Stadt Berlin begründet. Dabei muss man unterscheiden zwischen der wissenschaftlichen Aufarbeitung bzw. Erforschung rischer Kontinuität, anstelle wiedererkennbarer Orte, gesamtstädtischer Bedeutungen und Identifikationsmöglichkeiten bietet das heutige Zentrum gerade im ältesten Teil der Stadt nur einige Großbauten, weite leere Flächen und überbreite

9

der Berliner Altstadt und dem aktuellen Planungsdiskurs, in den diese differenzierten Darlegungen nur wenig Einzug hielten.

Der Startschuss für die planerischen Überlegungen für das Berliner Stadtzentrum fiel mit der Wiedervereinigung und Berlins neuer Rolle als Hauptstadt. Im Rahmen des Planwerks Innenstadt beschreibt Annegret Burg 1997 den gefühlten Missstand im Berliner Zentrum wie folgt: „Der Bestand hält den heutigen Erwartungen und Anforderungen an die wiedervereinigte Stadt gerade deshalb so wenig stand, weil er auf zentrale Fragen keine Antwort gibt: Wo liegen die Ursprünge der Stadt, woran soll sie gemessen werden, was soll für sie wichtig sein? Anstelle histo-

Straßenzüge".[15] Inhaltlich knüpft das Planwerk Innenstadt, das den städtebaulichen Diskurs in Berlin für die nachfolgenden Jahre weitgehend bestimmte, an das von Senatsbaudirektor Stimmann bereits seit Anfang der 1990er Jahre formulierte Prinzip der „kritischen Rekonstruktion", also der Rückkehr zum historischen Stadtgrundriss, an.[16] So bezeichnete Stimmann selbst das Zentrum Berlins (inklusive der Dorotheenstadt und Teilen der Friedrichstadt) als „Leerstelle", die zunächst wieder mit Geschichte gefüllt werden müsse.[17] Der Begriff Geschichte bezieht sich hier in erster Linie auf die Zeit vor dem Zweiten Weltkrieg und die damit verbundene städtebauliche Formensprache. Eine Historisierung der Nachkriegszeit und insbesondere der DDR und ihrer Bauten als abgeschlossene Zeitschicht fand nicht statt, was aufgrund der engen zeitlichen Zusammenhänge zumindest in der Anfangsphase vielleicht auch zu viel verlangt gewesen wäre. Nichtsdestotrotz führte diese Konzentration auf eine Idealisierung der städtebaulichen Vorkriegszeit zu einer sehr eindimensionalen Perspektive auf die Stadt.

Während diese Debatte hauptsächlich auf der Basis von Geschichtsbildern ablief, setzte die eigentliche wissenschaftliche Auseinandersetzung und Erforschung der Berliner (Städtebau-)Geschichte zeitversetzt ein. Hervorzuheben ist hier die Dissertation von Benedikt Goebel aus dem Jahr 2003 über die Entwicklung des Berliner Stadtzentrums, beginnend mit dem Anfang des 19. Jahrhunderts und abschließend mit einem Resümee zu Gegenwart und Zukunft des alten Berliner Stadtzentrums.[18] Im Vorwort zu diesem Werk schreibt Harald Bodenschatz: „Wir können nur verstehen, was wir heute sehen, wenn wir wissen, wie das Heute entstanden ist. […] Und nicht nur in der Nachkriegszeit, sondern schon lange vorher".[19] Dieses Anliegen einer ganzheitlichen historischen Betrachtung fand jedoch nur wenig Eingang in den öffentlichen Diskurs, der nach den am 10. Juli 2009 von der Senatsbaudirektorin vorgestellten Ideen zur Weiterentwicklung des Areals zwischen Fernsehturm und Spree wieder verstärkt geführt wurde.

Fast zeitgleich erschien das von Hans Stimmann herausgegebene Buch *Berliner Altstadt. Von der DDR-Staatsmitte zur Stadtmitte*, das sich zwar mit der heutigen Bebauung beschäftigt, um dann aber bildgewaltig zu Vorschlägen einer kleinteili-gen, an der historischen Parzellenstruktur orientierten Bebauung überzugehen.[20] Insbesondere der Entwurf von Bernd Albers zur Neubebauung zwischen Fernsehturm und Spree wurde auch in der Berliner Tagespresse ausführlich und bildreich vorgestellt und als Vorschlag für die zukünftige Gestaltung des Areals in die Diskussion eingeführt.[21]

Thematisch nicht in diesem Kontext, aber dennoch durch das behandelte Objekt eng mit dem Diskurs verbunden, fand im Herbst 2010 eine große Ausstellung im Berliner Stadtmuseum zu *Berlins vergessener Mitte* statt. Ihr besonderes Verdienst lag in einer Zugänglichmachung von umfangreichem Archivmaterial und der Darstellung nicht nur der vor dem Krieg vorhandenen Architektur, sondern auch der damaligen Lebensverhältnisse in den Altbauquartieren.[22]

Die zerstörte Berliner Altstadt fand und findet also auf verschiedene Weise ihren Weg zurück ins Bewusstsein der Berliner. Parallel dazu entwickelte sich ein Verlustgefühl und der Wunsch nach möglicher Kompensation durch Rückgriffe auf alte Stadtbilder.[23] Damit liegt die Stadt durchaus in einem Trend, der sich beispielsweise auch in Städten wie Frankfurt am Main, Dresden und Stettin sehen lässt.

Der öffentliche, medial unterstützte städtebauliche Diskurs ist dabei weniger von einer Auseinandersetzung mit der Geschichte geprägt, sondern zeichnet sich vielmehr durch eine starke Bildhaftigkeit aus. Die in diesem oder anderen Kontexten produzierten Bilder der historischen Stadt und ihrer Zerstörung bzw. von Computeranimationen dessen, was sein könnte, prägen rückwirkend nicht nur unser Geschichtsbild, sondern auch unsere Wahrnehmung der Gegenwart, denn „Medien und ihre Bilder umgeben uns nicht nur unablässig, sie überformen und prägen zunehmend auch unsere Alltagswahrnehmung".[24] So findet die Berliner Auseinandersetzung um die sogenannte „Historische Mitte" zunehmend auf einer bildlichen Ebene statt, was auch die Darstellung der anderen Diskussionsseite zeigt.[25]

DER „PLATZ OHNE NAMEN" ALS ZENTRUM DES NEUEN BERLINS__ Neben der Historisierung des Ortes wurde vor allem seitens der Senatsverwaltung eine zweite Herangehensweise an die Berliner Mitte in die Diskussion eingebracht.

Diese legt den Fokus weniger auf die historische Bedeutung als vielmehr auf seine gegenwärtige und zukünftige Bedeutung als zentraler Ort der Stadt Berlin. Als dieser soll er das städtische Gegengewicht zu den repräsentativen Orten des Staates rund um Reichstag und Regierungsviertel bilden. Dementsprechend ist für den Ort ein neuer repräsentativer Charakter angestrebt, der dieser Rolle gerecht wird.[26] Dieser Gedanke fand seinen konkreten Ausdruck in der öffentlichen Ausstellung und Diskussion verschiedener Gestaltungsvorschläge im Dezember 2009, die im Auftrag der Senatsverwaltung durch die Büros Chipperfield, Graft und Kiefer erstellt wurden. Durch diesen strategischen Schritt wurden erstmals bildliche Alternativen zu den schon seit Längerem kursierenden Darstellungen der städtebaulichen Rekonstruktion der Parzellenstruktur geliefert. Die Entwürfe entwickelten Vorschläge für eine Neugestaltung des Platzes unter verschiedenen Leitthemen, beispielsweise „Central Park", „Archäologischer Garten" oder „Städtische

Bühne".[27] Gemeinsame Ziele waren in erster Linie die Nicht-Bebauung des Ortes und die Umgestaltung des freien und flexibel nutzbaren öffentlichen Raumes.

Dennoch ist es erstaunlich, wie grundlegend die dargestellten Überformungen ausfielen, denen in den meisten Fällen auch die denkmalgeschützten (und unlängst sanierten) Kaskaden vor dem Fernsehturm zum Opfer gefallen wären. Es geht also nicht nur um den betonten Erhalt der Freiflächen, sondern indirekt auch um eine bewusste Umgestaltung des Areals, dessen heutige Ausformung auf seiner Funktion im Zentrumsband der DDR-Hauptstadt beruht.

Zusammenfassend lässt sich zur städtebaulichen Diskussion der letzten Jahre festhalten, dass fast ausschließlich das thematisiert wurde, was nicht vorhanden ist, sei es auf der einen Seite das zerstörte historische Zentrum der Stadt Berlin oder andererseits das gewollte neue Zentrum. In der öffentlichen Diskussion existiert der Ort in seiner jetzigen Form also kaum noch.

Das hat auch Auswirkungen auf die öffentliche Wahrnehmung des Ortes. Durch die einseitige Betonung des Nicht-Vorhandenen wird es tatsächlich möglich, einen Ort zu betrachten und eher das wahrzunehmen, was nicht da ist, was aber aufgrund eines sehr präsenten Diskurses bekannter ist als das unbekannte Vorhandene; die Negativform wird somit stärker wahrgenommen als die substanzielle Positivform. Der Platz in seiner tatsächlichen Form wird weder thematisiert noch in seinem Konzept und seinem künstlerischen Gestaltungswillen analysiert. Somit wird er als Platz auch nicht wahrgenommen, sondern als Raum mit notwendigem Handlungsbedarf.

ZUR WAHRNEHMUNG DES ORTES__Bis jetzt wurde der Diskurs mit der Hypothese der möglichen Steuerung der öffentlichen Wahrnehmung durch Information und Bildpolitik analysiert. Dies geht verkürzend von einer relativ einseitigen Vorstellung der Steuerung der Wahrnehmung „von oben" aus. Dennoch handelt es sich bei Orten trotz allem auch um konkret vorhandene Dinge. Als solche sind sie Teil verschiedener Lebenszusammenhänge, in denen sie unterschiedliche Rollen annehmen und in deren Kontext sie beispielsweise auch individuellen Nutzungsvorstellungen gerecht werden müssen. Diese unterschiedlichen Ansprüche an den und Erfahrungen mit dem konkreten Ort spiegeln sich ebenfalls in unserer Wahrnehmung wider und erweitern sie jeweils um eine möglicherweise auch sehr subjektive Komponente. Diese ist allerdings äußerst schwierig messbar und kann individuell ausgesprochen unterschiedlich ausfallen.

Um diese möglichen Facetten aufzuspüren, fand – durchgeführt von Studierenden des Instituts für Stadt- und Regionalplanung der TU Berlin – 2009/10 eine Befragung unter den Bewohnern des behandelten Areals statt.[28] Die rege Teilnahme der Befragten (mit einer Beteiligung von etwa 400 Personen, was ungefähr der Hälfte der angeschriebenen Anwohner entspricht) zeigt zum einen das große Interesse an der öffentlich geführten Diskussion und erzielte zum anderen so auch ein Ergebnis, das als repräsentativ angesehen werden kann. Erfragt wurden neben der persönlichen Nutzung des Ortes auch eine Beurteilung seines Zustandes und der potenziellen Bedeutung für Stadt und Anwohner sowie mögliche Veränderungsvorschläge.

Bei den Befragten handelte es sich um eine sehr spezifische Gruppe, die durch die alltägliche Nutzung des Ortes eine besondere Perspektive auf ihn hat. Dadurch fällt die Wahrnehmung und Be-

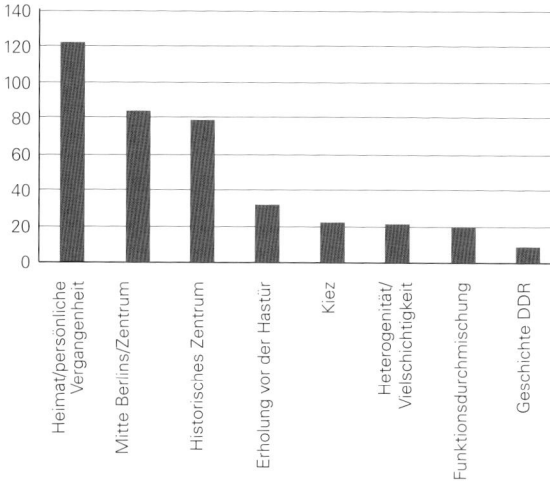

Welche Bedeutung hat der Platz für Sie persönlich?

10

urteilung des Ortes stark nutzerorientiert aus. So wurden die großen Debatten um eine komplette Umgestaltung des Areals in den Antworten kaum aufgenommen, stattdessen konzentriert sich die Kritik hauptsächlich auf den schlechten Pflegezustand, der verbessert werden sollte. Nur ein geringer Anteil der Befragten sprach sich für größere Veränderungen aus, während der Großteil der Anwohner lediglich für eine stärkere Durchgrünung und eine bessere Pflege der Anlage plädierte (Abb. 10).

Als aufschlussreich stellte sich auch die Frage nach der individuellen Bedeutung des Platzes heraus. So ist es zunächst wenig erstaunlich, dass für die meisten Anwohner der Ort seine Bedeutung zunächst aus seinem Bezug zur jeweiligen persönlichen Geschichte bezieht. Daneben wird aber auch seine Rolle als Zentrum Berlins hervorgehoben, gefolgt von der historischen Relevanz

mung des Vorhandenen als etwas bewusst Geplantem zu geben.

Zusammenfassend kann man die Befragung also in der Richtung interpretieren, dass ein wertschät-

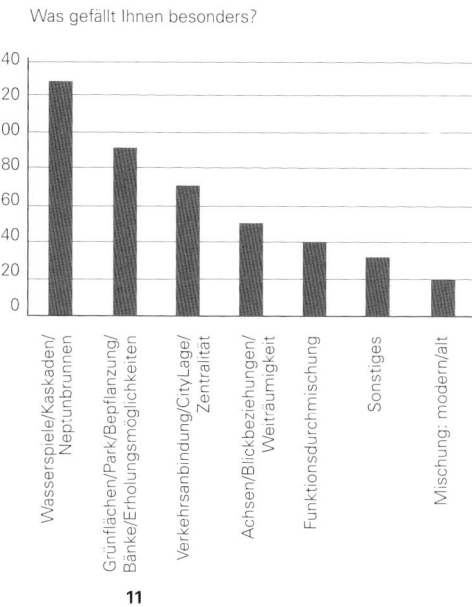

Was gefällt Ihnen besonders?

11

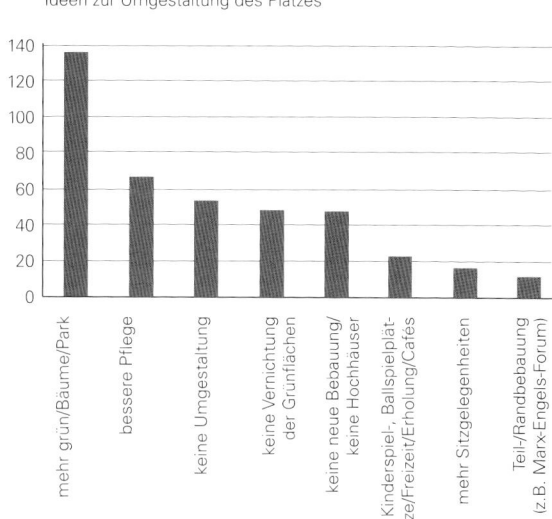

Ideen zur Umgestaltung des Platzes

12

gehoben, gefolgt von der historischen Relevanz des Ortes. Die Rolle des Ortes als Zeugnis der DDR-Geschichte wurde nur von wenigen Befragten als prägend angesehen (Abb. 11).[29] Dies stützt die These, dass der Platz generell in seinem jetzigen Zustand kaum als „beplanter" Ort angesehen wird. Dazu passt als weiteres interessantes Ergebnis der Umfrage, dass die Kaskaden unterhalb des Fernsehturms zwar als Ort mit einer besonders hohen Attraktivität angesehen werden, sie aber nur selten als prägendes Element der Anlage wahrgenommen werden (Abb. 12). Auch hier scheint es also eine Diskrepanz zwischen dem Vorhandenen und der Wahrneh-

zendes Bewusstsein für den jetzigen Zustand des Ortes als gestaltete Freifläche einer spezifischen Zeitschicht in der Bewohnerschaft kaum vorhanden ist. Das würde die oben aufgestellte These der Beeinflussung der Wahrnehmung durch den öffentlichen Diskurs stärken, zumal sich die öffentlich diskutierten Themenfelder der historischen Bedeutung (in Bezug auf die ältere Geschichte Berlins) und der zukünftigen Bedeutung als Hauptstadtzentrum auch in den Antworten der Befragten wiederfinden. Unabhängig davon wiesen aber auch die meisten Befragten auf die Potenziale der jetzigen Gestaltung hin, vor allem auf die vorhandene Aufenthaltsqualität, deren Beurteilung sich aus der alltäglichen Erfahrung begründet. Eine teilweise negative Beurteilung der Anlage basiert weniger auf einer negativen Beurteilung ihrer Gestaltung, sondern eher des Erhaltungszustandes.

ten landschaftsarchitektonischen Raum nicht nur bei der Bevölkerung ist, lässt auch ein abschließender Blick auf die Denkmalkarte erkennen (Abb. 13). Hier werden die Brunnenkaskaden und die davor-

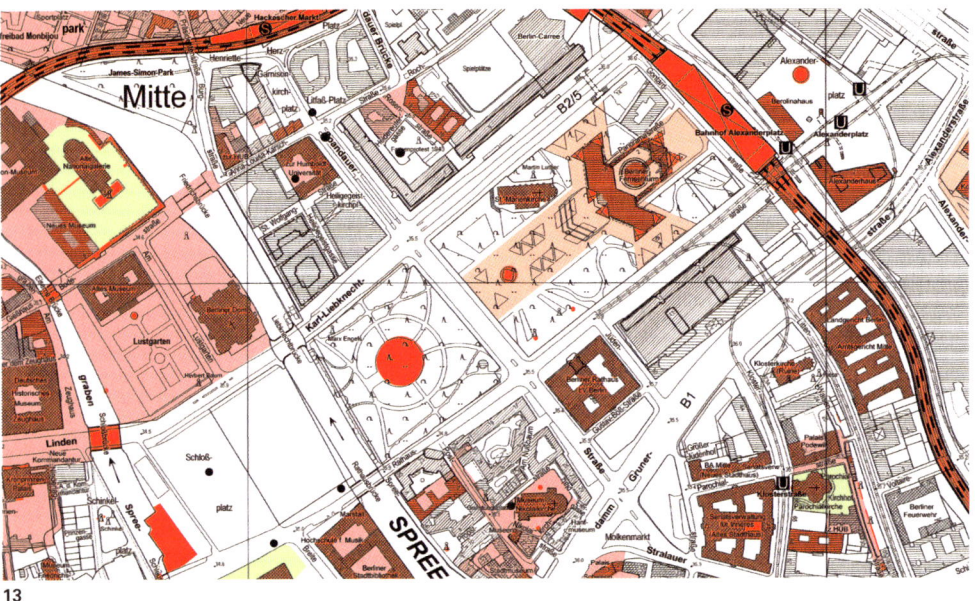

13

Die vorhandene Gestaltung selbst wird vielmehr als solche nicht als relevant betrachtet, im Gegensatz zu den Zuständen, die waren oder sein könnten.

FAZIT__Die Beurteilung der vielen befragten Bewohnerinnen und Bewohner zeigt, dass es notwendig ist, den heutigen Zustand und seine Entstehung in einem bestimmten historischen Kontext, für den er als bezeichnend gesehen werden kann, in den öffentlichen Diskurs einzuführen, wenn man ihn für die Zukunft sichern möchte. Wie gering das Verständnis für diesen zeittypischen und – zumindest in Teilen – als künstlerische Einheit gestalte-

liegende Zone mit den dreieckigen Rosenbeeten und dem Neptunbrunnen als Denkmalbereich ausgewiesen, höchstwahrscheinlich durch ihre enge Verbindung zur baulichen Gestaltung der Fernsehturmumbauung. Dass es sich bei der gesamten Fläche zwischen S-Bahnhof Alexanderplatz und Spandauer Straße jedoch um eine zusammenhängende, in einem Guss entworfene und gestaltete Grünanlage handelt, die durch ihre repräsentative künstlerische Gestaltung nicht nur bezeichnend für die Gartenkunst ihrer Zeit, sondern auch für das Selbstverständnis des DDR-Staates an diesem zentralen Ort Berlins war, ist auch der Berliner Denkmalkarte nicht zu entnehmen.

ANMERKUNGEN

1   Zur Planung des Berliner Zentrums vgl. Architekten- und Ingenieur-Verein zu Berlin (Hg.): *Berlin und seine Bauten* (Teil I: *Städtebau*). Berlin 2009, S. 193–219

2   Flierl, Bruno: „Vom Münzturm zum Fernsehturm. Höhendominanten in der Stadtplanung von Berlin". In: Klingenburg, Karl-Heinz (Hg.): *Studien zur Berliner Kunstgeschichte*. Leipzig 1986, S. 11–51, hier S. 32

3   Vgl. die Zusammenstellung der Planungskonzepte ebd., S. 48 ff.

4   1957 waren die ersten beiden Sputniks in die Umlaufbahn geschossen worden; bis 1961 wurden insgesamt zehn künstliche Erdsatelliten gestartet.

5   Herzog, Walter / Aust, Heinz: „Umbauung Fernsehturm Berlin". In: *Deutsche Architektur*. 3/1969, S. 143

6   Die Planer der Freiflächen arbeiteten im Kollektiv, was dazu geführt hat, dass die genaue Autorenschaft unsicher ist und in verschiedenen Veröffentlichungen unterschiedlich angegeben wird. In der Berliner Denkmaldatenbank werden zum Beispiel Manfred Prasser und Hubert Matthes als verantwortliche Planer genannt. Auf der Entwurfszeichnung, die ausschnittsweise in Abb. 3 wiedergegeben ist, ist dagegen vermerkt: „Freiflächen Entwurf und Zeichnung Hubert Matthes, Erhard Stefke Berlin August 1973".

7   Herzog / Aust 1969 (wie Anm. 5), S. 143

8   Der von R. Begas geschaffene Neptunbrunnen hatte ursprünglich auf dem Schlossplatz gestanden und war 1951 abgetragen und eingelagert worden. Vgl. Landesdenkmalamt Berlin (Hg.): *Denkmaltopographie Bundesrepublik Deutschland. Denkmale in Berlin. Bezirk Mitte – Ortsteil Mitte*. Petersberg 2003, S. 194 f.

9   Funeck, Gottfried / Wilcke, H.: „Ideenwettbewerb ‚Park an der Spree' in der Hauptstadt der DDR Berlin". In: *Landschaftsarchitektur*. 3/1977, S. 84–86

10   In Funeck, Gottfried / Schönholz, Waltraud / Steinwasser, Fritz: *Park- und Grünanlagen in Berlin*. Berlin 1987, S. 10, wird in Bezug auf diesen Bereich etwas enthusiastisch von einer „großzügig gestalteten Parkanlage" gesprochen.

11   So schrieben zum Beispiel Meißner, Walter / Funeck, Gottfried: *Schöne Grünanlagen in Städten und Gemeinden*. Berlin 1974, S. 109–111: „Solche zentralen Grünanlagen werden meist regelmäßig gestaltet. Der starke Fußgängerverkehr wird durch großzügig bemessene Platzflächen und breite Plattenwege berücksichtigt. Die Platten werden in Mustern verlegt. Dekorative Blumenpflanzungen, bildkünstlerischer Schmuck und Springbrunnen bereichern die Anlagen; Baumreihen und Baumblöcke rahmen und gliedern sie. Die Bäume werden möglichst als ‚Großbäume' gepflanzt. Auch historische Relikte, ein alter Brunnen, ein Denkmal oder ein Architekturelement, können solche Freiräume sehr schmücken."

12   Sowohl die Zustandsbeschreibung als auch die Zusammenfassung der nachfolgenden Diskussion entspricht dem Stand von 2012.

13   Die Rede ist hier wohlgemerkt vom Zentrum eines neuen, wiedervereinigten Berlins; der Gedanke des Stadtzentrums an diesem Ort existierte auch schon zur Zeit der Gestaltung, jedoch bezog sich diese explizit auf Ostberlin als Hauptstadt der DDR. In dieser Ausrichtung liegt eventuell auch schon einer der Gründe für die als notwendig angesehene Umgestaltung des Ortes.

14   Dass diese beiden Punkte ihre Überschneidung in einem nach der Wende aufgenommenen Diskurs über eine nationale deutsche Identität haben, legt Florian Hertweck in seiner Darstellung des „Berliner Architekturstreits" dar. Vgl. Hertweck, Florian: *Der Berliner Architekturstreit. Architektur, Städtebau, Geschichte und Identität in der Berliner Republik 1989–1999*. Berlin 2010, S. 127 f.

15   Burg, Annegret: *Planwerk Innenstadt Berlin. Ein erster Entwurf*. Berlin 1997, S. 48

16   Diese Entwicklung beschreiben ausführlich die beiden 2010 erschienenen Dissertationen von Stefanie Hennecke (Hennecke, Stefanie: *Die kritische Rekonstruktion als Leitbild. Stadtentwicklungspolitik in Berlin zwischen 1991 und 1999*, Hamburg 2010) und Florian Hertweck (wie Anm. 13), die sich jeweils auch ausführlich mit dem Begriff der „Kritischen Rekonstruktion" auseinandersetzen. Auf die Unterschiede zwischen dem von Kleihues im Rahmen der IBA '87 geprägten Begriff und dessen Bedeutung im Berlin der Nachwendezeit kann an dieser Stelle leider nur hingewiesen und nicht ausführlicher eingegangen werden.

17   Stimmann, Hans: „Wiederaufbau ohne Zerstörung". In: ders. (Hg.): *Städtebaulicher Strukturplan. Kritische Rekonstruktion des Bereichs: Friedrichwerder, Friedrichsstadt, Dorotheenstadt*. Berlin 1992, S. 32

18   Goebel, Benedikt: *Der Umbau Alt-Berlins zum modernen Stadtzentrum*. Berlin 2003

19   Harald Bodenschatz in Goebel 2003 (wie Anm. 17), S. VII

20   Stimmann, Hans: *Berliner Altstadt. Von der DDR-Staatsmitte zur Stadtmitte*. Berlin 2009

21   Vgl. hierzu beispielsweise die *Berliner Morgenpost* vom 10.05.2009; eine ausführliche Beschreibung des Projektes findet sich auch unter http://www.baunetz.de/architekten/Bernd_Albers_projekte_1331849.html, Zugriff 17.05.2011

22   *Berlins vergessene Mitte. Stadtkern 1840–2010* (Ausstellungskatalog). Berlin 2010

23   Die emotionalen Wertzuschreibungen an die „Altstadt" beschreibt Vinken, Gerhard: *Zone Heimat. Altstadt im modernen Städtebau*. München/Berlin 2010

24   Raab, Jürgen: *Visuelle Wissenssoziologie. Theoretische Konzeption und materiale Analysen*. Konstanz 2008, S. 7

25   Nicht umsonst sprach die *Berliner Zeitung* in diesem Zusammenhang am 17.12.2009 vom „Berliner Bilderstreit", http://www.berlinonline.de/berliner-zeitung/berlin/149771/149772.php, Zugriff 13.05.2011.

26   Vgl. hierzu den Ankündigungstext der Senatsverwaltung für Stadtentwicklung zur Auftaktveranstaltung am 10.07.2009, http://www.stadtentwicklung.berlin.de/aktuell/kalender/downloads/773_historische_mitte.pdf, Zugriff 13.5.2011

27   Alle Entwürfe sind nicht auf den Seiten der einzelnen Architekturbüros oder der Senatsentwicklung zu finden. Über die Seiten der Berliner Presse sind sie aber noch einsehbar: http://www.tagesspiegel.de/mediacenter/fotostrecken/berlin/so-koennte-berlins-mitte-in-zukunft-aussehen/1649432.html?p1649432=7#image, Zugriff 17.5.2011.

28   Der hier zusammengefasste Teil der Befragung richtete sich an die Bewohner der umgebenden Gebäude in der Rathausstraße und Karl-Liebknecht-Straße und wurde im Rahmen eines Studienprojektes an der TU Berlin von Janina Goerke, Frieder Kremer, Martin Kunath, Franziska Ottrembka und Eugen Wiskow durchgeführt.

29   Das mag diejenigen erstaunen, die die Diskussion länger verfolgen konnten, bei der sich bei oberflächlicher Betrachtung sehr schnell eine emotionale Ost-West-Konfrontation herausstellte; die Befragung ergibt in dieser Hinsicht ein anderes Bild.

DIE PRAGER STRASSE IN DRESDEN. DIE SCHLEICHENDE ZERSTÖRUNG DER OSTMODERNE DURCH DIE „EUROPÄISCHE STADT"_TANJA SCHEFFLER

Die Nachkriegsmoderne der DDR-Zeit wird in Dresden schrittweise beseitigt.[1] Denn der seit der Wende wiederauferstandene Mythos des im Krieg untergangenen Stadtbildes lässt – vor allem im historischen Stadtzentrum – keinen Raum für neuere städtebauliche Zeitschichten und schon gar nicht für die freien Stadtlandschaften der Moderne. Am deutlichsten zeigt sich dies an der Prager Straße. Diese Entwicklung ist nur im komplexen Zusammenspiel zwischen der Verklärung der historischen Stadtstruktur, dem Wandel der städtebaulichen Leitbilder sowie der einmaligen Umbruchsituation nach der Wiedervereinigung Deutschlands zu verstehen.

DAS TRAUMA DER ZERSTÖRUNG__Seit der Wende werden nahezu alle Diskussionen zum Stadtumbau Dresdens, genauso wie die zum Wiederaufbau von Frauenkirche und Neumarkt, durch den „Mythos"[2] der unschuldigen, im Krieg zerstörten Stadt sowie durch das sich immer wieder erneuernde virtuelle Bild seiner historischen Gestalt bestimmt. Dies hat mit Dresdens Image als „Kunst- und Kulturstadt" zu tun, vor allem aber auch mit der während des Kalten Krieges politisch motivierten DDR-Propaganda, die durch Aufgreifen des bereits durch die Nazipresse etablierten Topos des „angloamerikanischen Bombenterrors" sowie der völlig überhöhten Opferzahlen Dresden

gezielt zum „Deutschen Hiroshima"[3] stilisierte. Diese Narrative fanden Eingang in Fach- und Populärliteratur (wo sie bis heute weiterwirken) und werden auch im Zusammenhang mit dem Aufbaugesetz sowie den „16 Grundsätzen des Städtebaus" angesprochen.[4]

Trotzdem blieb die Ära der „Nationalen Traditionen" auch in Dresden lediglich ein kurzes Intermezzo. Während Altmarkt und Teile der Ernst-Thälmann-Straße (heute Wilsdruffer Straße) ab 1953 noch in historisierenden Formen errichtet wurden, entstand im Hinterland zwischen Altmarktbebauung und Wallstraße bereits ab 1958 mit der Webergasse ein erstes luftig-filigranes Laden- und Restaurantensemble im internationalen Stil. Der Planungsprozess zum „sozialistischen Haus der Kultur" am Altmarkt verlief – mit unzähligen Varianten vom stalinistischen Hochhaus über traditionelle Ensembles mit frei stehendem Turm – nur schleppend. Als 1961 dann die Entscheidung zugunsten eines modernen, umlaufend verglasten Flachbaus – des späteren Kulturpalastes – fiel, wirkte dies wie ein Fanal. Daraufhin setzte sich auch in der Elbestadt das Leitbild der aufgelockert-durchgrünten Stadt durch.

DIE NEUE PRAGER STRASSE – EINE STADTLANDSCHAFT DER OSTMODERNE__Die 1960er Jahre waren weltweit eine euphorische Phase der Um- und Auf-

1_Dresden – die Prager Straße als „städtebaulicher Erlebnisweg" ins historische Zentrum nach ihrer Fertigstellung, 1979. Blick nach Norden (im Hintergrund: Kulturpalast, Altmarkt und Kreuzkirche)

1

brüche. In der DDR führte der Generationenwechsel in der Architektenschaft zusammen mit den zahlreichen in Ost und West auftauchenden futuristischen Bauen dazu, dass riesige moderne Ensembles als bauliche Manifestation der sich konsolidierenden SED-Herrschaft geplant wur-

durch spannende Blickachsen weiterleitet zum Altmarkt, in die touristisch attraktiven Bereiche der Altstadt und über die Elbe hinweg bis in die Neustadt (Abb. 1).

Die Auswertung des Wettbewerbs erfolgte im Bauministerium.[8] Realisiert wurde die Prager

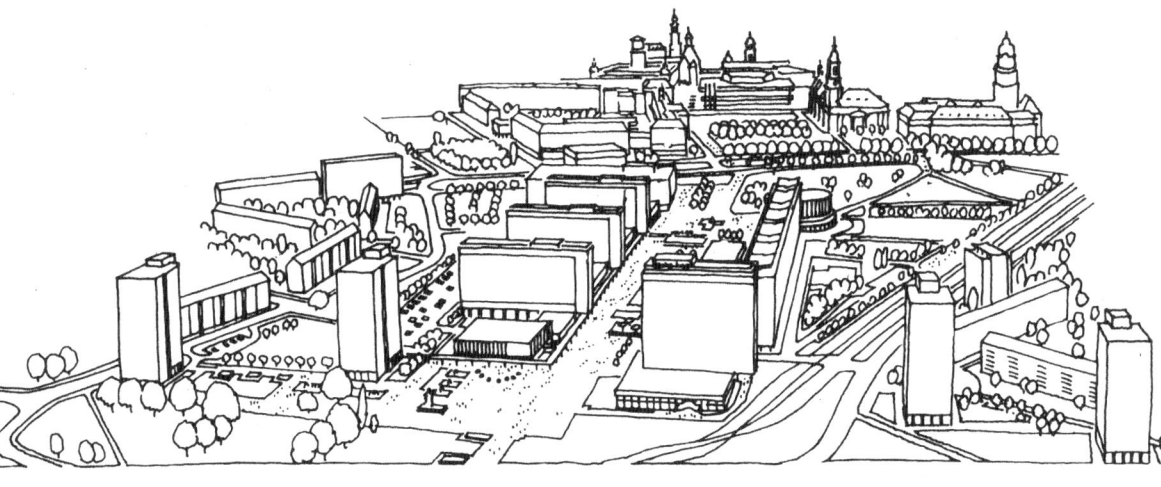

2

den: Der 1962 ausgelobte Ideenwettbewerb für die Prager Straße in Dresden suchte nach einer völlig neuen Stadtfigur, die – so der Ausschreibungstext – zum „Höhepunkt des neuen sozialistischen Lebens unserer Stadt"[5] werden sollte, ganz ohne Fluchtlinienzwang und Parzellenstruktur. Eine neue, an der Altstadt östlich vorbeiführende Nordsüd-Magistrale[6] machte den Weg frei für eine völlig vom Verkehr befreite Stadtlandschaft. Diese sollte der Auftakt eines „städtebaulichen Erlebnisweges"[7] sein, der die Besucher bereits am Hauptbahnhof mit einer großräumlichen Geste empfängt und sie dann

Straße dann jedoch ab 1965 durch den Rat der Stadt nach einem städtebaulichen Masterplan von Peter Sniegon, Kurt Röthig und Hans Konrad: eine 700 Meter lange und mehr als 60 Meter breite Fußgängermagistrale, angelehnt an die 1953 eröffnete Lijnbaan von Van den Broek und Bakema in Rotterdam (Abb. 2).

Ein Kranz aus Hochhäusern sollte den Vorplatz des Hauptbahnhofes einfassen, eine 240 Meter lange Wohnscheibe trennte die Fußgängerzone von der neuen Magistrale und gab dem Ensemble ein Rückgrat. Auf der gegenüberliegenden Seite markierte das großformatige Wandbild *Dresden grüßt seine Gäste* am Restaurant „Bastei" den Beginn der Touristenroute ins Stadtzentrum, durchgängige Pergolen vor den sich daran anschließenden Ladenpavillons und Hotels gaben der Anlage eine klare Struktur (Abb. 3). Das Interhotel „Newa", vor allem aber die erst in den 1970er Jahren am nördlichen Ende der Prager Straße errichteten Sonderbauten wie das „Rundkino" genannte Filmtheater, das Restaurant „International" oder auch das Centrum-Warenhaus setzten nicht nur städtebaulich, sondern auch architektonisch entscheidende Akzente. Unzählige private Fotos und Postkartenmotive aus der DDR-Zeit zeigen die spezielle Atmosphäre der Prager Straße mit ihren diffizil durchkomponierten Freiflächen sowie den von Leonie Wirth entworfenen und vom Kunstschmied Karl Bergmann angefertigten, ganz unterschiedlich gestalteten Brunnenanlagen in Champagnerkelch-, Fliegenpilz- und Pusteblumenform (Abb. 4).

Bereits Ende der 1960er Jahre zeigten sich jedoch ernste Schwierigkeiten, die gesteckten Planziele zu erreichen. Mit der Ära Honecker hatte sich die Vision der „sozialistischen Stadt" der Moderne bereits überlebt. Material- und Facharbeitermangel verhinderten weitere futuristische Prestigeprojekte. Der Wohnungsbau hatte Vorrang. Daher blieb auch die Prager Straße ein Torso. Ein weiterer, das Ensemble zum Altmarkt hin abschließender Hochhauskomplex mit Interhotel und einem als Tagungszentrum fungierenden Haus des Lehrers wurde nicht mehr realisiert und hinterließ eine riesige freie Fläche im Zentrum der Stadt. Das von den Dresdnern liebevoll „Silberwürfel" genannte Centrum-Warenhaus blieb jahrelang im Rohbauzustand stehen

3

und wurde erst 1978 als deutsch-ungarische Co-Produktion fertiggestellt.[9] Trotzdem besaß seine kristalline Alufassade den Charme der weltraumbegeisterten Sixties.[10] (Abb. 5)

NEUE STÄDTEBAULICHE LEITBILDER UND ERSTE KRITIK AN DER PRAGER STRASSE_ Die Prager Straße war noch nicht einmal fertig, da hatten sich parallel zur Renaissance der Innenstädte im Westen und nahezu zeitgleich mit dem europäischen Denk-

4_Dresden – die Prager Straße war zu jeder Jahreszeit ein beliebter Treffpunkt. Blick nach Süden in Richtung Hauptbahnhof, 1982. Brunnenanlage mit Pusteblumen und Fliegenpilzen von Leonie Wirth. **5**_Dresden – Restaurant „International" und Centrum-Warenhaus (kurz vor der Eröffnung), 1977

maljahr die städtebaulichen Leitbilder und auch die „Grundlinie zur städtebaulich-architektonischen Entwicklung des Bezirks Dresden"[11] gewandelt. wieder Albertplatz) durchquerende Achse hatten noch mehrere, wie Perlen an einer Schnur aufgefädelte, dezidiert moderne Ensembles vorgesehen.

4

wandelt. Statt großzügiger futuristischer Stadtlandschaften war jetzt eine „rationelle Nutzung der Ressourcen" gefragt. Außerdem sollte durch die „Einbeziehung der geschichtlich gewachsenen und kulturhistorisch wertvollen städtebaulichen Strukturen, Ensembles und Gebäude" der „spezifische Charakter" der Quartiere weiterentwickelt werden.[12]

Die ersten Planungen des städtebaulichen Erlebnisweges als eine die komplette Innenstadt zwischen Hauptbahnhof und Platz der Einheit (heute

Während in den frühen 1970er Jahren das Baugeschehen auf der Prager Straße ins Stocken geriet, wurde das nächste große Ensemble, die Straße der Befreiung (heute Hauptstraße), auf der Neustädter Elbseite 1974 und 1979 bereits mit einer völlig anderen städtebaulichen Qualität errichtet. Dort orientieren sich die mit vorspringenden Ladenzeilen versehenen Typenbauten der baumbestandenen Allee wieder an historischen Firsthöhen und Fluchtlinien; mehrere erhaltene barocke Bürgerhäuser wurden in den Straßenzug integriert.

Im Westen Deutschlands wurde bereits in den 1960er Jahren „Urbanität durch Dichte" en vogue, wenige Jahre später geriet die Nachkriegsmoderne weltweit unter Beschuss. Der von der DDR eingeladene, als Pionier des industriellen Bauens bekannte Deutschamerikaner Konrad Wachsmann brachte den architektonischen Zeitgeist bei seinem Dresden-Aufenthalt 1979 durch Kritik an der Prager Straße und ihren Dimensionen auf den Punkt: „Was sich hier als großzügig beschreibt, öffnet sich in der Realität als Gigantomanie. [...] Was prächtig sein soll, wirkt deprimierend. Der Mensch ist auf dieser Straße in eine für ihn beziehungslos gewordene Umwelt gestellt, die an ihm, der doch im Mittelpunkt aller Dinge sein sollte, vorbeigebaut ist."[13] Bereits ein Jahr nach der Fertigstellung der Prager Straße formulierte er, im Interhotel „Newa" mit gutem Blick auf die gesamte städtebauliche Anlage untergebracht – erstmals Gedanken darüber, „die Betonlandschaften zu beseitigen"[14] (Abb. 6).

Damit setzte er einen Argumentationskanon in Gang – „zu breit, zugig, quälend"[15] –, der nach der Wende (als eine kritische Auseinandersetzung mit dem baulichen Erbe erstmals möglich wurde) schlagartig lautstark und unüberhörbar wurde. Die lokalen Stadtplaner sahen 1990 im Dresdner Zentrum eine „städtebauliche Fehlleistung"[16] und „das Gruselkabinett städtebaulicher Sünden schlechthin."[17] Amber Sayah entdeckte das „Horrorszenario" einer „smogzerfressenen und rußgeschwärzten Trümmerstadt" mit der „Ausgeburt" der Prager Straße, einem „Spießer-Alptraum" mit „eine[r] geradezu lächerliche[n] Gigantomanie."[18] Vor allem

aber der 1993 nach Dresden berufene Kunsthistoriker Jürgen Paul degradierte das DDR-Ensemble der Prager Straße regelmäßig „zu einer städtebaulich verfehlten Lösung und ästhetisch abstoßenden Gestaltung dieses für Dresden so wichtigen Gebietes."[19]

5

AUF DER SUCHE NACH DEM „ALTEN DRESDEN" – EINE „EUROPÄISCHE STADT"?__Fritz Löfflers stadtbaugeschichtlicher Bildband *Das alte Dresden*[20] hatte die Erinnerung an die historische Stadt über die komplette DDR-Zeit wachgehalten. Die fehlende Urbanität des Stadtzentrums war bereits in den 1970er Jahren Thema des lokalen städtebaulichen Diskurses. Um endlich die freien Flächen im nördlichen Bereich der Prager Straße zu füllen, wurde 1987 zwischen Rundkino und Dr.-Külz-Ring mit der Errichtung von drei Blockrandstrukturen in Großtafelbauweise begonnen. Nur einer dieser Wohnblöcke wurde jedoch auch fertiggestellt (Abb. 7).

Nach der Wende entwickelte sich das von Blockrandstrukturen geprägte historische Stadt-

bild dann ad hoc zur Projektionsfläche für die all-
gegenwärtige Sehnsucht nach der vermeintlich
besseren „guten alten Zeit". Sofort etablierten
sich Konzepte zur Rekonstruktion von Teilen der
früheren Stadtstruktur oder, wie es Leon Krier
beim Architektur-Forum 1990 plakativ formulierte: „Der beste Plan für Dresden existiert bereits. Es ist der von 1944. Man braucht ihn nur
nachzubauen."[21] Dies ordnete sich harmonisch in
den internationalen Zeitgeist ein, der seit Langem die historisch gewachsene, dichte „europäische Stadt"[22] mit klar definierten Straßenräu-
men und urbaner Nutzungsmischung als wieder
anzustrebendes Pendant zur sich großflächig in
der Peripherie ausbreitenden monofunktionalen
Siedlungsstruktur propagierte.

Ausgehend von der traditionellen „europäischen
Stadt", die durch eine Vielfalt von verschiedenen,
teilweise auch widersprüchlichen architektonischen Zeitschichten geprägt wird, favorisierten
die Bearbeiter des neuen Planungsleitbildes Innenstadt[23] – im bewussten Gegensatz zu den
mit Totalabrissen einhergehenden Flächensanie-
rungen der 1950er bis 1970er Jahre – ein Weiterbauen am Bestand. Die verloren gegangene
Baukultur sollte wiederbelebt und trotzdem der
Großteil der DDR-Bauten erhalten werden. Dafür
sollten „die bebaubaren Flächenpotentiale […]
intensiv genutzt", das Zentrum „durch die Ansie-
delung von Kauf- und Warenhäusern nachhaltig
aufgewertet" und so „zum attraktiven Einkaufs-
schwerpunkt von Stadt und Region werden."[24]
Dies führte dazu, dass mit dem Verweis auf frühere städtebauliche Konstellationen und Bauten
innerhalb weniger Jahre im Stadtzentrum – natürlich vor allem in den 1a-Lagen – neue Waren-

häuser und Bürobauten wie Pilze aus dem Boden schossen.

**IM „WILDEN OSTEN". DIE VERHÄNGNISVOLLEN ERSTEN
JAHRE NACH DER WENDE**__Im Rückblick betrachtet
gewinnt man den Eindruck, dass nach der
Wende in Dresden ähnliche Mechanismen ablie-
fen wie bei der Besiedelung des Wilden Westens
oder der Urbarmachung von Kolonien. In Goldgräberstimmung gaben sich beim neuen Oberbürgermeister die Investoren die Klinke in die
Hand. Ein westdeutsches Wirtschaftsmagazin
bescheinigte der Elbestadt bereits 1990 das
„beste Investitionsklima von allen ostdeutschen
Großstädten".[25] Nahezu das komplette Dresdner
Zentrum galt als „Bauplatz".[26] Viele der dort bereits während der DDR-Ära errichteten, jetzt
aber nicht mehr dem Zeitgeschmack entsprechenden Bauten wurden dabei bewusst ausge-
blendet. „Weder Stadtreparatur noch Stadtumbau kennzeichnen unsere Aufgabe. Beides setzt
nämlich die Existenz eines zu ertüchtigenden
Stadtkörpers voraus."[27] Stattdessen fühle sich
der Stadtentwicklungsdezernent Gunter Just
„getrieben, trotz aller Widrigkeiten ein Stadtzentrum erst einmal schaffen zu müssen. Außerhalb
des kulturhistorischen Zentrums harren noch
zehn Quadratkilometer Brachen und rückzubau-
ender beziehungsweise zu arrondierender Bereiche der Bebauung."[28] Denn durch das Leitbild der
dichten „europäischen Stadt" wurden die weit-
räumigen Freiflächen der sozialistischen Ensembles gar nicht als Bestandteile der Stadtstruktur
angesehen, sondern viel mehr als „Flächenpo-
tenzial" im Sinne der marktwirtschaftlichen Ver-
wertung von Grund und Boden.

6

Planungsunsicherheit entstand durch die vielen Restitutionsansprüche, die Investitionen in die vorhandenen Wohn- und Geschäftshäuser hemmten. Gleichzeitig wollten westliche Investoren, stimuliert durch hohe Renditeerwartungen und Fördermöglichkeiten, innerhalb kürzester Zeit die aktuellsten Nutzungs- und Standortkonzepte realisieren. Anfangs war die Verwaltung jedoch nur eingeschränkt handlungsfähig, da es an entsprechend ausgebildetem Personal und plangerischen Grundlagen fehlte.[29] Trotzdem wurden die wichtigsten Weichen für die weitere städtebauliche Entwicklung bereits in dieser Zeit gestellt, denn das neue Planungsleitbild Innenstadt[30], das „Einzelfestlegungen zu Themen übergreifender Bedeutung oder mit Langzeitwirkungen"[31] festschrieb, wurde als Entwurf bereits 1991 vorgestellt und 1993 dann auch abgesegnet. Für die Prager Straße hatte dies gravierende Folgen.

7

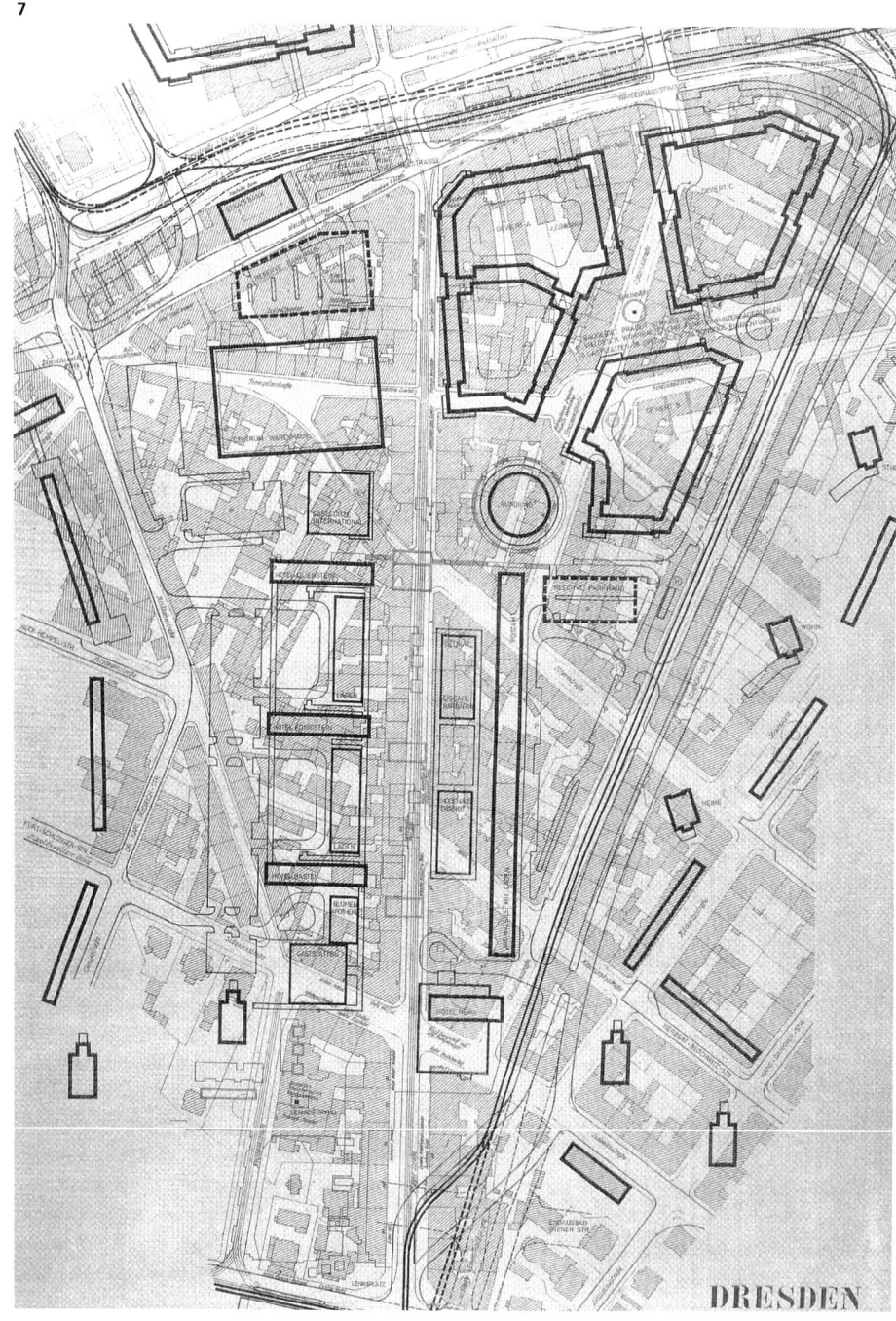

In Anlehnung an die Leitthese des west-östlichen Architektenworkshops Dresden vom Sommer 1990 sah das Planungsleitbild Innenstadt vor, die durchgängige Fußgängerachse zwischen Hauptbahnhof und Albertplatz unter anderem durch eine „Einengung und Verdichtung der Prager Straße vom Bahnhofsvorplatz bis zum Külzring"[32] zu einer dichten Abfolge von schmalen Straßen mit dazwischen liegenden Plätzen umzugestalten. Der mittlere Bereich der Prager Straße – zwischen Rundkino und Hotel „Newa" – sollte als sogenannter „Prager Platz" erhalten und die im Norden und Süden davon vorhandenen „Brachflächen […] hoch verdichtet" bebaut werden. Die Einengung der lichten Breite auf die „historischen 18 Meter" sollte an diesen Stellen dann „Torsituationen" ergeben.[33]

DIE NACHVERDICHTUNG__ An den attraktivsten Standorten wurden die freien Grundstücke auch zügig bebaut. Innerhalb von wenigen Jahren entstanden auf der Ostseite der Prager Straße in der Flucht der historischen Straßenachse das Karstadt-Warenhaus (1993–1995), die Whörl-Plaza (1995–1996) und das Florentinum (1996). Der west-östliche Architektenworkshop hatte als Erlebnishöhepunkt der Prager Straße noch einen runden Platz vorgesehen, der das Rundkino attraktiv in Szene setzten sollte.[34] Dem Stadtentwicklungsdezernenten Gunter Just war die auffällige Solitärstellung der Sonderbauten jedoch ein Dorn im Auge: „Der ungebührlich auf sich aufmerksam machende Solitär […] zerschlägt den städtischen Rahmen; deshalb wollen wir dem Chaos entgegen wirken, statt es darzustellen."[35] Daher realisierte sein Sohn Holger Just mit

der Whörl-Plaza dann ein winkelförmiges Büro- und Geschäftshaus, das sich an zwei Seiten um das Rundkino legt und dieses nahezu völlig von der Prager Straße abriegelt „wie eine weggeräumte Mülltonne hinter einem Architekturparavent"[36] (Abb. 8 und 9).

Aus heutiger Sicht war dieses sich keilartig in das sozialistische Ensemble schiebende Geschäftshaus der Beginn der schleichenden Zerstörung der Stadtlandschaft. Denn hier wurden (parallel zum Abriss und Komplettneubau des südlichen Ladenpavillons vor der langen Wohnzeile) zum ersten Mal nicht nur die Ränder nachverdichtet, um das Ensemble in sein Umfeld einzubinden, sondern gezielt neue Baustrukturen in die Prager Straße hinein implantiert, die Sichtachsen zustellen und damit wichtige architektonische Elemente ins Abseits drängen. Städtebauliche Wettbewerbe zum Wiener Platz (1993) sowie zur Nachverdichtung von Prager Straße und Seevorstadt (1998) stellten dann die Weichen für weitere Großstrukturen vor dem Hauptbahnhof und das Zubauen der zwischen den Hotels gelegenen Touristengärten.

DAS UMDENKEN – UND TROTZDEM KEIN ENDE DER BAUMASSNAHMEN IN SICHT__ Mittlerweile waren die euphorischen Nachwendejahre jedoch vorbei. Auch in Dresden erlahmte der wirtschaftliche Aufschwung (wenn auch weniger als in anderen Städten). Viele der freien Flächen im Stadtzentrum fanden keine Interessenten. Auf anderen Arealen sprangen die Investoren ab. Denn nach der Wende waren auch auf der „grünen Wiese" große Einkaufszentren entstanden. Trotzdem schien – angesichts der vielen Brachen – eine massive Nachverdichtung die einzige Möglichkeit zu sein, in der Innenstadt wieder eine „urbane Dichte" zu erzeugen. Um dies anzukurbeln, wurde die Rückkehr zur „europäischen Stadt" von den kommunalen Stadtplanern wie ein nostalgisches Mantra beschworen.[38]

Ab dem Spätsommer 2002 wurde jedoch nicht

8

Durch den drohenden Verlust dieser seit Langem fest im Alltagsleben der Dresdner etablierten, eindeutig positiv besetzten Orte fand ein Umdenken in der fachlichen Bewertung und auch der öffentlichen Akzeptanz des Ensembles statt. Künstler und andere Kreative nutzten die aufgrund der Hochwasserschäden leer stehen-

9

nur Fachleuten, sondern auch der interessierten Öffentlichkeit nach und nach klar, dass das Schicksal der Prager Straße – sowie weiterer hochrangiger Bauten der Ostmoderne – akut auf dem Spiel stand. Die städtische Wohnungsbaugesellschaft sah sich nicht in der Lage, die lange Wohnzeile zu sanieren und dachte über einen Abriss nach. Der Kulturpalast sollte zu einer Ladenpassage mit integrierten Konzertsälen umgebaut werden. Außerdem überschwemmten im August des Jahres die Wassermassen des Jahrhunderthochwassers die Prager Straße. Besonders stark betroffen war der südliche, niedriger gelegene Bereich mit den Hotels und Ladenpavillons. Auch die Brunnenanlagen wurden funktionsunfähig und nicht wieder instand gesetzt (Abb. 10).

den oder aber als Abrisskandidaten gehandelten Gebäude und demonstrierten durch ihre Projekte das enorme Potenzial dieser Bauten.[39] Die Klasse Baukunst der Sächsischen Akademie der Künste initiierte 2003 eine hochrangig besetzte und viel beachtete Tagung zur Nachkriegsmoderne in Dresden.[40] Kurz danach wurde das Rundkino unter Denkmalschutz gestellt. Außerdem bildeten sich mehrere Bürgerinitiativen, die sich für den Erhalt der zur Disposition stehenden Gebäude (Rundkino, Kulturpalast, Centrum-Warenhaus) einsetzten. Trotzdem schritt die Umgestaltung der Prager Straße rasant voran: Anhand einer bereits seit Jahren vorliegenden Stadtbildgestaltungskonzeption[41] wurden die kompletten Freiflächen 2004 in einem Zug mit Mitteln der Hochwasserschadensbeseitigung nach dem gestalterischen Vorbild von Hauptstraße und Brühlscher Terrasse zu einer baumgefassten, auf die Lauflinie der Stadt-

der Centrum-Galerie (2009), einer den kompletten Block umfassenden Shoppingmall, abgerissen (Abb. 11).

10

achse orientierten „Flaniermeile" umgestaltet. Im Zuge der Flutschadenbeseitigung wurden dann auch die meisten Ladenpavillons sowie das Restaurant „Bastei" völlig umgebaut oder aber durch größere Neubauten ersetzt. Schrittweise wurde der südliche Bereich der Prager Straße nachverdichtet und auf die historische Breite zurückgebaut. Dabei verschwand das Wandbild *Dresden grüßt seine Gäste* in einer Hinterhofsituation. Centrum-Warenhaus und Restaurant „International" wurden schließlich 2007 trotz massiver Proteste für die Errichtung

UND DIE DENKMALPFLEGE?__ Immer wieder wurden Rufe nach der Denkmalpflege laut. Denn in Chemnitz (der „Stadt der Moderne") waren die Straße der Nationen und auch das Karl-Marx-Forum bereits 1991 von der Stadtverwaltung in der Denkmalkarte als erhaltenswert gekennzeichnet worden.[42] Trotzdem brach auch dort nach der endgültigen Eintragung in die Denkmalliste 1994 eine Welle der Empörung darüber aus, „Teile der Chemnitzer Plattenbau-City zum DDR-Freiluft-Museum zu machen"[43] und damit womöglich Investitionen sowie eine erfolgreiche Stadtentwicklung zu verhindern.

Damals befand sich die fachliche Auseinandersetzung mit der Baugeschichte der DDR noch in ihren Anfängen, lediglich die Bauten der 1950er

che nach der verloren gegangenen Stadtstruktur tüchtig angeheizt und gleichzeitig die Diskussionen über die sozialistischen Städtebaukonzepte in

11

Jahre waren allgemein akzeptiert. Dennoch startete das Landesdenkmalamt auch mehrere Ansätze zur Untersuchung der Denkmalwürdigkeit der erst 1978 fertig gewordenen Prager Straße.[44] Sie war im Vergleich mit den Chemnitzer Ensembles aber jünger und schien nicht deren politikgeschichtliche Bedeutung zu haben. Außerdem war zu diesem Zeitpunkt in Dresden kein gesellschaftlicher Minimalkonsens zur Erhaltung der Anlage vorhanden: Matthias Lerm hatte bereits 1993 mit seinem Buch *Abschied vom alten Dresden. Verluste historischer Bausubstanz nach 1945* die Su-

Dresden stark politisch aufgeladen.[45] Daher zögerte die Denkmalpflege lange, die städtebauliche Gesamtanlage der Prager Straße und ihre einzelnen Bestandteile zu schützen.

Erst nach dem Symposium der Akademie der Künste 2003 setzte sich fachintern die Meinung durch, dass sie ein „Meisterwerk der sozialistischen Stadtbaukunst der Nachkriegsmoderne"[46] und daher möglichst im Originalzustand zu erhalten sei. Zu diesem Zeitpunkt war es für eine Unterschutzstellung als „Sachgesamtheit" aber zu spät. Denn der Entwicklungsdruck der ersten Nachwendejahre hatte bauliche Tatsachen geschaffen. Nord- und Südende des Areals waren bereits zu großen Teilen eingeschnürt, das Rundkino eingebaut, die Großzügigkeit der Anlage verloren gegangen. Letztendlich wurden lediglich das Rundkino, das Wandbild am ehemaligen Restaurant „Bastei" sowie der einzige noch erhaltene Touristengarten zwischen den Hotels in die Denkmalliste aufgenommen. Alles Objekte, die sich mittlerweile außerhalb des erlebbaren Blickwinkels befinden.

DIE VISIONÄREN STADTLANDSCHAFTEN DER „GOLDENEN JAHRE"__Diese Entwicklung wurde entscheidend dadurch begünstigt, dass die im Westen seit Langem in Fachkreisen, Feuilleton und Bevölkerung kursierende Fundamentalkritik an der späten Nachkriegsmoderne nach der Wiedervereinigung automatisch auch auf die Ostmoderne übertragen worden war. Eine solide Erforschung oder vorurteilsfreie Würdigung dieser Ära erschien daher in den ersten bilderstürmerischen Jahren als unangemessen oder auch gar nicht notwendig. Völlig unberücksichtigt blieb dabei, dass gerade die großen sozialistischen Stadtlandschaften – wie die Prager Straße – zu den am meisten zeugnishaften und qualitativ herausragenden Beiträgen der Baugeschichte dieses untergegangenen Staates gehören. Denn diese Super-Visionen der Moderne wurden fast alle in den „goldenen Jahren" der DDR entworfen – in dem einzigen Zeitabschnitt, in dem die Planer weitestgehend freie Hand bei ihrem Projekten hatten: zwischen der bis 1956 üblichen stalinistischen Architekturkontrolle sowie dem unter Honecker 1973 beschlossenen und dann ab 1976 realisierten Wohnungsbauprogramm, das die meisten

Architekten dauerhaft „vom Baukünstler zum Komplexprojektanten"[47] degradierte.

Außerdem hatte die politisch bedingte Zeitverschiebung der „nachgeholten Moderne"[48] den Planern in der DDR die Möglichkeit gegeben, die Vor- und Nachteile der in anderen (vor allem auch

12

westlichen Ländern) bereits realisierten Projekte intensiv zu untersuchen.[49] So arbeitete bei der Prager Straße eine 70-köpfige „Komplexbrigade" mehr als zwei Jahre intensiv an der Auswertung des Wettbewerbs,[50] denn im Gegensatz zur weitestgehend monofunktionalen Lijnbaan, die aus einer zentralen Fußgängerzone und mehreren diesen Bereich flankierenden Wohnblocks besteht, war für die sozialistischen Zentren keine „Citybildung mit getrennten Funktionszeiten erwünscht," sondern durchgängige Lebendigkeit durch eine „Ganztagsfunktion".[51]

Noch gut kann sich Hans Konrad (*1934), Mitglied der Dresdner Planungsgruppe, an den Rat seiner Rotterdamer Kollegen erinnern: „Unsere

Lijnbaan funktioniert bis 19 Uhr, dann ist keiner mehr auf der Straße. Wenn ihr ähnliches plant, denkt an Wohnungen, Hotels und Gaststätten, an Passanten herum. Nicht zuletzt so trat die Straße ans Licht der Weltöffentlichkeit – als Bühne für Hippies, die im Osten ‚Tramper' hießen, und für unge-

13

Filmtheater und Tanzbars."[52] Daher konzipierten sie ein kombiniertes Touristen- und Einkaufszentrum mit vielen Kleinwohnungen in der langen Wohnzeile. Durch die hohen Aufenthalts- und Freizeitqualitäten schufen sie (trotz des damals überschaubaren Warenangebotes) eine lebendige Innenstadt.

„Tatsächlich war hier, anders als in den landläufig publizierten Shoppingmeilen des Westens, ausreichend Spielfläche für urbanen Müßiggang entstanden. Hier trieben sich Sonnensucher, Selbstdarsteller, anonyme Charmeure, hin und wieder sogar Gitarreros zwischen den zum Bahnhof eilenden

zwungen ihr ‚Moskauer Eis' in der Sonne verzehrende Familien mit Töchtern im Minirock."[53] (Abb. 12) Daher konnte sich die Prager Straße, nach langen Jahren der Tabula rasa, bereits in den 1970er Jahren wieder als pulsierendes Zentrum etablieren[54] – oder aber, wie es der in der langen Wohnzeile aufgewachsene Filmschauspieler Jan Josef Liefers formuliert, als „Downtown" von Dresden.[55] Dies fiel auch einigen Fachleuten aus dem Westen auf, so warnte Klaus von Beyme bereits 1987 nach seinem Besuch: „Man lasse sich auch nicht durch äußeren Gigantismus irreführen. Die Prager Straße ist von den Bürgern voll angenommen worden."[56]

DIE MODERNE UND DIE „EUROPÄISCHE STADT"__ Die sozialistische Prager Straße war als Raumfigur einzigartig und verfügte mit den Pusteblumen, dens Weg zur Demokratie) statt. Leider hat es die Elbestadt in ihrer nach der Wende geradezu inflationär wieder ausbrechenden Trauer um das „alte

14

der Wabenfassade des Centrum-Warenhauses sowie dem Rundkino über mehrere für diese Ära charakteristische, bis heute identitätsstiftende Elemente.[57] Sie war im Gegensatz zu Altmarkt und Wilsdruffer Straße auch nicht als Aufmarschfläche konzipiert, sondern nur für den Konsum und das innerstädtische Verweilen (oder „Rumgammeln"). Dies machte sie auch für Subkulturen und systemkritische Kreise interessant. In der Umbruchphase der friedlichen Revolution 1989 fanden hier, am südlichen Ende der Prager Straße vor dem Hauptbahnhof, Demonstrationen und auch die Bildung der „Gruppe der 20" (Dres-

Dresden" schlichtweg verpasst, das architektonisch aus dem sonstigen DDR-Baugeschehen überaus herausragende Ensemble der Prager Straße als neu hinzugekommene, durchaus auch identitätsstiftende Zeitschicht anzunehmen. Stattdessen wurde sie euphorischen Planungen, knallharten Investorenwünschen und einem – dem Stadtmarketing geschuldeten – neuen städtebaulichen Leitbild geopfert, das bereits nach wenigen Jahren erste Schwächen aufwies.

Die „europäische Stadt" ist ein aus der Nostalgie entstandenes Wunschbild einer Stadt. Die Prager Straße ist jedoch ein anschauliches Beispiel dafür, dass dieses Leitbild für den Umbau der sozialistischen Stadt der Moderne nicht taugt. Denn das intensive Nachverdichten einer Stadtlandschaft mit zeitgenössischen Bauten auf vagen historischen Vorbildern ergibt keine gewachsene Stadt, zerstört aber trotzdem die stadträumlichen Qualitäten der Moderne (Abb. 13 und 14).

ANMERKUNGEN

1 Zu den hochrangigen Abrissen gehören das Einkaufszentrum Webergasse (1999), das Centrum-Warenhaus, das Restaurant „International" sowie der „Fresswürfel" genannte Gaststättenkomplex „Am Zwinger" (alle 2007).

2 Vgl. Stiftung Deutsches Hygiene-Museum (Hg.) / Raulff, Helga (Red.): *Mythos Dresden*. Köln 2006;

3 Vgl. Fox, Thomas C.: „East Germany and the Bombing War". In: Wilms, Wilfried (Hg.): *Bombs away!: Representing the air war over Europe and Japan*. Amsterdamer Beiträge zur neueren Germanistik, (Band 60). Amsterdam 2006, S. 113–130. Margalit, Gilad: „Der Luftangriff auf Dresden. Seine Bedeutung für die Erinnerungspolitik der DDR und für die Herauskristallisierung einer historischen Kriegserinnerung im Westen". In: Düwell, Susanne / Schmidt, Matthias (Hg.): *Narrative des Shoah. Repräsentation der Vergangenheit in Historiographie, Kunst und Politik*. Paderborn/München/Wien/Zürich 2002, S. 189–208

4 Ministerium für Aufbau der Deutschen Demokratischen Republik (Hg.): *Schöne Städte für ein schönes Leben. Der Städtebau in der Deutschen Demokratischen Republik. Ein Beitrag zum deutschen Aufbau*. Berlin 1950, hier S. 41, S. 47 und S. 48

5 Münter, Georg: „Bericht und Gedanken zum Wettbewerb Prager Straße". In: *Deutsche Architektur*. 3/1963, XII. Jg., S. 133–136, hier S. 134

6 Dafür wurde die durch ein gründerzeitliches Wohnviertel verlaufende Christianstraße zur sechsspurigen Leningrader Straße (heute St. Petersburger Straße) ausgebaut.

7 Rat der Stadt Dresden: *Generalbebauungsplan und Generalverkehrsplan der Stadt Dresden*. Dresden 1967, S. 28. Ähnlich formuliert bei Münter 1963 (wie Anm. 5), S. 134

8 Vgl. Hammerschmidt, Valentin: „Dresden. Vom langen Wiederaufbau zum schnellen Wiederumbau". In: Meier, Hans-Rudolf / Franz, Birgit (Hg.): *Stadtplanung nach 1945. Zerstörung und Wiederaufbau. Denkmalpflegerische Probleme aus heutiger Sicht* (Veröffentlichung des Arbeitskreises Theorie und Lehre der Denkmalpflege e. V., Band 20). Holzminden 2011, S. 112–119, hier S. 115

9 Scheffler, Tanja / Fischer, Mandy: „Alea iacta est – Der Würfel ist gefallen". In: Buttolo, Susann / Raap, Gisela (Red.): *Dresden – Architektur der Nachkriegsmoderne* (Zeitzeugnisse Heft 3). Dresden 2006, S. 42–51, hier S. 42

10 Ebd., S. 42–51

11 *Grundlinie zur städtebaulich-architektonischen Entwicklung des Bezirks Dresden, aufgestellt und bearbeitet vom Bund der Architekten der DDR – Bezirksgruppe Dresden – April 1977*. Bearbeiter: Hänsch, Dr. Köppe, Leucht, Lunze, Dr. Möbius, Dr. S. c. Michalk, Dr. Pampel, Rüpprich, Dr. Sniegon.

12 Ebd., S. 2

13 Grüning, Michael: *Der Wachsmann-Report. Auskünfte eines Architekten*. Berlin (DDR) 1985, S. 301/302

14 Ebd., S. 302

15 Ebd., S. 301, vgl. u. a. auch Sayah, Amber: „Auf der Suche nach der verlorenen Stadt". In: *Stadtbauwelt*. 48/2008, 81. Jg., S. 2420–2425, hier S. 2421

16 Just, Gunter: „Dresden auf dem Weg zur neuen Schönheit". In: ders. (Hg.): *Bauplatz Dresden – 1990 bis heute*. Dresden 2003, S. 8–15, hier S. 8

17 Roßberg, Ingolf / Tiedt, Hans-Georg: „Leitideen für die Stadtentwicklung Dresdens". In: *Stadtbauwelt*. 48/2008, 81. Jg., S. 2426–2428, hier: S. 2427. Roßberg war damals Baubürgermeister (der erste nach der Wende). Durchaus denkbar ist jedoch, dass Roßbergs Kommentar redaktionell „in Form" gebracht wurde, da das komplette Heft eine ähnliche Zielrichtung hat.

18 Sayah 1990 (wie Anm. 15), hier S. 2421

19 Paul, Jürgen: „Dresden. Auf der Suche nach der verlorenen Mitte". In: von Beyme, Klaus / Durth, Werner / Gutschow, Niels / Nerdinger, Winfried / Topfstedt, Thomas (Hg.): *Neue Städte aus Ruinen. Deutscher Städtebau der Nachkriegszeit*. München 1992, S. 313–333, hier S. 332. Vergleichbare, noch deutlichere Kommentare in: Paul, Jürgen: „Reconstruction of the City Centre of Dresden: Planning and Building during the 1950s". In: Diefendorf, Jeffry M. (Ed.): *Rebuilding Europe's Bombed Cities*. Houndmills/London 1990. S. 170–189, hier S. 185

20 Löffler, Fritz: *Das alte Dresden. Geschichte seiner Bauten*. Dresden 1955 (1. Auflage), zahlreiche weitere Auflagen (17. Auflage 2011)

21 Zitiert nach: Landeshauptstadt Dresden, Dezernat für Stadtentwicklung, Stadtplanungsamt (Hg.) / Friedrich, Annette / Walter, Jörn (Verfasser Endfassung 1993): *Planungsleitbild Innenstadt*. Dresden 1994, hier S. 6

22 Siebel, Walter (Hg.): *Die europäische Stadt*. Frankfurt a. M. 2004. (Siebel nennt die fünf wichtigsten Merkmale auf S. 18.) Der Begriff der „europäischen Stadt" wird mittlerweile jedoch geradezu inflationär, mit völlig unterschiedlichen Bedeutungen verwendet, vgl. dazu auch: Schubert, Dirk: „Mythos ‚europäische Stadt'. Zur erforderlichen Kontextualisierung eines umstrittenen Begriffs". In: *Die alte Stadt*. 4/2001, 28. Jg., S. 270–290

23 Landeshauptstadt Dresden 1994 (wie Anm. 21)

24 Ebd., S. 52/53

25 Zitiert nach Sayah 1990 (wie Anm. 15), hier S. 2421. Überaus präzise analysiert Sayah die Goldgräberstimmung der Investoren und die Hilflosigkeit der Behörden.

26 So der Titel eines durchaus auch als „Imagebroschüre" zu verstehenden Bandes: Just 2003 (wie Anm. 16)

27 Ebd., S. 9

28 Just, Gunter: „Einleitung." In: Flagge, Ingeborg (Hg.): *Dresden. Stadtführer zeitgenössischer Architektur*. Dresden 2004, (Teil II, o. Seitenzahl)

29 Friedrichs, Jürgen: „Einleitung." In: ders. (Hg.): *Die Städte in den 90er Jahren. Demographische, ökonomische und soziale Entwicklungen*. Opladen/Wiesbaden 1997, S. 7–11. Zur speziellen Situation im Dresdner Bauamt: Manfred Artur Fellisch: „Zwanzig Jahre kommunale Selbstverwaltung – einige persönliche Anmerkungen". In: Dresdner Geschichtsverein e. V. (Hg.): *Dresdner Hefte*, 4/2009, 27. Jg., Heft-Titel:

Zwanzig Jahre neues Dresden. S. 16–24

30 Landeshauptstadt Dresden 1994 (wie Anm. 21)

31 Ebd., S. 10

32 Von Gerkan, Meinhard (Hg.): *West-östlicher Architekten-workshop zum Gesamtkunstwerk Dresden* [13. Juli 1990 – 20. Juli 1990]. Hamburg 1990, hier S. 32/33

33 Landeshauptstadt Dresden 1994 (wie Anm. 21), hier: S. 43 f.

34 Von Gerkan 1990 (wie Anm. 32), hier S. 33

35 Just 2003 (wie Anm. 6), S. 13

36 Richter, Peter: „Engländer über der Stadt". In: *Frankfurter Allgemeine Sonntagszeitung* vom 23.07.2006, S. 23

37 Lippert, Hans-Georg / Voisin, Chloë: „Die Wirklichkeit der Bilder. Visionen für Dresden nach 1990". In: Fischer, Joachim / Delitz, Heike (Hg.): *Stadtvisionen für Dresden vom Barock bis zur Gegenwart*, Dresdner Hefte, 4/2007, 25. Jg., S. 64–77, hier S. 84

38 Göller, Norbert / von Lojewski, Hilmar / Querfurt, Andreas (Red.): *Dresden – Europäische Stadt. Rückblick und Perspektiven der Stadtentwicklung.* Dresden 2000 [Symposium, Ausstellung und Broschüre]; und Just 2003 (wie Anm. 16)

39 Vgl. Riechert, Silke / Birne, Torsten: *Modern Islands. Zur De-Konstruktion von Zukunft.* [Katalog Ausstellungsprojekt Prager Straße]. Dresden 2003. Weitere Projekte waren unter anderem Patricia Westerholz' „Ribbon" (2006) am Centrum-Warenhaus sowie die Neuvertonung des Stummfilms *Panzerkreuzer Potemkin* durch die Pet Shop Boys auf der langen Wohnzeile zur „Hochhaussinfonie" (2006), vgl. dazu: Richter 2006 (wie Anm. 36).

40 Michael, Klaus (Red.): *Architektur und Städtebau der Nachkriegsmoderne in Dresden* [Symposium der Klasse Baukunst der Sächsischen Akademie der Bildenden Künste am 30. Oktober 2003]. Dresden 2003. Daraufhin brachte auch die *Bauwelt* ein Themenheft zur Prager Straße heraus: 11/2004, 95. Jg.

41 Landeshauptstadt Dresden, Dezernat für Stadtentwicklung und Bau, Stadtplanungsamt: *Stadtbild-Gestaltungskonzeption Nr. 1098. Entwurf für die Gestaltung des Prager Platzes, Prager Straße zwischen Kaufhaus Whörl und Hotel Mercure.* Dresden 2000 (Erarbeitung ab 1996, Vorlage 2000, Bestätigung durch den Stadtrat direkt nach dem Hochwasser 2002, um die dann fließenden Gelder sofort richtig kanalisieren zu können.)

42 Glaser, Gerhard: „Das Karl-Marx-Forum in Chemnitz". In: Deutsches Nationalkomitee für Denkmalschutz (Hg.): *Verfallen und vergessen oder aufgehoben und geschützt? Architektur und Städtebau der DDR. Geschichte, Bedeutung, Umgang, Erhaltung.* Bonn 1995 [Dokumentation der Tagung des Deutschen Nationalkomitees für Denkmalschutz am 15./16. Mai 1995 in Berlin], S. 52–60

43 Oechsner, Jan: „Ganz Chemnitz steht Kopf vor Empörung". In: *Chemnitzer Morgenpost* vom 31.08.1994

44 Wölfle, Gunter: „Pusteblume! Warum die Prager Straße nicht unter Denkmalschutz steht". In: *Bauwelt.* 11/2004, 95. Jg., S. 22 f.

45 Lerm, Matthias: *Abschied vom alten Dresden. Verluste historischer Bausubstanz nach 1945.* Leipzig 1993, empfehlenswerter ist jedoch die erweiterte Neuauflage: Rostock 2000

46 Tietz, Jürgen: „Fragment der Moderne. Die Prager Straße in Dresden kämpft um ihre Zukunft". In: *Neue Zürcher Zeitung* vom 03.09.2004

47 Barth, Holger / Topfstedt, Thomas u. a.: *Vom Baukünstler zum Komplexprojektanten. Architekten in der DDR.* Erkner 2000

48 Topfstedt, Thomas: „Die nachgeholte Moderne. Architektur und Städtebau in der DDR während der 50er und 60er Jahre". In: Dolff-Bonekämper, Gabi / Tier Hiltrud (Hg.): *Städtebau und Staatsbau im 20. Jahrhundert.* München/Berlin 1996, S. 39-54.

49 Vgl. dazu Flierl, Bruno: „Das Großwohnhaus als Wohneinheit und als Strukturelement der Stadt". In: *Deutsche Architektur.* 6/1962, XI. Jg., S. 327–338. Er vergleicht unter anderem Le Corbusiers Unité d'habitation mit den Super-Blocks in Brasilia. In: *Deutsche Architektur.* 7/1963, XII. Jg. Themenheft zu „Einkaufs- und Versorgungseinrichtungen" mit bereits realisierten Beispielen aus dem Ostblock sowie den USA, Schweden, England und Frankreich

50 Kil, Wolfgang: „Aufbruch ins Leichte und Lichte. Die Vision des Sozialismus für Dresden". In: Fischer / Delitz 2007, S. 64–77, hier S. 72 (wie Anm. 37)

51 Sniegon, Peter: „Die Planung des Gebietes Prager Straße in Dresden". In: *Deutsche Architektur.* 1/1965, XIV. Jg., S. 9–13, hier S. 9

52 Hans Konrad im Gespräch mit Friederike Meyer am 03.04.2009, zitiert nach: Meyer, Friederike: „700 Meter Zukunft. Die Prager Straße – Fußgängerboulevard der DDR". In: Vöckler, Kai / Denk, Andreas (Hg.): *In der Zukunft leben! Die Prägung der Stadt durch den Nachkriegsstädtebau.* Berlin 2009, S. 142–148, hier S. 143

53 Kil 2007 (wie Anm. 50), S. 73

54 Bauch, Johannes: „Städtebauliches Ensemble Prager Straße Dresden". In: *Deutsche Architektur.* 3/1973, XXII. Jg., S. 138–140

55 Ufer, Peter: „Das letzte Weihnachten der DDR". In: *Sächsische Zeitung* vom 03.11.2011, S. 3

56 Von Beyme, Klaus: *Der Wiederaufbau. Architektur und Städtebaupolitik in beiden deutschen Staaten.* München 1987, S. 359

57 Und das, obwohl von den Pusteblumen nur noch Rudimente vorhanden und die Waben an der neuen Centrum-Galerie lediglich Nachbildungen sind.

DER DRESDNER KULTURPALAST – VOM WERDEN EINES BESONDEREN BAUDENKMALS UND DEN ANHALTENDEN VERSUCHEN SEINER DESTRUKTION_SUSANN BUTTOLO

Dresden gehört zu jenen Städten in Europa, die im Zweiten Weltkrieg massiv zerstört wurden und wie keine andere Stadt wurde es zum Symbol der damit verbundenen militärischen Gewalt gegen Zivilisten und die Vernichtung kultureller Werte.[1] Noch heute wird über die Notwendigkeit der im Februar 1945 erfolgten Luftangriffe der anglo-amerikanischen Streitkräfte kontrovers diskutiert, wie auch über die Richtigkeit der Entscheidung, die fast bis zur Unkenntlichkeit zerstörte Innenstadt nicht wieder – sondern neu aufzubauen.[2] Dabei kann der Wille, die alte Stadt nicht wiederentstehen zu lassen, keinesfalls allein mit ideologischen Ansprüchen der SBZ/DDR begründet werden.[3] Dennoch galt die vielerorts gesuchte und in Dresden genutzte „Chance" zur grundlegenden Umgestaltung der Innenstadt in eine moderne, funktionsgegliederte Stadt vorrangig als Exempel einer sozialistischen Großstadtplanung.[4]

Es ist unumstritten, dass das für Dresden gewählte Wiederaufbaumodell eine empfindliche Überformung des tradierten stadträumlichen Gefüges mit zum Teil irreversiblen Veränderungen im Erscheinungsbild und der Funktionen der Innenstadt zur Folge hatte. Die ersten einschneidenden Veränderungen im Stadtkern wurden in den frühen 1950er Jahren mit der Aufweitung des Altmarktes zum Demonstrationsplatz und der Verbreiterung der heutigen Wilsdruffer Straße zur Demonstrationsachse vorgenommen. Dennoch werden heute vor allem die in den 1960er Jahren entstandenen Stadträume und Bauten als störend empfunden. Entscheidend dafür ist auch, dass die durch die „Nationalen Traditionen" vorgegebene barockisierende Architekturästhetik an die Formensprache der verlorenen Stadt erinnert und mit dem gegenwärtigen Planungsleitbild der Stadt besser vereinbar scheint.

Trotz aller Kritik an der Nachkriegsmoderne – die von verallgemeinernden Anfeindungen bis hin zu berechtigten Zweifeln an den ästhetischen und stadträumlichen Qualitäten verschiedener städtebaulicher Konzepte, Einzelbauten, Gebäudekomplexe oder Wohnsiedlungen reicht – wird am Kulturpalast exemplarisch deutlich, dass diese Epoche auch überaus schöpferische Lösungen hervorgebracht hat.

Der Kulturpalast (Abb. 1) zeigt vorbildhaft, wie Funktion und Form des dem modernen Bauen verpflichteten Hauses zu einer untrennbaren Einheit werden und gleichzeitig einen deutlichen Bezug zu der alten Stadt herstellen können. Die bau-, kunst-, kultur- und sozialgeschichtliche sowie künstlerische Bedeutung des Hauses wurde aber erst im Herbst 2008 nach langjährigen, teils überaus kontrovers geführten Diskussionen um seine Erhaltungswürdigkeit zuerkannt, indem der

Kulturpalast in die sächsische Landesdenkmalliste eingetragen wurde. Auf diese Weise wurde
das seit 2004 von verschiedenen Bürgerinitiati-

1

ven öffentlich bekundete Erhaltungsinteresse bestätigt, das im Jahr der Unterschutzstellung etwa
70 Prozent der Bevölkerung befürworteten.[5]
Damit ist der Kulturpalast ein ausgezeichnetes
Beispiel dafür, wie das Bewusstsein für die Qualität der Ostmoderne in den letzten Jahren gewachsen ist. Dies ist nicht zuletzt darauf zurück-
zuführen, dass andere, teilweise sehr beliebte
Bauten oder Ensembles überformt bzw. abgerissen wurden.[6] Denn nach der Wiedervereinigung
beider deutscher Staaten (1990) unterlagen auch
die Dresdner Beispiele der allgemeinen Kritik an
der internationalen Architekturmoderne. Über den

Kulturpalast verbreitete sich zudem die Auffassung, er sei eine Stätte der „sozialistischen Indoktrination" gewesen und repräsentiere im Besonderen das überwundene gesellschaftspolitische
System der DDR. Erst vor wenigen Jahren gelang
es, Bedeutung und Qualitäten des Bauwerks vor-
urteilsfrei herauszustellen und den Kulturpalast als
Denkmal zu bewerten.

Der daraus folgende Auftrag, den Kulturpalast
dementsprechend zu schützen, scheint in Dresden aber nicht zu gelingen. Es droht der Verlust
des ursprünglich als Multifunktionsgebäude konzipierten Kulturpalastes durch einen Umbau in
ein Konzerthaus, das künftig auch die Stadtbibliothek und ein Kabarett beherbergen soll. Damit
wird Dresden sein in der Mitte der Stadt gelege-
nes Kulturhaus verlieren, das bislang allen offen-
steht. Zudem wird durch den Umbau des Hauses ein schwerwiegender künstlerischer und
geschichtlicher Verlust entstehen, was der Blick
auf die Planungs- und Baugeschichte des Gebäudes verdeutlicht:

Bereits 1953 gab es erste Entwürfe für ein Kulturhaus an der Nordseite des Dresdner Altmarktes,
da Walter Ulbricht 1952 in die Auswertung eines
Wettbewerbes für die Neugestaltung des Altmarktes persönlich eingegriffen hatte. Bei diesem Wettbewerb hatte der damalige Chefarchitekt der Stadt, Herbert Schneider, ein an der
Nordseite des Altmarkts im Stil der „Nationalen
Traditionen" zu konzipierendes Haus der Partei
als ein Hochhaus vorgeschlagen. Von der Idee einer das Stadtbild prägenden Höhendominante
zeigte sich insbesondere der SED-Chef Walter
Ulbricht überzeugt und forderte deren Umsetzung, aber als ein Haus der Kultur. Die daraufhin

2

von Schneider erstellten Pläne eines monumentalen und symmetrisch gegliederten Hochhauses griffen mit Blick auf sowjetische Vorbilder historisierenden Bauens die lokale barocke Bautradition auf (Abb. 2). Auch nachdem Nikita Chruschtschow 1954 in Moskau die Einführung des industriellen Bauens in allen Bereichen des Bauwesens gefordert und massive Kritik an den Moskauer Hochhäusern geübt hatte, änderte sich wenig an Walter Ulbrichts Vorstellung zur Gestaltung öffentlicher Gebäude. Dementsprechend entstanden unter der Leitung von Herbert Schneider weitere Entwürfe für ein Kulturhochhaus an der nördlichen Altmarktseite, die monumentale Baukörperkompositionen mit massigen Türmen zeigten. Erst nach dem V. Parteitag der SED im Juli 1958 wurden diese endgültig Makulatur. Denn neben der strikten Orientierung auf die Einführung industrialisierter Bauweisen hatte der Parteitag auf den Abschluss der Aufbauarbeiten in den kriegszerstörten Stadtzentren bis 1965 gedrungen, weshalb im November 1959 ein öffentlicher „Ideenwettbewerb zur Erlangung von Entwürfen für das Haus der sozialistischen Kultur – Dresden" ausgeschrieben wurde. Dieser berücksichtigte bereits den neuen Kulturbegriff der DDR, der sich durch die im April 1959 abgehaltene Bitterfelder Kulturkonferenz verändert hatte. So sollten sich in den Kulturhäusern künftig Berufs- und Volkskunst begegnen, um bestehende Unterschiede durch gemeinsame Arbeit an einer „sozialistischen deutschen Nationalkultur" auszugleichen. Als multifunktionale Gebäude mit Mehrzwecksaal, Klub- und Zirkelräumen sowie Gastronomie hatten sie fortan für die Befriedigung der vielfältigen kulturellen Bedürfnisse der Bevölkerung zu sorgen, weshalb ihnen nicht nur wie bisher die erzieherische Funktion, sondern auch ein gewisser Grad an Unterhaltung und Geselligkeit zugestanden wurde. Dennoch blieb der politische Anspruch auf einen neuen Bautypus erhalten, der im Stadtbild signifikant in Erscheinung tritt, um von der Größe der sozialistischen Idee zu zeugen.

Mit dem 1969 eröffneten Dresdner Kulturpalast entstand jedoch das erste Kulturhaus in der DDR, das nicht dieser geforderten symbolhaften Zeichensetzung entsprach. Wie kam es dazu?

Der 1959 öffentlich ausgeschriebene Ideenwettbewerb enthielt noch die Vorgabe, ein geistig-kulturelles Zentrum mit Höhendominante zu entwerfen, obwohl man von deren Funktion kaum Vorstellungen hatte. Als Standort wurde das von Schneider bereits mehrfach mit Kulturhausvarian-

ten überplante Areal nördlich des Altmarkts beibehalten, der sowohl an die als Aufmarschstraße ausgewiesene Ernst-Thälmann-Straße – die heutige Wilsdruffer Straße – als auch an den zum Demonstrationsplatz erklärten Altmarkt angrenzte.[7] Entsprechend politisch aufgeladen war die Forderung des Wettbewerbs nach einem von der Größe des Sozialismus zeugenden städtebaulichen Höhepunkt, ergänzt durch eine 1000 Gäste fassende Ehrentribüne zur Demonstrationsachse. Ohne das umfangreiche Raumprogramm an dieser Stelle im Einzelnen aufzuführen, seien in Anbetracht des nun bevorstehenden Umbaus nur der große Mehrzwecksaal für mindestens 2500 Personen, ein separater Konzertsaal, mehrere kleinere Säle, Räumlichkeiten für das Kabarett „Herkuleskeule" und eine Musikbibliothek genannt. Denn auf diese Weise werden Parallelen zwischen dem im Wettbewerb von 1959 angedachten und dem nunmehr verfolgten Nutzungskonzept deutlich. Der Umfang der Raumansprüche stellte aber schon 1959 die Wettbewerbsteilnehmer vor enorme konzeptionelle Probleme (und nährt die Zweifel an den heutigen Planungen). Zudem empfanden im Hinblick auf die geforderte industrielle Bauweise nicht alle am Wettbewerb teilnehmenden Architekten die damalige Stimmung wie Wolfgang Hänsch, der es rückblickend als „Erlösung" beschrieb, „endlich mit den barocken Elementen zu brechen und eine moderne Architektur anzusagen".[8] Demzufolge zeigten die eingereichten Arbeiten hinsichtlich ihrer städtebaulichen Konzeption, funktionalen Lösung und der verwendeten formalen Mittel große Unterschiede. Sie veranschaulichen die kontroversen Diskussionen jener Zeit über den „politisch richti-

3_Leopold Wiel u. a.: Wettbewerbsentwurf „Haus der sozialistischen Kultur" Dresden, Fotografie des Wettbewerbsmodells, 1960
4_Leopold Wiel u. a.: Variante für das Kulturhaus, Entwurfszeichnung von 1962 **5**_Wolfgang Hänsch u. a.: Variante für das Kulturhaus, Modellaufnahme von 1962 **6**_Wolfgang Hänsch u. a.: Kulturpalast / realisierter Entwurf, Modellaufnahme von 1966

gen" Weg beim Wiederaufbau Dresdens, aber auch über die inhaltlichen wie formalästhetischen Fragen nach einer Architektur und Stadtbaukunst, welche die sozialistische Gesellschaftsordnung angemessen darzustellen vermochten.

von der Größe der „sozialistischen Idee" zeugendes Zeichen verzichtet hatte, unterlag der Entwurf jedoch massiver Kritik.

Nach Bekanntgabe der Preisträger entspann sich eine destruktive Debatte um das künftige Haus

3

4

Letztlich endete der Wettbewerb nur mit der Vergabe eines dritten Preises und dem Ankauf mehrerer Entwürfe. Unter den Ankäufen befand sich auch der Entwurf des Kollektivs von Professor Leopold Wiel, der einen überaus funktionalen, in drei flache Baukörper untergliederten Gebäudekomplex vorgeschlagen hatte (Abb. 3). Dieses transparente, sich offen nach außen präsentierende Kulturhaus umfasste neben dem Großen Saal eine sechseckige, allseitig zugängliche Eingangshalle, die alle übrigen Räume erschloss. Ihr Licht erhielt die großzügige Halle durch ein in Streben aufgelöstes Band in der Kuppel, die sich über dem flachen Gebäudekomplex erhob. Weil er als einziger auf ein das Stadtbild prägendes,

der sozialistischen Kultur, bei der nicht absehbar war, dass schließlich der Wettbewerbsentwurf von Leopold Wiel zur Grundlage für die weiteren Entwurfsplanungen werden würde. Dabei wurde versucht, den Architekten die Schuld dafür zuzuweisen, dass von der Jury kein Wettbewerbsentwurf zur Ausführung empfohlen werden konnte. Die Ursache lag aber darin, dass die Ideologen der SED die Spezifika einer modernen „sozialistischen" Architektur nicht hatten formulieren können. Dies führte zwangsläufig dazu, dass die Architekten keine ideologisch „richtige" und gleichzeitig nutzbare Lösung einreichen konnten. Zudem waren die 1958 beim UIA-Kongress in Moskau formulierten Positionen eines modernen Städtebaus und einer zeitgenössischen Architektursprache in der DDR nicht ausgewertet worden, da mit ihnen eine zu starke Annäherung an das westliche Bauen befürchtet wurde. So hoffte man, nur durch eine Überarbeitung ausgewählter Wettbewerbsbeiträge einen Entwurf zu finden, der den ideologischen Vorgaben besser entsprach.

Erst im Herbst 1961, also nach mehr als einem Jahr und zahlreichen gescheiterten Alternativentwürfen, wurde Wiels Entwurf aufgrund seiner funktionalen Vorzüge zur Ausführung empfohlen, jedoch mit reduziertem Raumprogramm. Wiel erstellte daraufhin einen Studienentwurf, der das Dresdner Kulturhaus als einen flachen Solitärbau mit überwölbender Stahlbetonschale zeigt (Abb. 4). Dessen Inneres wird von einem großen Festsaal bestimmt – einer ersten Variante des heutigen Mehrzwecksaals.

Im Februar 1962 übernahm eine von Wolfgang Hänsch geleitete Sonderprojektierungsgruppe im VEB Hochbauprojektierung Dresden I die weitere Entwurfsbearbeitung des Hauses, weil sie die Planungskapazitäten des Lehrstuhls von Wiel überstieg. Wiels Ideenentwurf bildete aber lediglich die Grundlage für deren Entwurf. Denn aus funktionalen und ästhetischen Gründen wie auch durch die Kürzung der Investitionsmittel waren zum einen erhebliche konzeptionelle – die Funktion und das Erscheinungsbild des Kulturpalastes betreffende – Veränderungen[9] erfolgt (Abb. 5), zum anderen mussten die den Baukörper überwölbende Stahlbetonschale und damit das in ihr vorgesehene Planetarium entfallen. Um den flachen Baukörper aber weiterhin mit einer Dachkrone in Erscheinung treten zu lassen, wurde der sechseckige Saal bis über das Dach hinaus ge-

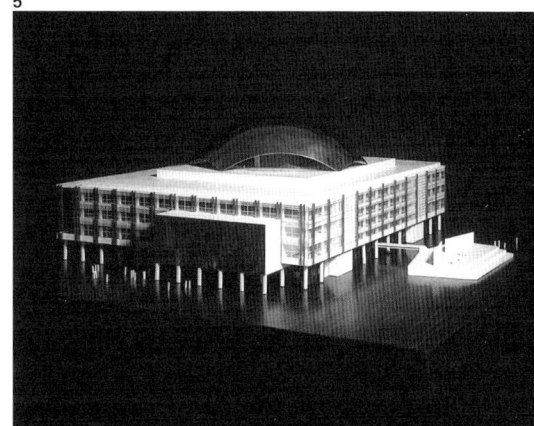

5

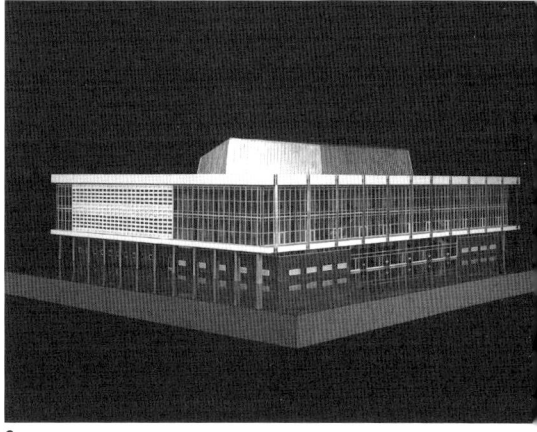

6

führt (Abb. 6). Mit diesem Kunstgriff entstand auch ohne Kuppel ein eindrucksvolles Gebäude, das aufgrund seiner vielfältigen Nutzbarkeit und modernen Erscheinungsform zu einem Wahrzeichen der Stadt wurde.

Mit dem Kulturpalast und insbesondere mit dem großen, unregelmäßig sechseckigen Mehrzwecksaal gelang Hänsch eine architektonische Meisterleistung (Abb. 7). Bemerkenswert ist die Funktionalität dieses Festsaales: Hänsch konnte einen großen, wandlungsfähigen Saal realisieren, der

7_Wolfgang Hänsch u. a.: Kulturpalast Dresden / Festsaal mit Normalbestuhlung, Fotografie um 1975 8_Wolfgang Hänsch u. a.: Kulturpalast Dresden / Festsaal mit Bankettbestuhlung, Fotografie um 1975 9_Wolfgang Hänsch u. a.: Kulturpalast Dresden / Studiotheater, Fotografie um 1975 10_Wolfgang Hänsch u. a.: Kulturpalast Dresden / Hauptfoyer im ersten Obergeschoss, Fotografie, um 1970

7

allen Nutzungsansprüchen gleichermaßen gerecht wurde. Denn der Raum konnte vielfältig umgestaltet und so für Konzerte, Kongresse, Filmvorführungen, politische Veranstaltungen, Tanzveranstaltungen oder Unterhaltungsprogramme genutzt werden (Abb. 8). Ermöglicht wurde dies durch ein speziell vom Institut für Kulturbauten in Berlin stufenlos höhenverstellbares Kippparkett, das nach der Entfernung des Gestühls mit der Bühne und dem hydraulisch anzuhebenden Orchesterraum in eine Horizontale gebracht werden konnte. Auf diese Weise entstand eine großflächige, frei nutzbare Fläche (wodurch sich natürlich die Zuschauerplätze von etwa 2700 bei

Komplettbestuhlung auf etwa 800 reduzierten).
Die sich daraus ergebene Funktionsvielfalt des
Hauses wurde unter anderem durch das im ersten Obergeschoss angeordnete Studiotheater für
190 Personen (Abb. 9), verschiedene Klub- und
Ausstellungsräume sowie einen großen, zwei-
fach unterteilbaren Gesellschaftsraum optimiert.
Neben der funktionalen Vielseitigkeit war und ist
auch die individuelle architektonische Ausführung des Saales überaus bemerkenswert. Wie
das gesamte Haus folgt sie den Ansprüchen der
Moderne auf Funktions- und Materialgerechtig-
keit. Und dennoch herrscht keine Nüchternheit,
sondern der große Festsaal wirkt – trotz des drin-
genden Sanierungsbedarfs – noch immer elegant. Dabei kommt der Raum ohne traditionelle
Dekorationsformen aus. Prägend ist allein die
Geometrie des Raumes und die Schlichtheit seiner Ausführung: Die mit Teakholz verkleideten
Seitenwände standen im Kontrast zum – ehemals blaugrauen und gegenüber dem heutigen
filigraneren – Gestühl sowie zur weißen, plastisch ausgeformten Decke mit ihren vielen, den
Raum effektvoll ausleuchtenden Punktstrahlern.
Zudem betonen die hufeisenförmig an die Raum-
bühne heranreichenden Seitenränge die markante polygonale Grundrissform des Saals.
Besonders konsequent ist, dass dieser zentral
angeordnete, den Mittelpunkt des Hauses bildende Saal untrennbar mit der Gebäudehülle verbunden ist, da er durch sein Nutzungskonzept
und die damit verbundenen Abmessungen sowohl das äußere Erscheinungsbild als auch die
innere Struktur des Gebäudes prägt. Die innere
Erschließung und Wegeführung ist nach den
Maßgaben und der Idee des Mehrzwecksaals an-

8

9

10

gelegt; er bildet den Ausgangs- und Zielpunkt aller räumlichen Beziehungen, wobei seine Foyer- und Wandelbereiche zum Altmarkt hin orientiert über rechteckigem Grundriss präsentiert sich der Bau im Gegensatz zur benachbarten siebengeschossigen Wohnbebauung betont zurückhaltend

11

sind (Abb. 10).[10] Zudem bestimmt der sechseckige Saal den flachen Baukörper, indem er bis über das Dach hinausgeführt und als Dachkrone mit gefaltetem Kupferblech in Erscheinung tritt. Die Zweckbestimmung und innere Logik des Gebäudes wird damit noch prägnanter sichtbar als in der Variante mit der ursprünglich geplanten Planetariumskuppel. Zudem ist das sichtbare Außenvolumen des Saales in Höhe und Proportionen exakt und harmonisch auf die Gesamtkubatur des Gebäudes abgestimmt. Damit wirkt der Kulturpalast wohlproportioniert im Stadtraum. Als ein nach außen dreigeschossig wirkender Solitär und ermöglicht somit die Blickbeziehungen vom Altmarkt zu den – damals teilweise noch in Trümmern liegenden – historischen Türmen der Stadt. Vom Altmarkt und den Seitenstraßen aus gesehen tritt das Kulturhaus als ein transparentes Haus über geschlossenem Sockel in Erscheinung. Vor allem in den Abendstunden ergibt sich dadurch eine beeindruckende Wirkung, bei der die beiden Obergeschosse über dem Sockelgeschoss zu schweben scheinen (Abb. 11).

Mit dem Kulturpalast gelang es Hänsch, ein der internationalen Architekturmoderne verpflichtetes Kulturhaus in der Stadtmitte Dresdens zu realisieren, das funktional und ästhetisch – auch im internationalen Vergleich – überzeugt. Dem Stadthallenkonzept entsprechend entstand ein Haus, das von der Bevölkerung nach seiner Eröffnung im Oktober 1969 (anlässlich des 20. Jahrestages der DDR) begeistert angenommen wurde. Dabei nahm die Öffentlichkeit nur bedingt wahr, dass der Kulturpalast auch für politische Veranstaltungen genutzt wurde. Vielmehr galt er als ein Haus, das vom internationalen Gast- bis zum Laienspiel allen Kunstgattungen offenstand.[11] Auch die Architektenschaft zollte Anerkennung, waren ihr doch die staatlichen Vorgaben für den Bau von Kulturhäusern in der DDR bekannt. So würdigte der berühmte, 1941 in die USA emigrierte Architekt und Wegbereiter des industrialisierten Bauens, Konrad Wachsmann, den Kulturpalast bei seinem Besuch in der DDR im Jahr 1979 als „das Beste und Überzeugendste an der neuen Architektur in Dresden".[12]

Inzwischen fügt sich der Kulturpalast selbstverständlich in das Stadtbild von Dresden ein, ohne dass ersichtlich ist, welch ein über Jahre dauernder Prozess des Entwerfens und Verwerfens dem Multifunktionsbau vorangegangen ist. Diese aus heutiger Sicht überaus spannende Planungs- und Baugeschichte zeigt, welchen ideologischen, (bau-)politischen und ökonomischen Zwängen die Architekten in der DDR ausgesetzt waren. Insbesondere wird aber eine Kontroverse deutlich, die nicht nur vom Wandel architektonischer bzw. städtebaulicher Leitbilder oder von volkswirtschaftlichen Problemen der DDR geprägt war. Denn sie zeigt das Bestreben der für die Planung des Kulturpalastes verantwortlichen Architekten Leopold Wiel (Ideenentwurf) und Wolfgang

Hänsch (Entwurf), ein der Moderne verpflichtetes Haus zu errichten, das nicht den politisch-ideologischen Vorgaben des Staates, sondern den funktionalen und ästhetischen Ansprüchen folgen sollte. Nur durch ihren beharrlichen Eigensinn und ihre schöpferischen Fähigkeiten konnte dieses

12

herausragende Zeugnis der Nachkriegsmoderne entstehen, das für die Architekturgeschichte der DDR wegweisend wurde und fortan Vorbild für die Kulturhäuser der DDR war.[13]

Nun könnte man meinen, die Geschichte um den Kulturpalast habe sich zum Guten gewendet. Aber – wie eingangs erwähnt – setzte nach dem Ende der staatlichen Existenz der DDR (1990) eine weitverbreitete Ablehnung der Ostmoderne ein, nicht zuletzt, weil sie mit dem sozialistischen Gesellschaftssystem der DDR in Verbindung gebracht wurde. Es begann eine bis heute nicht abgeschlossene Debatte über die Geschichte und die Qualitäten des Hauses. Nachdem das Vorurteil, der Kulturpalast sei eine Stätte der „sozialistischen Indoktrination" gewesen, inzwischen verblasst ist und die Architektur des Hauses als denkmalwürdig herausgestellt wurde, werden als Gründe für den beabsichtigten Radikalumbau des Hauses der nach heutigen Vorschriften unzureichende Brandschutz[14] sowie die für klassische

13

Konzerte problematische Akustik des großen Mehrzwecksaales angeführt.

Auch wenn die Dresdner Philharmonie mit der Eröffnung des Kulturpalastes eine vorübergehende Spielstätte gefunden hatte, bestand schon damals der Konsens, dass ein vielseitig nutzbarer Saal einen erstklassigen Konzertsaal nicht akustisch würde ersetzen können.[15] Der sich daraus ergebenden Bringschuld, dem Orchester einen erstklassigen Konzertsaal zu schaffen, kam die Stadt vor allem in den 1990er Jahren mit der Beteuerung nach, dass dies in absehbarer Zeit geschehen würde (wobei sie die Hoffnungen der Dresdner Philharmonie schürte). Infolgedessen entstanden zahlreiche Machbarkeitsstudien, die

nur teilweise vom Erhalt des Kulturpalastes bzw. seines Saals ausgingen.[16]

Im Jahr 2003 schien der negative Höhepunkt des regen Planungsgeschehens zur „Verbesserung" des Kulturpalastes erreicht: Der Architekt Hans Kollhoff und sein Investor legten einen Entwurf vor, der einer Vernichtung des Kulturpalastes gleichkam (Abb. 12). Unverhohlen präsentierte Kollhoff sein Investorenprojekt – einen in die Neumarktbebauung implantierten städtebaulichen und selbstbewusst mit einer Kuppel bekrönten Fremdkörper. Kernstück war eine Replik der Mailänder Galleria Vittorio Emanuele II, mit der man das für die Betreibung zweier Säle notwendige Geld einzuspielen gedachte.[17]

Dieser Vorschlag erregte nicht nur in der Fachwelt, sondern auch in der Bevölkerung Unmut: Die Klasse Baukunst der Sächsischen Akademie der Künste protestierte öffentlich gegen dieses Vorhaben und es gründeten sich Bürgerinitiativen, die für den Erhalt des Hauses eintraten. Wohl auch aufgrund dieser Gegenstimmen kam Kollhoffs Entwurf nicht zur Ausführung.

Infolgedessen wurde auch das langjährige Vorgehen der Stadtväter öffentlich hinterfragt, bei dem die Dresdner Philharmonie immer wieder vertröstet und ein neues Konzerthaus zugesichert wurde, ohne an die finanziellen Möglichkeiten der Stadt zu denken. Es wundert daher nicht, dass die Dresdner Philharmonie mit Kollhoffs Entwurf den neuen Konzertsaal in greifbarer Nähe glaubte und seitdem vehement auf die Einlösung der Versprechungen pocht. Gleichzeitig wurden die Forderungen der Bevölkerung und verschiedener Bürgerinitiativen lauter, den Kulturpalast als kulturellen Mittelpunkt für alle zu erhalten und die dringend

14

notwendige Sanierung des Hauses einzuleiten. Doch wurde im Jahr 2003 zunächst nur das Wandbild *Der Weg der roten Fahne* von Gerhard Bondzin (Abb. 13) als Zeugnis der DDR für denkmalwürdig erklärt, wohlgemerkt nicht aufgrund seiner künstlerischen Qualität, sondern wegen seiner agitatorischen und damit geschichtlichen Bedeutung. Für Wolfgang Hänsch war diese Entscheidung enttäuschend. Denn die Denkmalfachbehörde hatte gerade jenen Teil des Hauses unter Schutz gestellt, der gegen seinen Willen und mit einem politischen Paukenschlag durchgesetzt worden war und welcher der Weltoffenheit der architektonischen Entwurfsidee des Kulturpalastes so aufdringlich entgegensteht.

Die Stadt hingegen verfolgte weiterhin ihr Ziel, den Kulturpalast radikal umzubauen. Dieses erkennend, startete das Dresdner Amt für Kultur und Denkmalschutz Ende August 2005 erneut den Versuch, den Kulturpalast als Ganzes zu schützen. Bestärkt durch ihre Fachkollegen in Ost und West erstellte das Landesamt für Denkmalpflege daraufhin eine Denkmalbegründung und legte diese ihrer übergeordneten Behörde, dem Sächsischen Innenministerium, vor. Doch dort blieb das Anliegen nahezu drei Jahre liegen – über die Gründe darf spekuliert werden. Noch kurz bevor der Kulturpalast letztlich im Herbst 2008 unter Denkmalschutz gestellt wurde, war der alles entscheidende Wettbewerb ausgeschrieben worden: Gefordert wurde nicht mehr nur der Umbau des Mehrzwecksaales in einen Konzertsaal, sondern auch, die Stadtbibliothek und das Kabarett „Herkuleskeule" in den Kulturpalast zu integrieren.

Seit Sommer 2009 wird nun an der Umsetzung des preisgekrönten und auch vom Sächsischen Landesamt für Denkmalpflege tolerierten Entwurfs der Architekten von Gerkan, Marg und Partner (Abb. 14) gearbeitet, der aber den unwiederbringlichen Verlust wesentlicher Teile des Baudenkmals zur Folge haben wird. Den nach wie vor bestehenden kritischen Stimmen in der Bevölkerung und in Fachkreisen versucht die Stadt mit der Verteilung von Hochglanzbroschüren entgegenzuwirken, in denen der Umbau als der einzig richtige Weg zum zweifellos notwendigen Konzertsaal für die Dresdner Philharmonie herausgestellt wird. In Expertenanhörungen werden Befürworter eines neuen Konzerthauses an einem ähnlich attraktiven Standort als unseriös dargestellt, nicht stimmige Finanzpläne präsentiert und (noch) nicht bewilligte Fördermittel in Aussicht gestellt.

Inzwischen sind nahezu alle Hoffnungen geschwunden, dass der Kulturpalast als „Kultur-haus für alle" erhalten bleibt und ein neues Konzerthaus gebaut wird. In Anbetracht dessen, wie politisch aufgeladen die Diskussionen derzeit sind, scheint der Blick dafür zu schwinden, dass die von der Stadt betriebenen Pläne nur ein Kompromiss sein können. Damit wird Dresden nicht nur das wichtigste Baudenkmal der Nachkriegsmoderne zu großen Teilen aufgeben, sondern auch eine zentrale Spielstätte für Veranstaltungen verlieren, für die der Kulturpalast vornehmlich gedacht war und aus denen seine wesentliche Bestimmung bis heute resultiert: Konzerte, Kabarett, Unterhaltungsprogramme, Kongresse, große Galas für Film oder Tanz – und das alles nicht selten bei ausverkauftem Haus.

Den Erhalt des Kulturpalastes in seiner gegenwärtigen Form könnte nur noch der Erfolg einer Urheberrechtsklage bewirken, die Wolfgang Hänsch im November 2009 angestrengt hat und für deren Finanzierung mehrere Aktionen ins Leben gerufen wurden. Zu ihnen gehört die Versteigerung eines Flügels, den viele Künstler wie die Ostrockband City signiert haben. Falls diese Klage zugunsten von Wolfgang Hänsch entschieden werden sollte, könnte dies zu einem besonderen Exempel für den weiteren Umgang mit Baudenkmalen der Ostmoderne werden.

ANMERKUNGEN

1 Siehe Neutzner, Matthias: „Die Erzählung vom 13. Februar". In: Dresdner Geschichtsverein (Hg.): *Mythos Dresden. Faszination und Verklärung einer Stadt* (Dresdner Hefte, Band 84). Dresden 2005

2 An dieser Jahre währenden Auseinandersetzung hatten sich Stadtplaner, Architekten, Vertreter der Landesverwaltung bzw. der neuen Stadtverwaltung sowie die Bevölkerung beteiligt. Unter Oberbürgermeister Walter Weidauer (1899–1986) zeichnete sich aber schon 1946 ab, dass der Weg einer grundlegenden Neugestaltung der Dresdner Innenstadt gewählt werden würde.

3 Die Modernisierung der sich seit Mitte des 19. Jahrhunderts immer stärker verdichtenden Stadt mit ihren engen Straßen und Gassen wurde bereits seit dem Beginn des 20. Jahrhunderts diskutiert.

4 Vor allem der umstrittene Oberbürgermeister Walter Weidauer wurde zur Symbolfigur für einen radikalen, ideologisch motivierten Neubeginn, da er einen Großteil der wiederaufbaufähigen Bausubstanz beräumen lassen und damit den Stadtplanern eine Tabula rasa geschaffen hatte.

5 Laut einer in den Dresdner Neuesten Nachrichten vom 04.04.2008 veröffentlichten Umfrage des Instituts für Kommunikationswissenschaften der TU Dresden befürworteten 71,9 Prozent der Befragten den Erhalt des Mehrzwecksaals und nur 26 Prozent den Umbau in einen Konzertsaal.

6 Unter anderem wurden die Ladenstraße Webergasse, das im Volksmund „Fresswürfel" genannte Haus der Gastronomie „Am Zwinger", das Centrum-Warenhaus und das Restaurant „International" abgerissen, die Prager Straße als städtebauliches Ensemble der Nachkriegsmoderne und das Haus der Presse überformt.

7 Auch heute gilt der zwischen dem Altmarkt und dem Neumarkt gelegene Standort als überaus attraktiv. Es handelt sich bei ihm allerdings um eine Nahtstelle zwischen den beiden räumlichen Konzeptionen, mit deren Umgang eine gewisse Hilflosigkeit besteht. Bei dem seit einigen Jahren vorangetriebenen – und nicht nur in der Fachwelt umstrittenen – Wiederaufbau des Neumarkts war der Kulturpalast immer wieder der Kritik ausgesetzt, der Wiederherstellung des „historischen" Neumarkts im Wege zu stehen.

8 Wolfgang Hänsch im Gespräch mit der Autorin am 05.02.2008

9 Hier sind unter anderem die Verringerung des umbauten Raumes und der Funktionen, der Wegfall der Ehrentribüne und die Veränderung der Fassadengestaltung zu nennen.

10 Die Verwaltungsräume, Probenräume, Künstlergarderoben und andere technische Räume befinden sich in dem vom Besucherverkehr abgeschirmten „Hinterhaus" entlang der nördlichen Fassade. An dieser Rückseite stoßen sich heute vor allem die Befürworter des alten Dresdens, die für die vieldiskutierte „Rekonstruktion" des Neumarktareals eintreten.

11 Um der funktionalen Vielseitigkeit auch akustisch Rechnung tragen zu können, war die Akustik des Saales nicht nach den Anforderungen an einen Konzertsaal, sondern an einen Mehrzweckraum konzipiert worden. Dennoch fand die Dresdner Philharmonie hier eine neue, ihren akustischen Ansprüchen entsprechende Spiel- und Wirkungsstätte, nachdem der Klangkörper viele Jahre ohne geeigneten Saal hatte auskommen müssen.

12 Grüning, Michael: Der Wachsmann-Report. *Auskünfte eines Architekten*. Basel/Boston/Berlin 2001, S. 369

13 Darunter fallen unter anderem das Haus der Kultur in Gera und der Palast der Republik in Berlin.

14 Hierbei handelt es sich um ein Totschlagargument für viele Baudenkmale, insbesondere der Moderne.

15 Zur Erinnerung: Im Raumprogramm des Ideenwettbewerbs von 1959 war neben dem Mehrzwecksaal auch ein Konzertsaal gefordert worden, der aufgrund fehlender Investitionsmittel aber nicht realisiert werden konnte.

16 Hier ist unter anderem die von der Stadt 1998 bei den Dresdner Architekten Schölzel und Kämmler in Auftrag gegebene Variante zu nennen, die bis zur kompletten Entwurfsplanung mit Kostenberechnung vorangetrieben wurde. Die Architekten schlugen innerhalb des Saalkerns eine neue geometrische Ausformung des Saals vor, die an Scharouns Philharmonie in Berlin erinnert, siehe Schölzel, Dieter: „Kulturpalast Dresden. Baugeschichte und Umbauvorschläge zur Dresdner Philharmonie". In: Sächsische Akademie der Künste: *Architektur und Städtebau der Nachkriegsmoderne in Dresden*. Dresden 2003.

17 Laudel, Heidrun: „Der Kulturpalast in Dresden. Vom Umgang mit einer Inkunabel der Moderne". In: *Protokollband des 5. Hermann-Henselmann-Kolloquiums 2010 „Über die Geringschätzung des Architekten als Urheber. Kulturelle Aspekte im Umgang mit moderner Architektur"* (19.02.2010)

BEDROHTES ERBE. ZUM UMGANG MIT DER DDR-WARENHAUSARCHITEKTUR DER NACHKRIEGS-MODERNE_TOBIAS MICHAEL WOLF

Die Forschung hat sich in den vergangenen Jahren verstärkt der Baugeschichte der DDR gewidmet. Dabei stand zunächst die frühe DDR-Zeit bis zur Wende im Bauwesen nach Stalins Tod im Fokus.[1] Eine nähere Betrachtung der Warenhausarchitektur blieb im Gegensatz zu den Kulturhäusern und Hochschulbauten zunächst aus. Dies hing vielleicht mit dem Paradox der Bauaufgabe zusammen: Schaffung repräsentativer Verkaufsstätten innerhalb der nur auf Versorgung der Bevölkerung ausgerichteten sozialistischen Planwirtschaft.

Die Mehrzahl der Warenhausneubauten in der DDR wurde ab der Mitte der 1960er Jahre geplant und teilweise mit massiven Verzögerungen bis in die 1970er Jahre hinein errichtet.[2] Diese Bauten lassen sich aufgrund von Konstruktion und Gestaltung eindeutig der Nachkriegsmoderne zuordnen. Grundlage für die Entstehung neuer Warenhäuser waren zwei weitreichende Entscheidungen der Partei- und Staatsführung. Zum einen wurde beschlossen, im Rahmen der damals durchgeführten Wirtschaftsreform die genossenschaftlichen und die volkseigenen Warenhäuser zu zwei Gesellschaften zusammenzufassen. Dieser Schritt wurde zum Jahresbeginn 1965 umgesetzt. So wurden das konsumgenossenschaftliche zentrale Unternehmen konsument[3] mit Sitz in Karl-Marx-Stadt, das dem

Verband der Konsumgenossenschaften nachgeordnet war, sowie die direkt dem Ministerium für Handel und Versorgung unterstellte Vereinigung volkseigener Warenhäuser Centrum mit Sitz in Leipzig gebildet.[4] Mit dieser Zentralisierung des Warenhaushandels ging der Beschluss für ein Warenhausneubauprogramm einher.[5] Für beide Warenhausunternehmen wurde zunächst ein staatseigener Projektierungsbetrieb mit den Neubauplanungen betraut. Die ersten Bauten stellten Experimente dar, mit denen die Entwicklung eines typisierten Warenhauses auf Grundlage bestehender Bausysteme vorangetrieben werden sollte. Aber auch der durchgreifende Umbau bestehender Bauten wurde geprüft. Im Rahmen einer Reform wurde allerdings der zentrale Projektierungsbetrieb aufgelöst und in bezirksgeleitete Baukombinate umgegliedert. Da gleichzeitig zu wenige Warenhäuser pro Bezirk geplant waren und die Rahmenbedingungen durch lokale städtebauliche Vorgaben abwichen, war keine Typenprojektierung möglich, wie sie etwa für Wohnbauten und Schulen seit den 1960er Jahren funktionierte. Erst um 1970 erfolgte im Warenhausbereich die Festlegung auf einen Typenbau für große Warenhäuser (Centrum Dresden), der jedoch aufgrund seiner verzögerten Ausführung und der geänderten Wirtschaftspolitik der 1970er Jahre kein zweites Mal gebaut wurde. Neben den Neuerungen im Bereich der Projektierung und Bautechnik veränderte sich die städtebauliche Bedeutung der Warenhäuser innerhalb der Stadtzentren. Waren frühere Bauten immer als untergeordnete Bestandteile in die modernen oder stalinistischen Zentrumsplanungen integriert worden, so nahmen sie ab 1965 markante und städtebaulich wichtige Positionen ein – ganz im Sinne der Definition der Warenhäuser als Gesellschaftsbauten.[6] Dieser Begriff umfasste neben den Verkaufseinrichtungen alle öffentlichen Gebäude, die ebenfalls eine herausgehobene Gestaltung gegenüber den Wohnbauten erhielten. Sie waren durch ihre Architektur nobilitiert und dienten der Repräsentation der neuen sozialistischen Gesellschaftsordnung.

Die Warenhäuser der 1960er Jahre stehen im Spannungsfeld von Anforderungen der Nutzer hinsichtlich möglichst weitläufiger, flexibel nutzbarer, künstlich beleuchteter Flächen, genormter Konstruktionssysteme, städtebaulicher Vorgaben und des herrschenden Materialmangels. Sie sind somit Einzellösungen, die allen äußeren Widerständen zum Trotz eine erstaunlich hohe Qualität entfalteten. Diese Bauten zeichneten sich durch eine innovative Konstruktionsweise aus, die vom Einsatz typisierter Betonelemente über Stahlbauten bis hin zu Pilzstützenkonstruktionen mit parabolisch gekrümmten Deckenfeldern reichten. Für den Betrachter am sinnfälligsten sind jedoch die Fassaden aus eloxierten Aluminiumelementen. Sie folgten keinem Typenentwurf, sondern wurden jeweils für einen Ort entworfen und nur dort verwendet. Schon bei oberflächlicher Betrachtung fallen die Individualität der Konzeptionen und ihre nicht gegenständliche Gestaltung auf.

Die expressiven Strukturen dieser plastisch gestalteten Fassaden markieren die Grenze der Kunstgattungen Architektur und Plastik. Nur für die ersten Bauten nach 1965 sind die Namen der Entwerfenden überliefert. Die Vergabe der Aufträge für die Fassadengestaltungen erfolgte durch direkte Kontaktaufnahme des Projektierungsbetriebs zu den Gestaltern.[7] Ohne Einbindung in den Bauentwurf erhielten diese Pläne und Ansichten der Warenhäuser, wobei die zu gestaltenden Flächen weiß belassen waren. Diese Vergabepraxis lässt sich auf den durch das industrialisierte Bauwesen veränderten Entwurfsprozess und die damit verbundene Entwicklung des Architekten vom Künstler zum Projektanten zurückführen.[8] Für die planenden Ingenieure standen Konstruktion und funktionale Aspekte sowie die Einhaltung von Normen bei den Warenhausfassaden im Vordergrund. Die Gestaltung blieb den Künstlern überlassen, wobei offenkundig im Sinne der funktionalistischen Architektur eine moderne serielle Gestaltung gewünscht war. Dies lässt sich anhand von drei Beispielen veranschaulichen.

CENTRUM-WARENHAUS SUHL__Der international renommierte Metallgestalter Fritz Kühn (1910–1967) war auch in der DDR sehr angesehen und schaffte es durch seine Selbstsicht als Kunsthandwerker ohne politische Ambitionen, öffentliche Aufträge zu erhalten.[9] Auch Veröffentlichungen waren durch seine vielfältigen Kontakte in Ost und West problemlos möglich und waren sogar Ausgangspunkt für Aufträge. So wurde Kühn im April 1966 von dem Projektierungsbetrieb schriftlich dazu aufgefordert, einen Entwurf

1_Stadtfassade des ehemaligen Centrum-Warenhauses in Suhl, 1966–1969, Fassade von Prof. Fritz Kühn, Abbruch 2006 **2**_Detail der Fassade des ehemaligen Centrum-Warenhauses in Suhl, 1966–1969, Fassade von Prof. Fritz Kühn **3**_Detail der Fassade des ehemaligen Centrum-Warenhauses in Schwedt, 1969–1972, Fassade von Achim Kühn

1

2

für „die Gestaltung einer vorgehängten, gitterähnlichen Metall- oder Kunststoff-Fassade" für das neue Warenhaus in Suhl einzureichen.[10] Als Gestaltungsansatz wurde auf die in Kühns Buch *Stahl- und Metallplastik* abgebildeten „Entwicklungs- und Entwurfsskizzen einer asymmetri-schen Form"[11] verwiesen. Im April 1967 lagen zwei Varianten seines Entwurfs für ein aus kleineren Einzelelementen zusammengefügtes Netz vor (Abb. 1). Die Entscheidung fiel zugunsten der materialsparenderen Ausführung (Abb. 2). Der Vertrag gab die Fertigung in Kühns Hände. Sie wurde nach seinem Tod von seinem Sohn Achim (*1942), ebenfalls Metallgestalter, fortgesetzt.

CENTRUM-WARENHAUS SCHWEDT__Noch während der Bearbeitung des Suhler Projekts wurde Achim Kühn im Frühjahr 1968 von dem zuständigen Betrieb für Hochbauprojektierung aufgefordert, Entwürfe für die „künstlerische Gestaltung der Fassadenverkleidung" des Warenhauses in Schwedt einzureichen.[12] Wie weit die Freiheiten des Künstlers beim Entwurf der Warenhausfassaden gingen, zeigt das Protokoll eines im Vorfeld des Vertragsabschlusses geführten Gesprächs. Demnach waren „Struktur und konstruktive Durchbildung" allein Aufgabe des Entwerfenden.[13] Im Juni 1968 wurden in einem weiteren Gespräch zwei Varianten diskutiert: die durchgängige Gestaltung der Fassade mit Aluminiumplatten und alternativ eine horizontale Teilung der Fassade mit einer glatten Fläche mit oder ohne Gesims. Im September wurden im Vorkostenplan drei Varianten dargestellt. Aufgrund der Kosten fiel im Oktober die Entscheidung zugunsten der Variante mit durchgängiger Leichtmetallfassade aus großflächigen Elementen (Abb. 3). Schon im November wurden die Aluminiumtafeln hergestellt. Die Montage am Warenhaus erfolgte erst 1971. Unter den Entwürfen Achim Kühns sticht besonders der an Diamanten erinnernde hervor. Dieser leitet sich vermutlich von der Gestaltung des von seinem Vater entworfenen Brunnens *Schwebender Ring* auf dem Strausberger Platz in Berlin von 1967 her, der unterschiedliche Dia-

Dies lässt sich, wie auch die Verortung in der zeitgenössischen Kunst zeigt, besonders gut an der Leipziger konsument-Fassade darstellen.

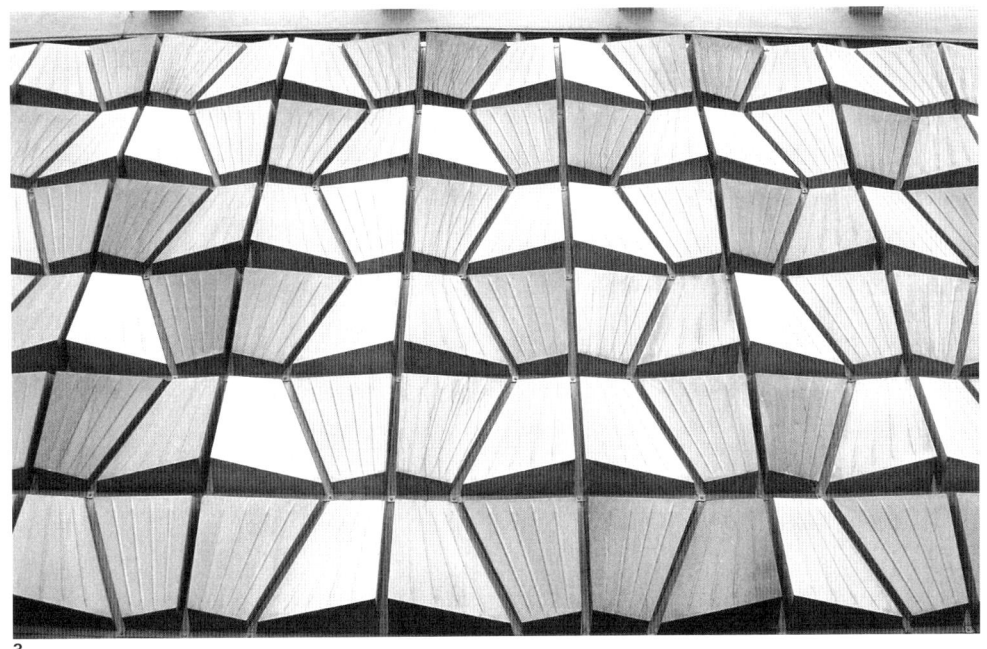

3

mantschliffe auf einem Kupferring umfasst.

Bei den Warenhausfassaden der DDR aus den 1960er Jahren ergab sich die Gestaltung mit seriellen Aluminiumelementen vor dem Hintergrund der gleichmäßigen Belichtung und flexiblen Nutzung der Innenräume in den Obergeschossen. Sicherlich war aus Sicht der Planer eine rein dekorative, die Funktionen erfüllende, umlaufende Vorhangfassade erforderlich. Durch das Hinzuziehen von Gestaltern, die ihre künstlerischen Vorstellungen einbrachten, wurden daraus jedoch einheitlich ausgeführte Werke der zeitgenössischen Plastik. Die strukturierten Oberflächen bewirken ein subtiles Spiel von Licht und Schatten.

KONSUMENT-WARENHAUS LEIPZIG__ Nach seinem Studium an der Hochschule für Bildende und Angewandte Künste in Berlin-Weißensee kehrte der Bildhauer Harry Müller (*1930) 1961 in seine Heimatstadt Leipzig zurück.[14] In Berlin hatte er sich unter Einfluss von Selman Selmanagic, Professor für Baukunst, von der gegenständlich-figuralen Kunst abgewandt. Selmanagic verwies Nachwuchskünstler mit dem Hinweis, dass abstrakte, konstruktivistische Skulptur in der DDR nie politisch akzeptiert werden würde, auf das Feld der architekturbezogenen Kunst. Müllers erstes derartiges Werk war die Sichtbetonfassade des Berliner Müggelturms (1959–1961). Zu seinem Glück

4a_Ehemaliges Centrum-Warenhaus in Hoyerswerda **4b**_Detail der Fassade des ehemaligen Centrum-Warenhauses in Hoyerswerda, 1966–1968, Fassade von Harry Müller **5a**_Ehemaliges konsument-Warenhauses in Cottbus **5b**_Detail der Fassade des ehemaligen konsument-Warenhauses in Cottbus, 1966–1968, Fassade von Harry Müller

4a

4b

chitekten vorgegeben – Aluminium oder Beton. Eine Abnahme der fertigen Entwürfe erfolgte nur durch die projektierenden Architekten.

Müller erhielt den Auftrag für die Gestaltung von drei Bauten: den Warenhäusern in Hoyerswerda (Abb. 4), Cottbus (Abb. 5) und Leipzig. Die Fassade des Leipziger konsument-Warenhauses war die erste moderne Warenhausfassade der DDR. Auf der Grundlage von Untersuchungen zur Geometrie von Sattelflächen und Kegelschnittebenen im Würfel schuf Müller zwei unterschiedliche quadratische Aluminiumelemente, deren Oberflächen so positiv und negativ gekrümmt sind, dass sie in Kombination ein hyperbolisches Paraboloid ergeben (Abb. 6). Die ursprüngliche Gerade, die Erzeugende, musste dabei stets in einer Ebene liegen, um eine ebene Fläche als Untergrund und Montagefläche zu erhalten. Sie gibt das rechtwinklige Gitternetz der Fassade vor.

Die Fassade zeigt, wie sehr Harry Müller seine Formensprache aus der Beobachtung und Betrachtung der Natur, den mathematisch-geometrischen und physikalischen Strukturen des Mikro- und Makrokosmos – besonders der Kristalle – entwickelte. In jener Zeit befasste er sich intensiv mit dem Werk des Schweizers Max Bill (1908–1994) und dessen Hochschule für Gestaltung in Ulm.[15] Versucht man eine Einordnung der Leipziger Warenhausfassade in das zeitgenössische internationale Kunstschaffen, stellt man die klare Zugehörigkeit zur Konkreten Kunst fest, wie es auch die Selbstsicht Müllers nahelegt. Neben die in den Kunstwerken aufgegriffene Wiederholbarkeit und Reihung der natürlichen Strukturen, die in Wiederholbarkeit und Spiel mit konstruktiven Elementen nachempfunden wird,

lernte er in Leipzig schon bald den Stadtarchitekten Helmut Ullmann kennen. Dieser schätzte Müllers Arbeiten und suchte nach einer Aufgabe für den jungen Bildhauer. So gelangte der Künstler in Kontakt zum VEB Leipzigprojekt, der zu dieser Zeit mit der Projektierung der ersten Warenhausneubauten beschäftigt war. Die dort im Kollektiv arbeitenden Architekten suchten künstlerischen Beistand für die Gestaltung der Fassaden. Einzige Bedingung war die Umsetzbarkeit. Das Material wurde durch die jeweiligen Stadtar-

5a

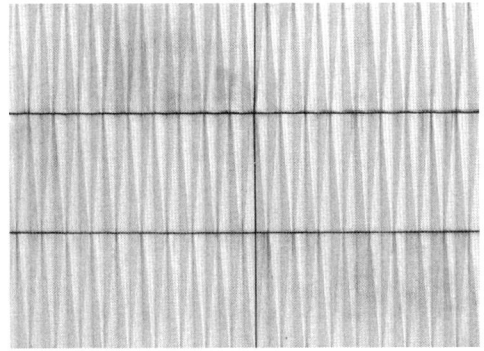

5b

traten Impulse der kybernetischen Zeichentheorie. Dieser Aspekt der scheinbaren Bewegung als optische Täuschung findet sich in Müllers Warenhausfassade in Form der facettenschliffartigen Oberfläche der gekrümmten Aluminiumelemente wieder.

Die Warenhäuser stellen also innerhalb der DDR-Moderne wichtige Bauten dar, die sowohl im Hinblick auf ihre städtebauliche Position und Funktion als auch ihre bautechnische und künstlerische Ausführung Zeugniswert besitzen. Besonders

die künstlerische Haltung stand im krassen Gegensatz zu den Vorgaben der SED für sozialistische Kunst.[16] Auf all diesen Feldern besteht ein Gegensatz zu den gleichzeitig in der Bundesrepublik entstandenen Kauf- und Warenhäusern. Sie waren aufgrund des Privateigentums an Grund und Boden städtebaulich weniger markant. Zudem wurden standardisierte Bausysteme der einzelnen Firmen mit teilweise bis zum Logo entwickelten Fassadenelementen verwendet.

DIE FRAGE DER DENKMALWÜRDIGKEIT__Bei Prüfung der Denkmaleigenschaft nach den in Denkmalschutzgesetzen der Länder vorgesehenen Kriterien scheinen für viele dieser Bauten vor dem Hintergrund der oben vorgestellten Eigenarten Denkmalwerte zumindest wahrscheinlich, denn der Denkmalpflege geht es darum, „Objekte auszuweisen, die als Quellen und Zeugnisse menschlicher Geschichte unsere Kulturlandschaften prägen. Diese Objekte sind als Denkmäler vor einem vorschnellen, unachtsamen Umgang zu schützen und möglichst unversehrt der nächsten Generation zu übergeben."[17] In der Umsetzung spielen allerdings personelle Engpässe, politische Rücksichtnahmen sowie persönliche Haltungen von Bearbeitern eine Rolle. Um die vielfältigen Probleme im Umgang mit nachkriegsmoderner Architektur zu beschreiben, wurden Begriffe wie „Unbequeme Baudenkmale"[18] oder „Denkmale der Zeitgeschichte"[19] geprägt.[20] Sie spiegeln die selbst in Fachkreisen nicht abgeschlossene Diskussion über den Wert der Nachkriegsarchitektur wider. Dabei geht es neben der zeitlichen Nähe zum bewerteten Objekt nicht nur am Rande um Fragen von Schönheit und Hässlichkeit. Zudem

6

zu vermitteln und für eine andere, differenziertere Betrachtung zu werben.

Neben dieser Denkmalbewertung ist aber auch der Aspekt des praktischem Umgangs und der veränderten Rahmenbedingungen wichtig. Mit der friedlichen Revolution und der Wiedervereinigung Deutschlands hat sich das Wirtschaftssystem in der ehemaligen DDR völlig verändert. Hinzu kommt der demografische Wandel, der bisher schon zu gravierenden Bevölkerungsverlusten in den östlichen Bundesländern geführt hat. Diese Prozesse haben auch die Innenstädte in erheblichem Maße verändert. Nach 1990 sind westliche Filialisten massiv an die Stelle der DDR-Läden getreten. Ein privater mittelständischer Handel, wie er 1990 noch für die westdeutschen Städte prägend war, konnte nicht entstehen. Die Warenhäuser gingen an die beiden großen bundesrepublikanischen Warenhauskonzerne über, die zunächst mit geringen Modernisierungen den Verkauf fortführten. Allerdings kam es schon Ende der 1990er Jahre zu Umstrukturierungen infolge von Neubauten und der weiteren Konzentration des Warenhaussektors. Gleichzeitig geriet das Geschäftsmodell angesichts der zunehmenden Zahl von Shoppingmalls ins Straucheln. Dadurch kam es zur Schließung kleinerer Häuser. Zudem wurde nun deutlich, dass auf den teuren innerstädtischen Grundstücken Einkaufszentren errichtet werden könnten. Dies führte in der Folge zu zahlreichen Abbrüchen bestehender Warenhäuser. Es entstand überwiegend gewinnbringende, teilweise banale Architektur. Politiker in den ostdeutschen Städten werteten dies vielfach als Erfüllung der Forderung nach „Aufwertung" der Innenstädte ange-

kommt die – unbegründete – Angst zum Ausdruck, dass sich bei zu großzügiger Ausweisung auf den Denkmallisten mehr Nachkriegsbauten als ältere Zeugnisse finden könnten. Außerdem wird die vor 30 Jahren angesichts der Zerstörung mancher historisch wertvollen Anlage abgelehnte Architektur nun denkmalwürdig. Die Ablehnung der „unwirtlichen Städte" hatte die Renaissance der Denkmalpflege um 1975 mitbegründet. Will man nun das damals Gehasste schützen, gilt es also, öffentlich seine Kriterien für die Bewertung

sichts von Einkaufsparks auf der grünen Wiese und Schwächung durch die schlechte wirtschaftliche Lage. Zum einen wird die Kaufkraft in die Innenstadt gezogen und Arbeitsplätze entstehen, zum anderen ist damit eine architektonische „Verbesserung" im Kontext der vielerorts nach der Wende erarbeiteten Leitplanungen im Sinne der damals propagierten Wiedergewinnung der „europäischen Stadt" möglich. Dies hilft letztlich auch dabei, die baulichen Zeugnisse der ungeliebten DDR aus dem Stadtbild zu verdrängen – kommt also einer politisch motivierten *damnatio memoriae* der für die ostdeutschen Städte prägenden Wiederaufbauphase gleich. Man denke auch an den Palast der Republik und die Reste der innerdeutschen Grenze oder an die zuvor stattgefundene Beseitigung sogenannter „feudaler Bauten" in Ost und West.

UMGANG MIT DER WARENHAUSARCHITEKTUR DER OST-MODERNE Im Hinblick auf die Warenhausarchitektur bedeutete dies konkret: Das Suhler Centrum-Warenhaus wurde ab 2006 zu einem Einkaufszentrum umgebaut. Dabei ging die markante Fassade von Fritz Kühn verloren. Die Stadt begrüßte ausdrücklich die Neugestaltung und das neue innerstädtische Einkaufszentrum. Von städtischer Seite wird die Belebung der Innenstadt als Argument für den Umbau angeführt. Eine denkmalfachliche Stellungnahme gegenüber einer Bürgerinitiative zur Rettung des Warenhauses verneinte einen Denkmalwert aufgrund eines bereits in den 1990er Jahren errichteten Anbaus.[21] In Berlin ist der Umbau des heutigen Kaufhofs am Alexanderplatz nach Entwurf des renommierten Architekten Josef Paul Kleihues 2006

abgeschlossen worden. Das vergrößerte Gebäude erhielt eine neue Fassade aus Natursteinplatten. Der Umbau des Warenhauses ordnet sich in die schleichende Umgestaltung des Alexanderplatzes ein. Damit ist das zentrale Ensem-

7

ble der Hauptstadt aus der DDR-Zeit erheblich beschädigt worden.

In Dresden stellt sich die Situation ähnlich dar. Der 1965 begonnene nachkriegsmoderne Fußgänger- und Einkaufsboulevard der Altstadt, die Prager Straße, am Vorbild der Rotterdamer Lijnbaan orientiert, wurde nach der Jahrhundertflut 2002 umgestaltet (Abb. 7).[22] Dabei ging die ursprüngliche Freiflächengestaltung verloren, zudem wurden die Gebäude stark verändert und teilweise ersetzt. Als Leitbild wird dabei im nördlichen Abschnitt der Prager Straße die Vorkriegsstraßenbreite angestrebt. In diesen neuen Rahmen ließ sich der repräsentative Bau des ehemaligen Centrum-Warenhauses im Gegensatz zum Rundkino nicht einfügen, da er, entspre-

8

9

ger Straße ein. Die Kunstkommission der Landeshauptstadt brachte ihre Bedenken im Rahmen der Stellungnahme zum Bebauungsplan zum Ausdruck. Als Reaktion auf den öffentlichen Ruf nach Erhalt des prägnanten Baus oder zumindest der Fassade wurde 2006 ein Architektenwettbewerb ausgelobt. Der Gewinner Peter Kulka erfüllte in seinem Entwurf die Anforderungen von Stadt und Investor hinsichtlich Straßenbreite und Nutzfläche (Abb. 8). Dennoch soll der Neubau durch die Benennung als „Centrum Galerie" und die Gestaltung der Fassade mit nachgebauten Aluminiumwaben an das alte Warenhaus erinnern (Abb. 9).

In Leipzig wurde die denkmalgeschützte Fassade des ehemaligen konsument-Warenhauses 2010 demontiert. Sie soll an dem an seiner Stelle errichteten Parkhaus des neuen Einkaufszentrums wieder montiert werden. Drei weitere Bauten sind mittlerweile denkmalgeschützt. Bei dem prominenten Haus in Magdeburg, letzter erhaltener Vertreter mit Aluminiumnetzfassade, wurde die Denkmaleigenschaft allerdings verneint (Abb. 10).[24]

Das Interesse von Öffentlichkeit und Medien an der Nachkriegsarchitektur ist seit 2005 stetig gewachsen. Während in Dresden seitens der regionalen Tageszeitungen erst im Rahmen der um sich greifenden Veränderungen auf die Wertigkeit des bestehenden Baues eingegangen wurde, wiesen überregionale Zeitungen zeitnah auf das Problem hin. Zudem setzte hier wie auch in Suhl umgehend ein bürgerschaftliches Engagement ein, das einen Erhalt der zumeist nicht denkmalgeschützten Bauten zum Ziel hatte, und dies trotz der differenzierten Haltung der Öffentlich-

chend der städtebaulichen Absicht bei seiner Errichtung, aus der Flucht der historischen Prager Straße zurückgesetzt war. Eine Bürgerinitiative trat zur Rettung an, nachdem die Denkmalpflege unter Verweis auf die zeitliche Nähe zur Errichtung des Bauwerks eine Unterschutzstellung abgelehnt hatte.[23] Auch die Klasse Baukunst der Sächsischen Akademie der Künste setzte sich für den Erhalt des Gebäudes und den Schutz der Pra-

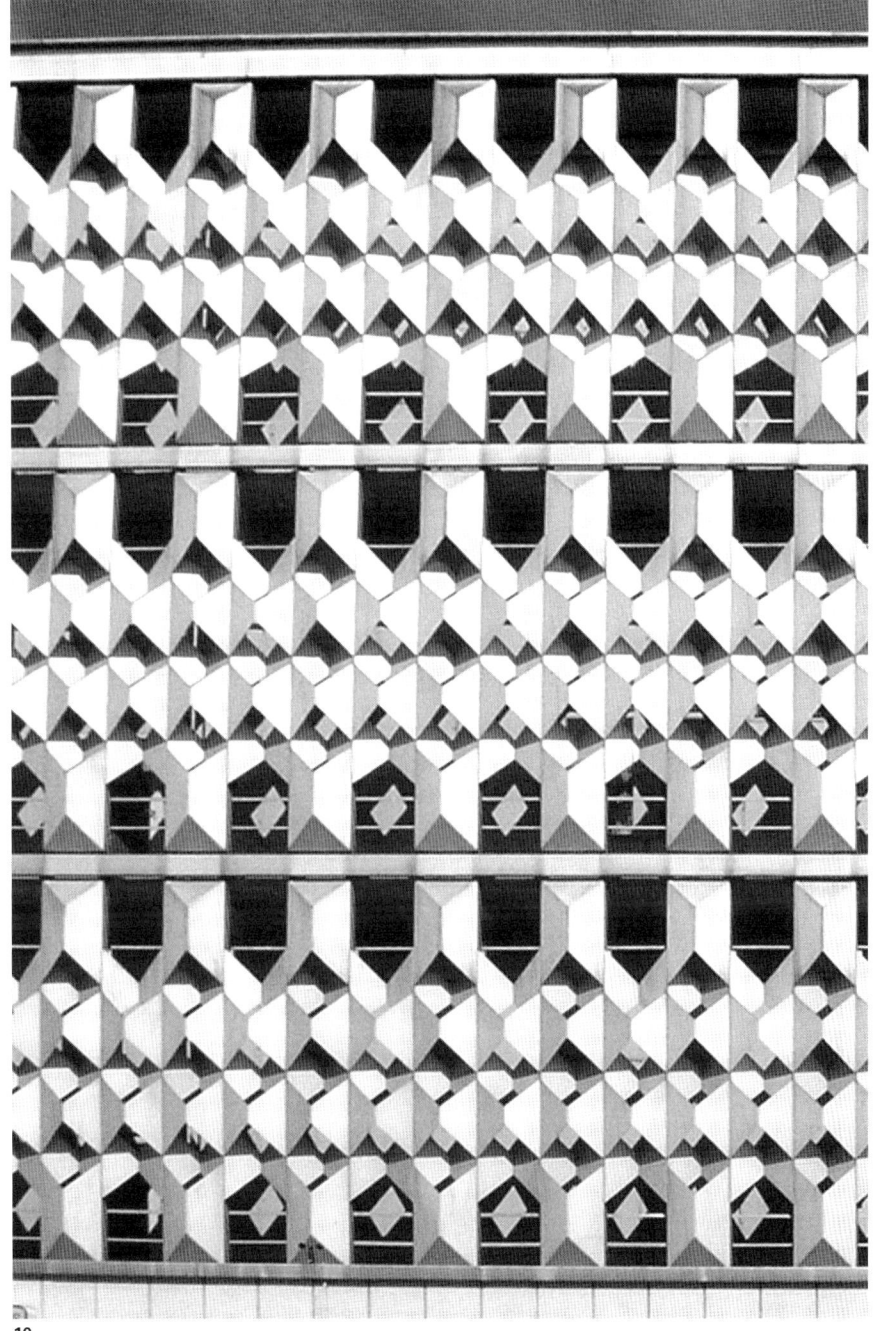

10

keit zum baulichen Erbe der DDR-Zeit. So gibt es neben erklärten Feinden nachkriegsmoderner Architektur auch eine stetig wachsende Zahl an Menschen unterschiedlicher Herkunft, die den Erhalt dieser Bauten fordern. Dies lässt sich unter anderem durch das identitätsstiftende Moment dieser markanten Solitäre im sonst von Plattenbauten geprägten sozialistischen Stadtraum erklären. Im Rahmen von Identitätssuche und „Retro-Welle" entdecken immer mehr Menschen auch das bauliche Erbe für sich. Dies lässt hoffen, dass die Nachkriegsmoderne ähnlich wie zuvor der Historismus und die Architektur der 1950er Jahre wiederentdeckt wird. Auch die wissenschaftliche Auseinandersetzung mit dem Themenfeld kann als Multiplikator einen wesentlichen Beitrag zur Bewahrung von ausgewählten Zeugnissen der Nachkriegsmoderne leisten und eine öffentliche Diskussion fördern.

ANMERKUNGEN

1 Umfassende Studien liegen zur frühen DDR-Zeit vor, zum Beispiel Butter, Andreas: *Neues Leben, neues Bauen. Die Moderne in der Architektur der SBZ/DDR 1945–1951.* Berlin 2006; Durth, Werner / Düwel, Jörn / Gutschow, Niels: *Architektur und Städtebau der DDR (2 Bände).* Frankfurt a. M. / New York 1998

2 Wolf, Tobias Michael: *Das sozialistische Warenhaus als Bautypus? Entwicklungsgeschichte der DDR-Warenhäuser 1949–1989* (Disserstation TU Dresden). 2010

3 Stiftung Archiv der Parteien und Massenorganisationen der DDR im Bundesarchiv (SAPMO-BArch), DY 30/2/1, 309 ZK der SED, Protokoll der V. Tagung des ZK der SED, 03.–07.02.1964, Bl. 274; vgl. auch Baron, Gerd / Gerold, Harri u. a.: *Warenhäuser. Entwicklung, Leitung, Organisation.* Berlin 1966, S. 24

4 SAPMO-BArch, DC 20/I/4, 1022, 29. Sitzung des Präsidiums des Ministerrates der DDR vom 22.10.1964, Bl. 36 f., Punkt 20; Anlage siehe DC 20/I/4, 1025, Anlage 18; vgl. auch Baron/Gerold (wie Anm. 3), hier S. 174 f.

5 Ein archivalischer Nachweis konnte nur im Zentralkonsum, Archiv Chemnitz, Bestand ZU alt, Nr. 109, Warenhaus Cottbus, S. 4, gefunden werden; vgl. sonst auch Hufnagel, Horst: *Warenhäuser. Entwicklung, Standortplanung, Städtebauliche Einordnung, Funktion und Gestaltung (Dissertation).* Weimar 1970, S. 1 und 71; Kwasnitza, Lothar: *Das Warenhauslager und sein Einfluss auf die Gestaltung des Warenhauses (Dissertation).* Dresden 1972, S. 7 f.

6 Prendel, Werner: *Gesellschaftliche Bauten. Einrichtungen der Bildung, Kultur, Versorgung, Gesundheit und Erholung* (hrsg. von der Bauakademie der DDR, Institut für Städtebau und Architektur). Berlin 1974, S. 10

7 Zur Vergabepraxis siehe Guth, Peter: *Wände der Verheißung. Zur Geschichte der architekturbezogenen Kunst in der DDR.* Leipzig 1995, hier S. 210–217. Die Zuweisung der Fassaden an Harry Müller ist falsch.

8 Den Wandel des Architektenberufs stellt Topfstedt, Thomas: „Vom Baukünstler zum Komplexprojektanten. Architekten in der DDR". In: Barth, Holger / Topfstedt, Thomas u. a.: Vom Baukünstler zum Komplexprojektanten. Architekten in der DDR. Dokumentation eines Sammlungsbestandes biografischer Daten (Institut für Regionalentwicklung und Strukturplanung (IRS), Reihe Regio doc, Band 3). Erkner 2000, S. 7–23, anschaulich dar. Durch die spätere Hinwendung zum industriellen Bauen verstärkte sich dieser Effekt, auch wenn einzelne Architekten sich weiterhin als Baukünstler ansahen, zum Beispiel Hermann Henselmann in seinen 1962 publizierten Tagebuchnotizen, in denen er zwischen Massenproduktion und Baukunst unterscheidet (vgl. Durth/Düwel/Gutschow 1998 (wie Anm. 1), Band 1, S. 533).

9 Vgl. zur Biografie Hopp, Hanns: „Professor Fritz Kühn †". In: *DA.* 11/1967, S. 697; Andreas Krase: *Fritz Kühn. Das photographische Werk 1931–1967.* Berlin 1998; Guth 1995 (wie Anm. 7), S. 210 f.

10 Archiv des Ateliers Achim Kühn, Berlin, Schreiben des VEB Hochbauprojektierung Suhl an Fritz Kühn, 18.04.1966

11 Kühn, Fritz: *Stahl- und Metallarbeiten.* Tübingen 1959, S. 84–87

12 Gespräch mit Achim Kühn am 24.04.2007; vgl. auch *Metallgestaltung Achim Kühn (Ausstellungskatalog, Städtische Textil- und Kunstgewerbe-Sammlung Karl-Marx-Stadt).* Karl-Marx-Stadt 1976, S. 2

13 Archiv des Ateliers Achim Kühn, Berlin, Protokoll vom 01.04.1968 zu einem Gespräch vom 26.03.1968

14 Gespräch mit Harry Müller am 10.05.2007; vgl. auch Hölzig, Christine Dorothea: „Mit dem Sinn für Geometrie und Naturgesetze. Über den Bildhauer Harry Müller". In: *Leipziger Blätter.* 52/2008, S. 10–12

15 Vgl. zur Konkreten Kunst und ihrer Entwicklung Schröder, Britta: *Konkrete Kunst. Mathematisches Kalkül und programmiertes Chaos.* Berlin 2008; Riese, Hans-Peter: *Kunst: Konstruktiv/Konkret. Gesellschaftliche Utopien der Moderne.* München/Berlin 2008, besonders S. 218–239

16 Grundlegend für die Auseinandersetzung mit abstrakter Kunst in der DDR sind Guth 1995 (wie Anm. 7); Rehberg, Karl-Siegbert / Kaiser, Paul (Hg.): *Abstraktion im Staatssozialismus. Feindsetzungen und Freiräume im Kunstsystem der DDR.* Weimar 2003, darin unter anderem die Beiträge von: Rehberg, Karl-Siegbert: „Die verdrängte Abstraktion. Feind-Bilder im Kampfkonzept des ‚Sozialistischen Realismus'", S. 15–67; Gomringer, Eugen: „Die Konkrete Kunst als Universalsprache", S. 85–89; Goeschen, Ulrike: „Abstrakter Realismus – geht das? Zum theoretischen Umgang mit ungegenständlicher Kunst in der DDR", S. 123–148; Holze, Kai-Uwe: „Geometrisch-Konstruktive Kunst in der DDR. Eine kurze Entwicklungsgeschichte", S.191–207

17 Vereinigung der Landesdenkmalpfleger in der Bundesrepublik Deutschland: *Inventarisation der Bau- und*

Kunstdenkmäler (Arbeitsblatt 24). 2005, S. 1,
www.denkmalpflege-forum.de/Download/Nr24.pdf, Zugriff
09.05.2011

18   Huse, Norbert: *Unbequeme Baudenkmale. Entsorgen?
Schützen? Pflegen?.* München 1997

19   Dolff-Bonekämper, Gabi: „Denkmale der Zeitgeschichte
– wie bestimmen wir ihren Wert?". In: Friedrich Ebert Stiftung
Forum Berlin (Hg.): *Kulturerbe, Denkmalpflege, Zeitgeschichte. Dokumentation der internationalen Fachtagung am
30.11.2000 in Berlin.* Berlin 2001, S. 17 f. und 35–38, hier S.
37 f.

20   Escherich, Mark: „Zur Problematik der Denkmalpflege
bei Bauten der 1960er und 1970er Jahre. Eine Bestandsaufnahme". In: *kunsttexte.de.* 1/2005, Zugriff 09.05.2011; Brülls,
Holger: „Denkmalschutz für gerade vergangene Gegenwart".
In: *Zeitschichten. Erkennen und erhalten. Denkmalpflege in
Deutschland (Ausstellungskatalog).* München/Berlin 2005, S.
290–299; Heuter, Christoph: „Zu nahe dran? Bauten der
1960er Jahre als Herausforderung für die Denkmalpflege". In:
Buttlar, Adrian von / Heuter, Christoph (Hg.):
*denkmal!moderne. Architektur der 60er Jahre. Wiederentde-
ckung einer Epoche.* Berlin 2007, S. 28–35

21   www.suhlermoderne.de, Zugriff 09.05.2011

22   Lerm, Matthias: „Prager Straße in Dresden 1965–1972
[…] in die Jahre gekommen". In: Deutsche Bauzeitung.
4/2003, S. 68–71; Wölfle, Gunther / Brasse, Christiane /
Schiffner, Michaela / Roth, Ines: „Die Prager Straße in
Dresden. Zum Umgang mit dem Erbe der Nachkriegsmoderne". In: *kunsttexte.de.* 1/2006, Zugriff 09.05.2011

23   www.centrum-warenhaus-dresden.de, Zugriff
09.05.2011

24   E-Mail des Landesamts für Denkmalpflege und
Archäologie Sachsen-Anhalt an den Verfasser vom
22.10.2007: Das Haus sei „ohne Denkmal- und Architektur-
wert".

ERHALTUNGSCHANCEN

DIE BETONSCHALEN VON ULRICH MÜTHER ZWISCHEN ABLEHNUNG UND WERTSCHÄTZUNG. IMAGEWANDEL UND BEISPIELE DER GESELLSCHAFTLICHEN REZEPTION_
TANJA SEEBÖCK

Der Bauingenieur Ulrich Müther aus Binz auf Rügen ist heute international bekannt für seine bemerkenswerten Betonschalenkonstruktionen, die er im Laufe von 30 Jahren im staatlichen Auftrag der DDR errichtete. Das war nicht immer so, denn erst durch die polarisierende Auseinandersetzung um den Abriss der Gaststätte „Ahornblatt" in Berlin vollzog sich ein Imagewandel der Schalen – davor waren die Betonschalen des Rügener Konstrukteurs fast unbekannt. Seitdem setzte eine rege Beschäftigung mit diesen leichten Baustrukturen ein. Festzustellen ist: Die gesellschaftliche Rezeption der Betonschalen Ulrich Müthers – und damit auch der Umgang mit ihnen – unterlag Wandlungen. Zu DDR-Zeiten wurden sie anders wahrgenommen als nach der Wende, und unmittelbar nach der Wende anders als heute.

Ulrich Müther (1934–2007), Sohn eines Binzer Architekten, hatte sich mit seiner Baufirma zusätzlich zum normalen Baugeschäft auf die Anfertigung von monolithischen Schalentragwerken im Betonspritzverfahren spezialisiert. Im staatlichen Auftrag plante und realisierte das Unternehmen zwischen 1963 und etwa 1992 insgesamt über 70 Betonschalenkonstruktionen, die zunächst in vielen Gemeinden des eigenen Landes und seit Ende der 1970er Jahre auch im Ausland – gegen Devisen – errichtet wurden.

Diese Bauwerke entstanden vorwiegend für den Gesellschaftsbau. Ein Großteil diente als Gaststätten und Mehrzweckhallen, ferner realisierte Müther mehrere Planetariumskuppeln (gemeinsam mit Carl Zeiss Jena) und verschiedene Arten von Sportbauten (unter anderem Radrennbahnen, Rennrodelbahnen) sowie einige Dächer für Sakralbauten und kleinere Bauwerke wie Buswartehäuschen oder Kioske. Im Ausland baute er vor allem Planetarien und Radrennbahnen, zum Beispiel in Libyen, Kuwait, Finnland, auf Kuba oder in der Bundesrepublik.

Ulrich Müther knüpfte mit seinen Betonschalenkonstruktionen an die internationalen Pioniere des Schalenbaus an, wie Pier Luigi Nervi, Eugène Freyssinet oder Eduardo Torroja, die seit den 1920er Jahren weltweit mit dem Schalenbau experimentierten. Zu den berühmten Vorgängern aus Deutschland zählen die Konstrukteure Franz Dischinger, Walter Bauersfeld und Ulrich Finsterwalder, die mit dem Bau der ersten Planetariumskuppeln in Jena und dem System Zeiss-Dywidag[1] den Schalenbau international beeinflussten.

In Bezug auf das hyperbolische Paraboloid, das Müther bevorzugt als Grundform seiner Schalen verwendete und vielfältig variierte, ließ er sich vor allem von Felix Candela inspirieren, einem spanisch-mexikanischen Architekten und Bauunternehmer, der seit den 1950er Jahren vor allem in Mexiko Betonschalen konstruierte und einen großartigen Formenreichtum mit dem hyperbolischen Paraboloid schuf. Felix Candela war in der DDR sowohl durch die Fachliteratur als auch durch seine Reise in die DDR im Jahr 1961 be-

REZEPTION UND UMGANG MIT DEN SCHALEN__Zahlreiche zeitgenössische Presse- und Fachzeitschriftenartikel belegen, dass Müthers Schalen zu DDR-Zeiten allgemein sehr beliebt waren, aufgrund ihrer besonderen Form Aufmerksamkeit erregten und gerne besucht wurden. Die Ge-

1a

1b

kannt. Viele Bauwerke Müthers zeigen formale Einflüsse Candelas, beispielsweise der „Teepott" in Rostock oder die „Seerose" in Potsdam. Müther zitierte sogar einen Bau von Candela in seinem Firmenlogo.[2]

Das hyperbolische Paraboloid (kurz: HP oder Hypar) gehört zu den doppelt gekrümmten Schalenflächen, die in entgegengesetzter Richtung gekrümmt sind. Der Name kommt daher, dass bei bestimmten Schnitten durch die Fläche Parabeln entstehen, bei anderen Hyperbeln.[3] Weil die HP-Fläche aus Geraden gebildet wird, lässt sie sich leicht einschalen, da nur gerade Bretter benötigt werden.[4]

meinden warben regelrecht mit den Schalen, fast alle Bauwerke dienten als Postkartenmotive. Vom Staat waren die Hyparschalen sowieso gewollt: Die staatlichen Auftraggeber setzten diese Solitäre bewusst als modernes städtebauliches Gestaltungsmittel ein, als Blickfang an hervorgehobener Stelle (Strand, Park etc.) und zur Auflockerung von Plattenbaugebieten. Besonders herausragende Bauten wurden auch auf Briefmarken gedruckt („Teepott" und „Ahornblatt").

Mit der politischen Vereinigung 1990 wurden alle staatlichen Institutionen der DDR aufgelöst. Damit änderten sich auch die Nutzungsanforderungen für viele von Müthers Bauwerken, denn nicht

immer konnte sofort ein neuer Eigentümer gefunden werden. Leerstand, Verfall und Vandalismus waren die Folgen, viele dieser so entstande-

tungsturm[6] (Abb. 1). Der in Zusammenarbeit mit
dem Architekten Dietrich Otto[7] konzipierte Beob-
achtungsturm für den Wasserrettungsdienst stand

2

nen „Schandflecke", nämlich etwa 20 Prozent
aller gebauten Schalen, wurden bereits abgebrochen.[5] Von den über 50 erhaltenen Bauten sind
ungefähr 88 Prozent in Nutzung, zum Teil saniert
oder instand gesetzt. Jedoch stehen nahezu
zwölf Prozent der Schalenbauten seit Längerem
leer und sind zum Teil vom Abriss bedroht.

VERLUSTE__Zu den bedauerlichen Verlusten gehört beispielsweise der 1975 am Strand von
Binz/Rügen erbaute und 1993 abgerissene Ret-

dem Bau einer neuen Seebrücke im Wege.
1981 wurde am anderen Ende des Strandes ein
zweiter Rettungsturm desselben Schalentyps,
einer Buckelschale, erbaut. Dieser Bau konnte
auf Müthers Initiative hin gerettet werden, indem er ihn pachtete und zudem instand setzen
ließ. Seit 2006 wird dieses Kleinod der Schalen-
baukunst auch als Außenstandort des Standes-
amtes genutzt[8], als solches avancierte es innerhalb kurzer Zeit zu einem international beliebten
Trauungsort.

Ein anderes Abrissbeispiel ist die Gaststätte auf dem Heinrich-Heine-Felsen in Halle, die in den 1990er Jahren beseitigt wurde (Abb. 2). Die 1968 erbaute und gemeinsam mit dem Architekten Ferdinand Hübner konzipierte Gaststätte entstand unmittelbar neben dem Gästehaus des Bezirksrats von Halle.[9] Sie verkörperte einen Bautyp, den Müther häufiger anwandte: die Hyparschale über

Ein Beispiel für den Abbruch einer Großgaststätte in Pilzschalenbauweise ist diejenige in Magdeburg Nord mit neun Pilzen von je 12 x 12 Metern Grundfläche (Abb. 3). Ein Billigeinkaufszentrum ersetzt seit etwa 2000 die 1975 erbaute Großgaststätte.[12] Eine weitere Schale dieses Typs, die 1974 in Bergen/Rügen erbaute Schülergaststätte, fiel 2002 Neubauplanungen zum Opfer.[13] Drei

3a

3b

quadratischem Grundriss von 20 x 20 Metern. Dieser Typ, der schon 1966 bei der Messehalle Erdöl-Bauwesen in Rostock zur Anwendung kam, wurde in Halle erstmals als Solitär errichtet und diente als Vorbild für vier weitere Hyparschalen: in Eberswalde, Glowe, Templin und Hohenfelden.

Das Templiner Exemplar, das 1972 im städtischen Bürgergarten in Betrieb genommen wurde und seit 2004 unter Denkmalschutz steht, ist vom Verfall gezeichnet und seit etwa 20 Jahren ohne Nutzung.[10] Die Gemeinde Templin möchte das Bauwerk erhalten, hat aber noch kein Konzept für den zukünftigen Umgang mit ihm entwickelt. Obwohl akuter Handlungsbedarf besteht, kann die Stadt aufgrund finanzieller Engpässe derzeit keine Untersuchung einleiten.[11]

weitere Gaststätten des Typs Pilz- oder Schirmschale sind in akuter Gefahr: Sie befinden sich – vom Vandalismus heimgesucht – in Rostock („Baltic" und „Szczecin" in Lütten-Klein sowie die Betriebsgaststätte ITV in Dierkow; Abb. 4).

Der Abriss der Gaststätte „Ahornblatt" in Berlin im Jahr 2000 stellt einen außerordentlichen Verlust im Werk Müthers dar (Abb. 5). Mit seinen fünf fächerartig aneinandergefügten Schalen war das 1973 erbaute „Ahornblatt"[14] ein besonders ausgefallenes Bauwerk. Es ist ein Beispiel dafür, dass der Denkmalschutz – trotz hohen Einsatzes – unterliegen musste, da die Vermarktungsinteressen des Bundes und die baupolitischen Leitbilder des Senates höher bewertet wurden.[15] Sie setzten sich über den Willen des Bezirks sowie die Proteste zahlreicher Bürger und Fachleute aus

Architektur und Denkmalpflege hinweg, die den Erhalt des Denkmals gefordert hatten. Anstelle des „Ahornblatts" realisierte der Senat eine zweckmäßige, funktionale Blockrandbebauung (mit Büros, Hotel und Dienstleistungen). Der Ab-

INSTANDSETZUNGEN UND SANIERUNGEN__ Einige der mittlerweile wiederhergestellten Gebäude standen erst lange Zeit leer und waren zum Teil vom Abriss bedroht, bevor es endlich zu einer Wiederherstellung kam. Selbst bei der promi-

4a

4b

riss des „Ahornblatts" wurde von der Öffentlichkeit im In- und Ausland wahrgenommen und markierte einen Wendepunkt in der Rezeption der Bauwerke Müthers. Ulrich Müther wurde durch dieses Ereignis nach eigener Aussage „aus der Versenkung geholt"[16] und seine Bauwerke wurden in der Folge verstärkt in Fachzeitschriften besprochen. Außerdem entstanden Dokumentarfilme über sein Schaffen und Müther gründete sein eigenes Firmenarchiv, empfing Nachwuchswissenschaftler und hielt Vorträge an Universitäten. Nach dem Abriss des „Ahornblatts" begann die Zeit der wissenschaftlichen Beschäftigung mit den Betonschalen Müthers.

nenten und bereits seit 1984 denkmalgeschützten Ausflugsgaststätte „Teepott" brauchte es einen zehn Jahre währenden Leerstand, bis eine akzeptable Lösung gefunden wurde:[17] Die 1968 am Ende der Strandpromenade von Warnemünde erbaute Gaststätte hatte Müther gemeinsam mit dem Architekten Erich Kaufmann geplant (Abb. 6).[18] Nach dem Konkurs eines privaten Eigentümers wurde der „Teepott" 1992 geschlossen. In den neun Jahren der Suche nach einem Investor, bei der die Stadt Rostock immer mitwirkte, gab es zahlreiche Interessenten mit unterschiedlichsten Entwicklungsvorschlägen. Alle Konzepte und Bemühungen scheiterten jedoch. Aufgrund seines Zustandes wurde der „Teepott" gelegentlich auch als „Schandfleck" bezeichnet und sein Verfall offen kritisiert, dennoch blieb es Konsens, ihn wieder herrichten zu wollen.[19] Der „Teepott" war immer schon ein Wahrzeichen und bildete zusammen mit dem Leuchtturm das Identifikationssymbol des Ortes. Im Jahr 2002 konnte der „Teepott" schließlich mit Landeszuschüssen in Höhe von 1,7 Millionen Euro von einem Investor aus Rostock für insgesamt 7,5 Millionen Euro saniert werden.[20] Bei der Sanierung hatte die Erhaltung der Schalenkonstruktion Priorität. Um das Gebäude neuen Nutzungen zuzuführen, wurde es im Inneren vollständig entkernt und neu ausgebaut. Heute ist der „Teepott" wieder ein gastronomischer Anziehungspunkt mit diversen Dienstleistungseinrichtungen. Aufgrund der Unterteilung mit geschlossenen Wänden ist die Schale nur noch eingeschränkt erlebbar – jedoch besonders vom Café im Obergeschoss aus noch gut wahrzunehmen. Vor dem Umbau gab es allerdings keine Zwischenwände im Obergeschoss, sondern ein Zwischengeschoss mit einer zentral angeordneten Mehrzweckplattform, von der aus die ganze Schale sichtbar und gleichzeitig ein Rundumblick in alle Himmelsrichtungen möglich war. Etwas störend wirkt der im Zuge des Umbaus eingebaute Fahrstuhlschacht, der genau im Gebäudemittelpunkt platziert wurde und den Verteilerraum verstellt. Jedoch ist dem gesamten Umbau zugutezuhalten, dass es gelang, auf einer relativ kleinen Grundfläche eine Nutzung zu realisieren, die heutigen wirtschaftlichen Kriterien genügt und damit die Schalenkonstruktion nachhaltig sichert.

5a

5b

Ein Beispiel für eine unsensible Sanierung stellt die in der Großsiedlung Rostock-Südstadt gelegene ehemalige Wohngebietsgaststätte „Kosmos" dar (Abb. 7). Das unter Mitwirkung der Architekten Kurt Tauscher, Wolfgang Reinhard, Robert Waterstraat 1970 errichtete Gebäude enthielt ein Restaurant, eine Bierstube, eine Bar, ein Café und eine Bücherei.[21] Heute weist es eine kleinteilige Mischnutzung mit einer starken inneren Parzellierung auf. Die Konstruktion besteht

6

aus drei hintereinander angeordneten Hyparschalen über quadratischem Grundriss, die sich nur an ihren Spitzen berühren. Das Gebäude ist nicht denkmalgeschützt. Der neue Eigentümer begann ab 1991 mit den Sanierungs- und Umbaumaßnahmen,[22] bei denen er auch Grundrissveränderungen vornahm, die eine erhebliche Veränderung des äußeren Erscheinungsbildes zur Folge hatten. Die ursprünglich gerundeten Fassadenabschlüsse an beiden Kopfenden wurden durch spitzwinklige Erweiterungen ersetzt und an beiden Längsseiten entstanden je zwei kantige Glasvorbauten mit eigenen Dächern. Die klare Struktur und Eleganz der Konstruktion gingen völlig verloren. Durch den Umbau ist die Schalenkonstruktion in ihrer Gesamtwirkung stark beeinträchtigt.

Ein Beispiel für eine gute Erhaltung im bauzeitlichen Zustand ist die 1966 unter Mitwirkung des Architekten Erich Kaufmann erbaute Messehalle in Rostock-Schutow.[23] Nach der Wende erwarb ein privater Eigentümer das aus zwei versetzt angeordneten Hyparschalen bestehende Bauwerk und nutzt es bis heute als Autohaus (Abb. 8). Im Jahr 2000 beantragte er den Abriss, um einen größeren Neubau zu realisieren.[24] Er bekam eine Abrissgenehmigung, setzte diese aber nicht sofort um. Als der Eigentümer drei Jahre später den Abriss vollziehen wollte, war seine Genehmigung erloschen und er bekam keine neue, da der Bau inzwischen als Denkmal eingetragen worden war. Nach anfänglichem Widerstand akzeptierte der Eigentümer den Denkmalstatus und hält das Bauwerk seitdem instand.

Die 1969 als Messe- und Veranstaltungshalle erbaute Hyparschale in Magdeburg ist dringend instandsetzungsbedürftig (Abb. 9). Das in Zusammenarbeit mit dem Architekten Horst Freytag geplante Bauwerk wurde auf dem damaligen Messegelände im Stadtpark Rotehorn nahe der Stadthalle (Baujahr 1927, Architekt: Johannes Göderitz) errichtet.[25] Nach der Wende wurde die Hyparschale, die immer in städtischem Eigentum war, bis zu ihrer Schließung 1997 genutzt. Seit 1998 steht sie unter Denkmalschutz. Die Dachkonstruktion besteht aus vier zusammengesetzten Hyparschalen aus Stahlbeton, die durch Lichtbänder verbunden sind und eine Grundfläche von 48 x 48 Metern stützenfrei überspannen. Die durchschnittliche Schalenstärke beträgt etwa 7 Zentimeter. Mit einer Grundfläche von rund 2304 Quadratmetern war die Hyparschale in Magdeburg zur Bauzeit die flächenmäßig größte Schalenkonstruktion im Werk Müthers und gehört immer noch zu seinen größten Bauten. Wie auf historischen Fotografien zu sehen ist, besaß das Gebäude eine großartige Innenraumwirkung, die

einerseits durch die Art der Belichtung mit Oberlichtbändern[26] und semitransparenten Copilit-Glasfassaden zustande kam und andererseits

7a

7b

durch die qualitätvolle, im Wesentlichen erhaltene Innenausstattung mit einer klinkerverkleideten Tribünenanlage (Abb.10).

Im Jahr 1998 stellte die Stadt einen Abrissantrag, da ein Untersuchungsbericht das Gebäude als baufällig eingestuft hatte. Im Rahmen der Ämterbeteiligung ordnete die Obere Denkmalbehörde eine erneute bautechnische Überprüfung des Gebäudes an. Das zweite Gutachten bescheinigte die Sanierungsfähigkeit der Schalenkonstruktion, woraufhin der Abrissantrag abgelehnt und die Auflage erteilt wurde, das Denkmal zu erhalten. Im Jahr 2000 wurde eine umfassende Sanierungsplanung mit Leistungsverzeichnis erarbeitet.[27] Demnach beliefen sich die Sanierungskosten allein für die Schalenkonstruktion auf 1,0 bis

Das ehemalige Strandrestaurant „Inselparadies" im Ostseebad Baabe steht seit etwa 19 Jahren leer und ist ein Beispiel dafür, dass ein Konzept zur

8

1,5 Millionen Euro, der Gesamtaufwand wurde auf 3 Millionen Euro geschätzt. In den Folgejahren gab es immer wieder Anfragen und Konzeptvorschläge von verschiedenen Interessenten, die alle nicht zustande kamen. Seit ein paar Jahren bietet die Stadt das Grundstück zur Erbbaupacht an – die Hyparschale ist für einen symbolischen Euro und mit der Auflage zu erwerben, das Gebäude zu sanieren. Da die Stadt auch für die dringend notwendige Dachabdichtung keine Mittel beisteuern kann, schreitet der Verfall an dem seit 14 Jahren nicht genutzten Gebäude fort.

Wiederherstellung gefunden wurde und derzeit umgesetzt wird (Abb. 11). Mit dem 1966 erbauten „Inselparadies" realisierte Müther seine erste Pilzschalenkonstruktion – bestehend aus vier zusammengesetzten HP-Schalensegmenten über einem quadratischen Grundriss von etwa 18 x 18 Metern.[28] Genutzt wurde das „Inselparadies" als Café und Restaurant, abends war es ein beliebter Veranstaltungsort mit musikalischem Programm. Nach der Wende übernahm die Treuhand das Gebäude und es begann die Suche nach einem Investor, an der sich die Gemeinde aktiv beteiligte.[29] Nach seiner Schließung im Jahr 1992 verfiel das Bauwerk infolge der durch Vandalismus verursachten Schäden zunehmend, zugleich gab es immer wieder Hauptstraße des Ortes, die den gastronomischen Bedarf decken. Den Grund für die schwierige Bewirtschaftung sieht die Gemeinde vor allem in

9

Interessenten mit Entwicklungskonzepten, die jedoch alle scheiterten. Das Problem des „Inselparadieses" liegt nach Auffassung der Gemeinde in seiner schwierigen Bewirtschaftung, da es bisher nicht gelungen war, das Bauwerk ganzjährig allein durch den Betrieb als Ausflugsgaststätte kostendeckend zu bewirtschaften. Einnahmen ließen sich schon zu DDR-Zeiten nur in der tourismusstarken Jahreshälfte erzielen und der Bau musste in der Winterzeit geschlossen werden, obwohl das „Inselparadies" damals noch keine Konkurrenz hatte. Heute gibt es zahlreiche Lokale an der der Randlage des „Inselparadieses" abseits des Ortszentrums an der eher ruhigen Strandpromenade. Läge es an der belebten Hauptachse des Ortes oder an der Promenade zu einer Seebrücke, hätte es wesentlich mehr Publikumsverkehr und könnte rentabel bewirtschaftet werden. Daher legte die Gemeinde bereits in den 1990er Jahren im Bebauungsplan fest, dass das „Inselparadies" nur zusammen mit dem Nachbargrundstück erworben werden kann, auf dem eine Beherbergung einzurichten ist, durch deren Einnahmen die Wiederherstellung des Denkmals

10

mitfinanziert werden soll. Gleichzeitig soll die Unabhängigkeit des „Inselparadieses" als öffentliche Gaststätte gewahrt bleiben und ein Konzept entwickelt werden, das die ganzjährige Bewirtschaftung des Denkmals sichert.

Nach diesen Vorgaben wurden die beiden Grundstücke im Jahr 2010 an den jetzigen Investor verkauft, der auf dem Nachbargrundstück des „Inselparadieses" eine Hotelanlage mit Eigentumswohnungscharakter einrichten wird. Ein Teil des Verkaufserlöses der Wohnungen soll zur Wiederherstellung des Denkmals genutzt werden. Um

es dauerhaft bewirtschaften zu können, sieht das Konzept des Investors ferner vor, das „Inselparadies" mit einer gehobenen Gastronomie zu betreiben, die auch ein überregionales Publikum anspricht. Geplant ist außerdem, hinter dem „Inselparadies" eine kleine Geschäftsstraße mit einem attraktiven Angebot anzulegen, um mehr Laufpublikum an das Denkmal heranzuführen. Nach anfänglichen Baustartverzögerungen haben die Tiefbauarbeiten für die Wohnanlage im Mai 2011 begonnen. Die Arbeiten am „Inselparadies" wurden im September 2011 aufgenommen.[30]

FAZIT__ Die Beispiele haben gezeigt, dass es oft nicht einfach ist, eine optimale Nutzung für die Schalenbauwerke zu finden, die sich überwiegend durch große Volumina auszeichnen und hauptsächlich aus gläsernen Wänden und dünn isolierten Dachhäuten bestehen – alles Eigenschaften, die den heutigen energetischen Erwartungen nicht entsprechen und es erschweren, die Bauten wirtschaftlich zu betreiben.

Aber manche Schalen müssten gar nicht wirtschaftlich betrieben werden, weil ihr Erhaltungsaufwand so gering ist, dass er kaum ins Gewicht fällt. Dies ist beispielsweise bei der kleinen Versuchsschale[31] in Binz der Fall, die eigentlich als bloße Skulptur im Raum stehen könnte, wenn es nicht den 2007 eingerichteten Haltepunkt für Reisebusse neben der Schale gäbe.[32] Als Versuchsschale erbaut, später mit Glasfassaden versehen und als Buswartehäuschen weitergenutzt, in den 1990er Jahren auf die Schalenkonstruktion rückgebaut, zierte die nur 7 x 7 Meter überspannende Hyparschale jahrelang als Freiplastik den öffentlichen Raum (Abb. 12). Im Mai 2011 bekam sie Gesellschaft und wird nun von zwei Flachbauten flankiert, die eine WC-Anlage und einen touristischen Informationspunkt beherbergen.

Wie ist die Wertschätzung zu verstehen, die derzeit im Heimatort Müthers der Schale entgegengebracht wird? Auf den ersten Blick könnte man meinen, die Maßnahme sei von Seiten der Gemeindeverwaltung als Affront zu verstehen: Zukünftig ist die Hyparschale von jeder Seite aus nur noch im Ensemble der neuen Anlagen wahrnehmbar. Diese sind zwar sachlich gestaltet, behaupten sich in Größe und Höhe jedoch gleich-

berechtigt neben dem Denkmal und die geschlossenen Wände verhindern Transparenz. Aber es muss der Maßnahme zugutegehalten werden, dass die Hyparschale selbst unangetastet blieb. Die Lösung zeigt den Versuch, den Schalenbau in

11a

ein neues gemeindliches Nutzungskonzept einzubinden. Durch die Maßnahme bleibt das Denkmal in seiner Substanz bewahrt und der Öffentlichkeit zugänglich. Aufgrund der Aufhebung des Umgebungsschutzes führte die Maßnahme zwar zu einer Veränderung des Erscheinungsbildes der ehemaligen Versuchsschale, jedoch glücklicherweise nicht zu ihrem Abriss.

11b

12b

12a

ANMERKUNGEN

1 Der Terminus bezeichnet die in Kooperation der Firmen Dyckerhoff & Widmann (Dischinger, Finsterwalder) und Carl Zeiss Jena (Bauersfeld) entstandenen Verfahren und Bauweisen der ersten Schalentragwerke in Deutschland.

2 Zum Einfluss Candelas auf das Werk Müthers vgl. auch Laffranchi, Massimo: „Betonschalenbauten. Eine geschichtliche Perspektive". In: Lämmler, Rahel / Wagner, Michael: *Ulrich Müther Schalenbauten in Mecklenburg-Vorpommern.* Sulgen/Zürich 2008, S. 16–29, hier 25–27

3 Polónyi, Stefan: „Hyperbolische Paraboloid-Schalen". In: Henn, Ursula / Candela, Felix: *Zum Werk von Felix Candela. Die Kunst der Leichten Schalen.* Köln 1992, S. 23–31, hier S. 23

4 Joedicke, Jürgen: *Schalenbau. Konstruktion und Gestaltung.* Stuttgart 1962, S. 179

5 Die Zahlen- bzw. Prozentangaben des Abschnitts wurden von der Verfasserin ermittelt.

6 Bau- und Abrissdaten der Rettungstürme nach Lämmler / Wagner 2008 (wie Anm. 2), S. 44

7 Die Angaben zu den beteiligten Architekten, auch im Folgenden, nach Unterlagen im Müther-Archiv an der Hochschule Wismar (Müther-Archiv HW)

8 Lämmler / Wagner 2008 (wie Anm. 2), S. 46

9 Bauakademie der DDR (Hg.): *Architekturführer DDR. Bezirk Halle.* Berlin 1977, S. 37

10 Unterlagen des Bauordnungsamtes der Kreisverwaltung Uckermark

11 Persönliche Auskunft des Bauamtes der Stadt Templin am 14.06.2010

12 Bauakten aus dem Müther-Archiv HW

13 Daten zur Schülergaststätte Bergen nach Lämmler / Wagner 2008 (wie Anm. 2), S. 68

14 Plaethe, Rüdiger: „Gesellschaftliches Zentrum Fischerinsel". In: *Deutsche Architektur.* 22/1973, S. 726–731. An der Planung der Gaststätte beteiligte Architekten waren Gerhard Lehmann, Rüdiger Plaethe und Helmut Stingl.

15 Alle Angaben zur Nutzungsgeschichte des „Ahornblattes" nach Presseartikeln sowie Unterlagen der Bauaktenarchive der Senatsverwaltung Berlin (Landesdenkmalamt und Bezirksamt Mitte)

16 Persönliche Auskunft von Ulrich Müther am 28.10.2006 in Binz; vgl. auch Michel, Kai: „Nach der Utopie". In: *Brand Eins.* 9/2003, S. 138–145, hier S. 140–141

17 Alle Angaben zur Geschichte des „Teepotts" nach Unterlagen im Denkmalamt Rostock

18 Kaufmann, Erich / Müther Ulrich: „‚Teepott' Rostock-Warnemünde". In: *Deutsche Architektur.* 3/1969, S. 157–161, hier S. 157. Weitere beteiligte Architekten waren Carl Heinz Pastor und Hans Fleischhauer.

19 Es gab kurzzeitig das Bestreben, den „Teepott" abzureißen: Ein Gutachten postulierte die Sanierungsunfähigkeit der Schale, die jedoch durch Überprüfungen Müthers und der TU Dresden im Auftrag der Stadt Rostock widerlegt werden konnte. Persönliche Auskunft von Ulrich Müther am 28.10.2006 in Binz

20 Feuerstein, Ingrid: „Minister hatte 1,7 Millionen Euro im Gepäck. Fördermittel bringen Schwung in Teepott-Sanierung". In: *Ostseezeitung* vom 25.04.2002

21 Bauakademie der DDR (Hg.): *Architekturführer DDR. Bezirk Rostock.* Berlin 1978, S. 32; vgl. auch Reinhard, Wolfgang: „Gaststättenkomplex Kosmos im Wohngebietszentrum Rostock-Südstadt". In: *Deutsche Architektur.* 3/1971, S. 153–158

22 Lämmler/Wagner 2008 (wie Anm. 2), S. 82

23 Kaufmann, Erich / Müther, Ulrich: „Messehalle in Rostock". In: *Deutsche Architektur.* 11/1966, S. 676–679, hier S. 676

24 Die Aussagen zur Nutzungsgeschichte der Messehalle nach Unterlagen im Denkmalamt Rostock

25 Die Angaben zur Hyparschale Magdeburg nach Unterlagen des Müther-Archivs HW, des Stadtplanungsamtes Magdeburg und des Liegenschaftsamtes in Magdeburg

26 Die Lichtbänder mussten allerdings infolge eines Herstellungsfehlers schon ein paar Jahre nach Fertigstellung zugeklebt werden.

27 Zur Sanierungsplanung vgl. Jahnel, Rüdiger / König, Gert / Schenck, Gunter / Tue, Nguyen Viet: „Hyparschale Magdeburg". In: *Bautechnik.* 8/2002, 79. Jg., S. 516–522 (Sonderdruck: S. 2–8)

28 Unterlagen im Müther-Archiv HW; vgl. auch Bauakademie der DDR (Hg.): *Architekturführer DDR. Bezirk Rostock.* Berlin 1978, S. 130

29 Die Angaben zur Nutzungsgeschichte des Inselparadieses nach persönlicher Auskunft von Dieter Mathis, Bürgermeister des Ostseebades Baabe, am 11.09.2010 in Baabe

30 Persönliche Auskunft des das Projekt betreuenden Architekten Carsten Gieseke in Berlin im 17.05.2011 und Herold, Chris-Marco: „18 Jahre Stillstand haben ein Ende. Baabe: Grundsteine für ‚Inselparadies' und ‚Haus Meeresblick' wurden auf historischem Bauplatz gelegt". In: *Ostseezeitung* vom 23.09.2011

31 Die Schale wurde 1967 als Modellschale für die Mehrzweckhalle Rostock Lütten-Klein zur Durchführung von Messungen und Belastungsproben erbaut. Angaben nach Unterlagen im Müther-Archiv HW

32 Diese und alle folgenden Angaben zum Umgang mit der Hyparschale nach persönlicher Auskunft des Hochbauamtes Binz am 10.05.11. Der Unterhalt der Schale beschränkt sich auf gelegentliche Schönheitsreparaturen.

TYPISIERTE VIELFALT. DER UMGANG MIT DEN BAUTEN DER NACHKRIEGSMODERNE AUF DER FISCHERINSEL IN BERLIN__NILS MEYER

Die Bebauung der Fischerinsel in Berlin-Mitte bildet ein städtebauliches Ensemble, an dem sich die heutigen Schwierigkeiten, aber auch Möglichkeiten des Umgangs mit der Ostmoderne eingehend beleuchten lassen. Die Bebauung ist nicht denkmalgeschützt, trotzdem können gleiche oder ähnliche Probleme wie bei Denkmalen dieser Zeitschicht beobachtet werden. Sie reichen vom überdimensionierten Stadtraum über den strukturellen und materiellen Umgang mit typisierten baulichen Großstrukturen bis hin zu Fragen nach den Möglichkeiten der baulichen Transformation. Besonders lassen sich mit der jüngsten Geschichte der Fischerinsel konkurrierende Modelle der städtebaulichen Weiterentwicklung verbinden, die vor dem Hintergrund des historischen und für die Stadtgeschichte wichtigen Ortes eine besondere Bedeutung bekommen.

Als Fallbeispiele sollen drei markante Gebäudetypen auf der Fischerinsel vorgestellt werden: zum einen die Wohnhochhäuser, dann das sogenannte „Ahornblatt" als ehemaliges Gesellschaftliches Zentrum (das 2000 abgerissen wurde und als einziges Gebäude auf der Fischerinsel Denkmalstatus besaß) sowie zum anderen die Schwimmhalle, die als ein saniertes Beispiel eines Typenbaus der DDR-Moderne etwas eingehender behandelt werden soll.[1]

DER ORT UND SEINE GESCHICHTE__Als Fischerinsel wird heute das rund acht Hektar große Gebiet der Spreeinsel südlich der Gertraudenstraße in Berlin-Mitte bezeichnet (Abb. 1). Der namensgebende Fischerkiez befand sich in einem kleineren Areal am Südende der Insel und ist nicht mehr erhalten.

Von 1237 an gehörte das Gebiet zur Stadt Cölln, die 1709 mit dem benachbarten Alt-Berlin vereint wurde. Bis zu den Zerstörungen im Zweiten Weltkrieg behielt die Fischerinsel ihr kleinteiliges, auf der mittelalterlichen Stadtstruktur basierendes Aussehen.

Nach dem Zweiten Weltrieg[2] gab es mit einem Wiederaufbauplan von 1954 Bestrebungen, die nur zum Teil zerstörte Bebauung wieder zu errichten. Darauf folgten 1957 Vorschläge für die Neubebauung in aufgelockerter Blockbebauung und als Randbebauung mit akzentuierenden Turmbauten. Ab 1960 existierte mit dem Umgestaltungsplan für das Berliner Zentrum dann eine geänderte Konzeption für die Fischerinsel, die eine weitgehende Abräumung der historisch gewachsenen Bebauung und ihren modernen Ersatz vorsah. Diese Konzeption wurde durch die städtebaulichen Planungen und den Bebauungsplan Wohngebiet Fischerinsel von 1965 konkretisiert,[3] welcher die später realisierte Gestaltung mit den sechs markanten Hochhausbauten und verschiedenen ergänzenden Sonderbauten vorsah (Abb. 2). Joachim Näther, damals Chefarchitekt von Groß-Berlin, beschrieb die Planungsziele folgendermaßen: „Es ist nicht beabsichtigt, die ehemalige kapitalistische City mit ihrem kommerziellen Charakter wiederentstehen zu lassen.

generelle Neuplanung bietet die Chance, dem ‚Fischerkietz' eine seiner exponierten Lage in der Struktur des Stadtzentrums gemäße Funktion zu geben. Die Entscheidung wurde, auch im Einvernehmen mit der Denkmalpflege, zugunsten dieser Lösung getroffen."[4]

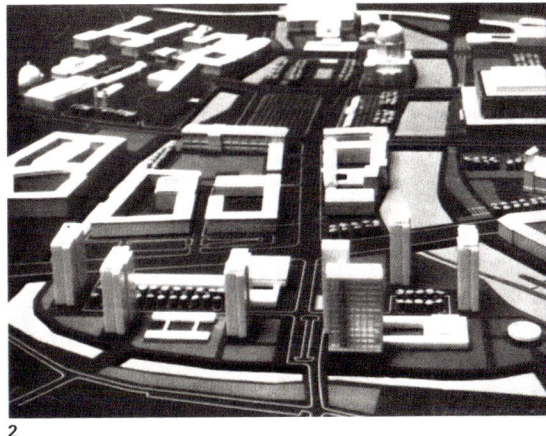

1

2

sen. Wir bekennen uns vielmehr dazu, neben den Anlagen und Einrichtungen der Politik, der Wirtschaft, der Wissenschaft und der Kultur dem Stadtzentrum auch neue Wohngebiete zuzuordnen. […] Ein prägnantes Beispiel für die Einordnung von Wohngebieten in das Stadtzentrum ist der Aufbau des ‚Fischerkietzes'. […] Im Zusammenhang mit dem konzentrierten Aufbau des Stadtzentrums ist eine Neugestaltung dieses Gebietes unumgänglich geworden. Vorbereitungen hierzu gehen teilweise bereits auf Jahre zurück, und in diesem Prozeß entwickelten sich die unterschiedlichsten Vorstellungen. Sie reichen von der Rekonstruktion des gesamten Gebietes über einen historisierenden Aufbau bis zur generellen Neuplanung ohne Ressentiment. […] Eine

In der Folge wurde die Fischerinsel, teilweise begleitend zu den entstehenden Neubauten, durch Sprengungen vollständig von der historischen Bebauung beräumt, beginnend schon 1964 mit dem Abriss der Petrikirche. Zwischen 1967 und 1970 erfolgte die Bebauung der Fischerinsel mit fünf Wohnhochhäusern, welche die erste Hochhausgruppe in Ost-Berlin formten. Sie wurden 1972 durch den Bau eines Hotels als Doppelpunkthochhaus ergänzt. 1971 bis 1973 erfolgte der Bau des Gesellschaftlichen Zentrums mit dem „Ahornblatt" sowie 1977 bis 1979 der Bau der Schwimmhalle (Abb. 3).

Nach der politischen Wende 1990 wurden verschiedene städtebauliche Planungen[5] für die Mitte Berlins und damit für das Areal der Fischer-

241

insel erarbeitet, die vor allem auch eine Rückbesinnung auf die Stadtstrukturen der Zeit vor 1945 im Sinne einer „Kritischen Rekonstruktion"[6] zum

baulichen Entwicklung[8] erarbeitet, der im November 1996 der Vorläufer des Planwerks Innenstadt unter dem Titel „Masterplan Historische Innen-

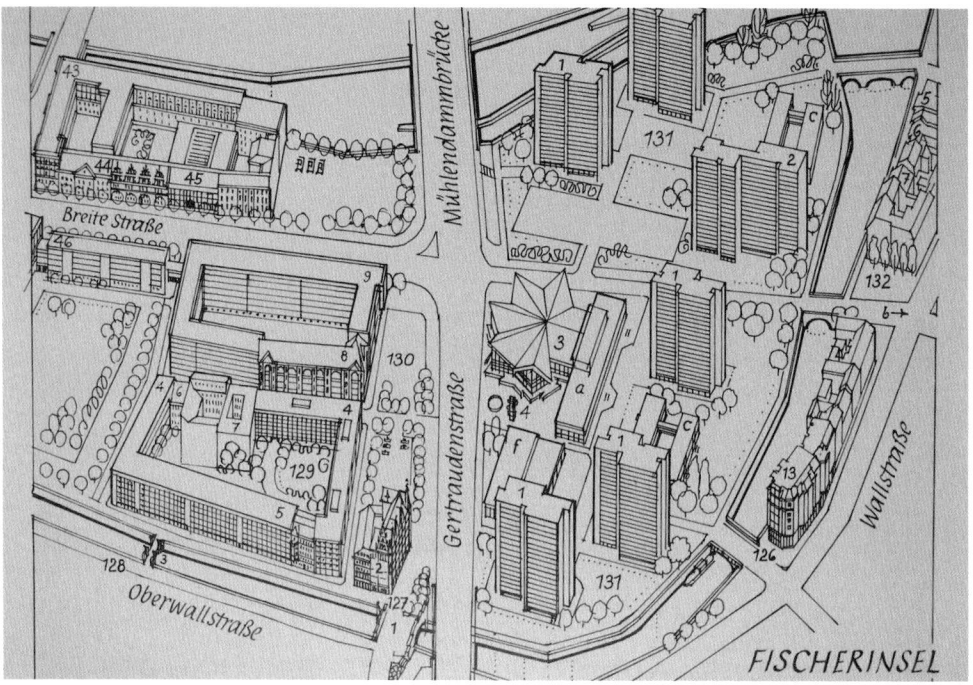

3

Ziel hatten. So wurde 1992 ein städtebauliches Leitbild[7] für die Berliner Mitte, Bereich Spreeinsel, formuliert, dem 1994 ein internationaler städtebaulicher Wettbewerb „Stadtmitte/Spreeinsel" folgte, dessen ersten Preis Bernd Niebuhr aus Berlin gewann. Die Planungen gingen von einer städtebaulichen Verdichtung der Fischerinsel und einer Rückbesinnung auf die Blockstrukturen der Vorkriegszeit aus, die bei Bernd Niebuhr den Charakter einer Hybridlösung unter Erhalt der Hochhäuser hatte. 1996 wurde eine Bereichsentwicklungsplanung Mitte als Gutachten zur städte-

stadt" folgte. In einem anschließenden dreijährigen, kleinteilig auf verschiedene Quartiere und Bereiche bezogenen Planungsprozess entwickelte die Senatsverwaltung für Stadtentwicklung diesen Masterplan zum Planwerk Innenstadt weiter. Die Planungswerkstätten, die hierfür im Jahr 1998 zur Fischerinsel abgehalten wurden, bezogen sich insbesondere auch auf den Bereich der heutigen Gertraudenstraße, und somit auf den zerstörten mittelalterlichen Gründungskern der Stadt Cölln mit Petrikirche und Rathaus. Im Senatsbeschluss zur Fischerinsel im

Rahmen des Planwerks Innenstadt vom 18. Mai 1999 heißt es hierzu: „Die Gertraudenstraße soll in Anlehnung an den historischen Straßenverlauf beidseitig mit neuen Wohn- und Geschäftshäusern bebaut werden. Durch einen attraktiven neuen Stadtplatz auf der Nordseite soll an den Ursprung Cöllns bzw. an den früheren Standort der Petrikirche erinnert werden. Auf der Südseite soll eine nutzungsgemischte Straßenrandbebauung mit Ladengeschäften entstehen, die durch die Aufgabe der neuen Gertraudenbrücke und eine entsprechende Verschiebung der Straße möglich wird. Hierdurch kann aus dem Wohnquartier auf der Fischerinsel eine beruhigte und innerstädtisch attraktive Wohnadresse geschaffen werden. Ein zusätzliches Hochhaus auf dem Grundstück des ‚Ahornblattes' wird abgelehnt. Stattdessen wird eine achtgeschossige Bebauung mit einer Mischung von Wohnen, Läden, Hotel und Büros vorgesehen. Auf der östlichen Inselspitze soll mittelfristig, überwiegend auf dem Grundstück des aufzugebenden Kindertagesstättenstandortes, das Wohnen am Wasser, korrespondierend zu den gegenüberliegenden Stadthäusern, ermöglicht werden"[9] (Abb. 5).

Überlagert wurden die Planungen zur Fischerinsel durch die Querelen um das unter Denkmalschutz stehende „Ahornblatt", das ehemalige gesellschaftliche Zentrum, das an einen Investor verkauft worden war. Schlussendlich führte das der damaligen Berliner Großen Koalition geschuldete Konkurrenzverhalten zwischen der Senatsbauverwaltung (gemeinsam mit dem Bezirk) und der Senatsverwaltung für Stadtentwicklung vor dem Hintergrund des in Entstehung befindlichen Planwerks Innenstadt dazu, dass das „Ahorn-

blatt" im Jahre 2000 abgerissen wurde und einer Blockrandbebauung Platz machen musste. Bis heute ist das bereits in den Werkstattdiskussio-

4

5

nen deutlich gewordene „strittige Verhältnis zwischen einer von allen Teilnehmern gewünschten erneuten Kenntlichmachung des historischen cöllnischen Stadtkerns unter Rücknahme von Verkehrsfläche einerseits und der Weiterentwicklung des Ensembles der frei im Raum stehenden sechs Wohnhochhäuser andererseits"[10] nicht gelöst. Insbesondere scheint eine Nachverdichtung des unmittelbaren Umfeldes der Hochhäuser „nicht nur nicht zwingend, sondern schlichtweg nicht möglich"[11]. Auch ein durchgängiges Konzept für die Freiräume, wie es durch die Freiraumgutachter[12] formuliert wurde (Schaffung privater Freiräume und Umwandlung des „fließenden" Freiraums der Hochhausbebauung in abgegrenzte Hochhausgärten sowie Schaffung klarer Räume und eines erkennbaren Wege- und Straßennetzes für die Allgemeinheit), ist bisher nicht umgesetzt.

Ein 2009 ausgelobter Wettbewerb zum Neubau der Petrikirche[13], unter anderem mit Beiträgen von Hans Kollhoff und Meuser Architekten, brachte kein überzeugendes Ergebnis. Das Planwerk Innenstadt wurde 2011 durch das Planwerk Innere Stadt abgelöst. Eine Umsetzung der bisherigen Planungen zum Bereich Gertraudenstraße und zur Fischerinsel oder eine anders gelagerte Weiterführung sind zurzeit nicht erkennbar.

DIE HOCHHÄUSER__Eine bemerkenswert kritische Vorbemerkung der Redaktion der Zeitschrift *deutsche architektur* zu einem Artikel des Architekten Manfred Zumpe über die Wohnhochhäuser von 1970 auf der Fischerinsel zeigt, dass der Aufwand, mit dem diese gebaut wurden und zu dem man vor allem wohl auch die Umgestaltung des innerstädtischen Gebietes der Fischerinsel durch Abriss zählen darf, zu ihrer Entstehungszeit nicht unumstritten war: „Die Wohnhäuser am Fischerkiez stellen in gewisser Hinsicht ein Experiment dar. Die Auffassung des Autors, dass Wohnhochhäuser künftig ‚eine typische Bauform' werden, kann nach unserer Meinung noch nicht verallgemeinert werden, da die Anwendung von Wohnhochhäusern nur dann und dort vertretbar ist, wo ihre ökonomische Effektivität exakt nachweisbar ist"[14] (Abb.6).

Als Autoren der fünf Wohnhochhäuser fungierten die Architekten Hans-Peter Schmiedel und Manfred Zumpe vom VE Wohnungsbaukombinat Berlin (in Kooperation mit dem Architekten und Oberingenieur Wolfgang Radke, der gleichzeitig die Gesamtleitung hatte, und Günter Piesker). Dem Bau gingen jahrelange Entwicklungsarbeiten voraus, die seit 1963 zuerst an der Deutschen Bauakademie und später in Kooperation mit dem VEB Berlin-Projekt erfolgten und ein neues System für den Wohnungsbau zum Ziel hatten: „Die Prinzipien der traditionellen Typenprojektierung wurden abgelöst von einem weitgehend offenen System, das es gestattet, die unterschiedlichsten Lösungen bezüglich der Grundrissform, der Baukörperform, der Baukörperkombinationen und des Wohnungsgemenges (Verteilerschlüssel) zu verwirklichen. […] Die modulare Fixierung dieses Systems ergab sich als eine Synthese vielseitiger Untersuchungen und Optimierungen bezüglich der funktionellen, statisch-konstruktiven, technologischen und ökonomischen Bedingungen. Als Optimum für eine Wohnhausserie in Großtafelbauweise von 18 bis 22 Geschossen wurde ein System von 3600 mm (Systembreite) mal 7200 mm (Systemtiefe) ermittelt. […] Grundeinheit dieser Entwicklung ist die Zweiraumwohnung mit einer Systemfläche von 7200 mm x 7200 mm (2 Achsen je 3600 mm)."[15]

Die Wohnhochhäuser auf dem Fischerkiez wurden als Prototypen dieses Bausystems angesehen und wegen ihrer städtebaulich hervorgehobenen Wirkung durch die versetzte Anordnung der Einzelelemente (Erschließungskern und Wohneinheiten) mit besonderer Sorgfalt gestaltet, um eine plastische Wirkung zu erzielen. Vertikal wurden die Hochhäuser in drei Bereiche gegliedert: einen Unterbau mit Keller aus Ortbeton, die hohe

Hauptzone der Wohngeschosse, in der aus Fertigteilen im Regelgeschoss jeweils vier Ein-, zwei Zwei-, vier Drei- sowie zwei Vierraumwohnungen entstanden, und der ebenfalls aus Fertigteilen montierte Bereich des Drempel- und Dachgeschosses. Die Wohnungen sind so zugeschnitten, dass an der Außenfront der Hochhäuser die Wohnfunktionen angeordnet sind, während zum Gebäudekern hin Nebenfunktionen wie Küchen, Bäder, Eingangsbereiche und Abstellräume situiert sind. In 20 Wohngeschossen bei insgesamt 21 Geschossen finden sich 240 Wohnungen für maximal 676 Bewohner pro Haus. Insgesamt entstanden auf der Fischerinsel so 1200 Wohnungen für knapp 3400 Bewohner. In ähnlicher Form wurde das Hotel auf der Fischerinsel wenig später als Doppelpunkt-Hochhaus von Herbert Jünger, Wolfgang Radke und Egon Kreißl (1970 bis 1972) realisiert.

Die Hochhäuser auf der Fischerinsel werden auch als modifizierter Typ „WHH GT 18" (Typ Berlin)[16] bezeichnet. Richtiger ist vermutlich, dass sie ein speziell ausgeformter Prototyp dieses ebenfalls im Wohnungsbaukombinat Berlin von 1969 bis 1971 entwickelten, standardisierten Wohnhochhauses in Großtafelbauweise sind, das erstmals an der Holzmarktstraße in Berlin-Mitte 1971 gebaut worden war und dann ab 1972 in allen Ost-Berliner Großsiedlungen als städtebaulich vertikale Kontrastarchitektur zu den Bauten der WBS (Wohnungsbauserie) 70 an wichtigen Knotenpunkten errichtet wurde.

Nach 1990 wurden die Wohnhochhäuser auf der Fischerinsel sukzessive modernisiert und vor allem energetisch saniert, wobei das überarbeitete Äußere durch eine zurückhaltende hellgraue Verkleidung mit Faserzementplatten in der Anmutung weitgehend der Fassadengestaltung der ursprünglichen Bauten ähnelt. Die Hochhäuser stellen durch ihre zentrale Lage heute eine nachgefragte Wohnadresse dar.

6

DAS „AHORNBLATT"__Das wegen der fünfstrahligen, gezackten Dachkonstruktion aus sehr schlanken Hyparschalen „Ahornblatt" genannte Gebäude des ehemaligen Gesellschaftlichen Zentrums der Fischerinsel wurde von einem größeren Autorenkollektiv konzipiert und von 1971 bis 1973 gebaut (Abb.7). Heute wird es ausschließlich mit dem bekannten Bauingenieur Ulrich Müther (damals VEB Spezialbetonbau Binz) in Verbindung gebracht, der allerdings lediglich für die Schalenkonstruktion über der Großgaststätte verantwortlich zeichnete. Neben Müther waren an dem Projekt folgende Architekten beteiligt: Helmut Stingl (städtebauliche Konzeption), Gerhard Lehmann (Entwurf, gleichzeitig Projektleiter) sowie Rüdiger

Plaethe vom VE Wohnungsbaukombinat Berlin. Im Gesellschaftlichen Zentrum waren alle für den täglichen Bedarf notwendigen Geschäfte und die genannte Großgaststätte zusammengefasst. Dies entsprach der gesellschaftlichen Ideologie

sellschaftlichen Lebens zu schaffen. Die Gesamtanlage besteht aus drei Bauteilen: Schalenkonstruktion (Großgaststätte), Küchentrakt, Ladentrakt. Während der Mittagszeit bietet die Gaststätte maximal 874 Sitzplätze. Die Großkü-

7

einer weitgehenden Planung des Bedarfs und dessen Zentralisierung: „Gesellschaftliche Zentren erscheinen mehr und mehr in unserem sozialistischen Städtebild. Sie verleihen neuen Stadtteilen ihr besonderes Gepräge und bewähren sich als typische Form sozialistischen Zusammenlebens und Wohnens. Mit der Fertigstellung des gesellschaftlichen Zentrums Fischerinsel am 18.7.1973 wurde die Bebauung des gleichnamigen Wohnkomplexes abgeschlossen. […] Die Aufgabe bestand darin, für den Wohnkomplex Fischerinsel nicht nur eine entsprechende Versorgungseinrichtung, sondern in Verbindung mit einer Großgaststätte auch ein Zentrum des ge-

che hat eine Tageskapazität von etwa 5400 Portionen."[17]

Die gesellschaftliche Bedeutung des „Ahornblattes" wurde bereits mit seiner Eröffnung 1973 durch seine Darstellung, zusammen mit den Hochhausbauten, auf einer 15-Pfennig-Briefmarke der Deutschen Post der DDR herausgestellt. Durch deren weite Verbreitung hat es in besonderer Weise in das kollektive Bewusstsein Eingang gefunden. Nach 1990 wurde dem „Ahornblatt" der Denkmalstatus zuerkannt. Allerdings hatte es schnell seine ursprüngliche Funktion verloren und diente in den 1990er Jahren nur noch provisorischen Nutzungen.

Noch während der Planungswerkstätten zur Fischerinsel im Rahmen des Planwerks Innenstadt von 1998 gab es Bestrebungen, mit dem Investor, an den das „Ahornblatt" im selben Jahr durch die Oberfinanzdirektion und mit der Zusicherung eines Baurechts durch den Bezirk verkauft worden war, bauliche Lösungen zu finden, die einen Erhalt wenigstens der Schalenkonstruktion ermöglichen und das Ensemble durch ein weiteres Hochhaus ergänzen sollten (Abb. 8). Dieses Hochhausprojekt der Berliner Architekten Nalbach + Nalbach widersprach allerdings den Zielsetzungen des Planwerks, das für die Gertraudenstraße und den historischen Kern Cöllns mit dem ehemaligen Standort der Petrikirche eine Reduzierung des Straßenraums und eine Schließung der Blockkanten favorisierte. Letztlich verabschiedete sich der Investor von seinen Hochhausplänen. Nach dem Abriss des „Ahornblatts" im Jahr 2000 wurde eine massive achtgeschossige Blockrandbebauung ausgeführt.

Die Diskussion um das denkmalgeschützte „Ahornblatt" erfolgte mit erheblicher medialer Präsenz[18] und zog weite Kreise: So wies der damalige Präsident der Berliner Architektenkammer, Cornelius Hertling, „auf das Ergebnis einer im In- und Ausland unternommenen Unterschriftensammlung hin: Annähernd 700 Architekten- und Ingenieurkammern, Universitätsinstitute sowie Institutionen der Denkmalpflege haben sich gegen den Abriss des Müther-Gebäudes auf der Fischerinsel ausgesprochen. ‚Dies zeigt, dass nicht alleine die Berliner Architektenschaft der Meinung ist, daß dieser charakteristische Bau erhalten bleiben und einer sinnvollen Nutzung zugeführt werden muss', so Hertling."[19]

Die Bebauung, die das „Ahornblatt" ersetzt hat, kann architektonisch nicht befriedigen und ist bis heute ein städtebauliches Fragment des ehrgeizigen Planwerks Innenstadt geblieben.

8

DIE SCHWIMMHALLE__Die Schwimmhalle Fischerinsel wurde als „Volksschwimmhalle Berlin", Projektvariante C, (ein typisiert geplantes „Wiederverwendungsprojekt") ab 1977 geplant und 1979 fertiggestellt. Konzipiert wurde dieser Typenentwurf durch das Autorenkollektiv der Architekten Karl-Heinz Swora und Gunter Derdau[20] im VEBMK Ing. Hochbau Berlin. Markant ist die Ausbildung des Daches als gefaltete Spannbetonkonstruktion von nur 8 Zentimeter Stärke, welche unter dem Begriff „VT-Falte" bekannt geworden ist und eine weite Verbreitung in der DDR bei verschiedenen Anwendungen im Hallenbau gefunden hat. Die Schwimmhalle besteht aus zwei klaren, unterschiedlich hohen Baukörpern, dessen größerer ein Schwimmbecken (25 x 12,5 Meter) sowie ein Lehrschwimmbecken (12,5 x 8 Meter) enthält und dessen kleinerer den Eingangsbereich, Umkleiden, Duschen und Nebenräume aufnimmt. Die geschlossenen Schmalseiten der Baukörper werden aus Waschbetonhohlkörpern gebildet, die überwiegend der über das Dach geführten Be- und Entlüftung dienen. Bis zum Beginn der Instandsetzungsarbeiten war die Schwimmhalle, abgesehen von einigen Modernisierungsarbeiten in den 1990er Jahren, in ihrer bauzeitlichen Substanz und Ausstattung weitgehend erhalten.

Unser Architekturbüro av-a Veauthier Meyer Architekten hat von 2008 bis 2009 im Auftrag der Berliner Bäderbetriebe (BBB Infra) und im Rahmen des Berliner Bädersanierungsprogramms die Schwimmhalle Fischerinsel saniert.[21] Gestalterische Leitlinie im baulichen Umgang mit der Schwimmhalle war der Respekt vor der DDR-Moderne. Der Bau sollte in seiner Charakteristik erhalten bleiben und dennoch ein frisches, zeitgenössisches Aussehen bekommen (Abb. 9).

Die Aufmerksamkeit bei der baulichen Instandsetzung galt insbesondere der technischen und energetischen Ertüchtigung der Hülle (bauphysikalisches energetisches Gesamtkonzept gemäß EnEV 2009) mit einer Sanierung des Daches und dem entsprechenden Neuaufbau der Fassaden. An aufgehenden Bauteilen und besonders an der Dachkonstruktion erfolgte die notwendige Sanierung der Betonkorrosion und Betonstahlkorrosion. Das Entwässerungskonzept der Dächer zur Hal-

lenmitte wurde umgedreht nach außen. Gleichzeitig sollte die VT-Falte durch den neuen, starken Dämmungsaufbau optisch nicht zu massiv ausgebildet werden. Durch einen zurückspringenden, abgestuften Aufbau konnte hier die filigrane Ansicht der gefalteten Spannbeton-Attika (das markante sogenannte „Mäander-Motiv") erhalten bleiben. Gleichzeitig erfolgten eine Überarbeitung und ein Wiedereinbau der charakteristischen Blechelemente über den Entlüftungsschächten der Betonhohlkörper.

Die neuen Pfosten-Riegel-Fassaden aus Aluminium sehen im Vergleich zu den alten Fassaden eine Betonung der horizontalen Gliederung vor, welche die Bewegung des Schwimmens in der Halle aufnimmt. Mit der Fassade erfolgte eine Überarbeitung und Anhebung des Fußpunktes (Rinne mit Konvektor, Gitter, neue Sitzbänke). Die Waschbetonhohlkörper an den Hallenlängsseiten und alle weiteren geschlossenen Wandflächen wurden zur Behebung von energetischen Defiziten von außen mit einem WDVS-System gedämmt. Bei den Betonhohlkörpern wurde durch eine Bossierung des neuen Putzes auf die ursprüngliche Elementierung dieser Bauteile Bezug genommen.

Im Inneren der Schwimmhalle wurde das Becken bis auf den rohen Beton zurückgebaut, der alte Beckenkopf mit tief liegender Rinne abgesägt und ein neuer Beckenkopf zur Aufnahme einer hoch liegenden Wiesbadener Rinne betoniert. Die gesamte neue Beckenkeramik sowie die der Beckenumgänge wurden zurückhaltend in Weiß ausgebildet.

Farbakzente setzen die neuen an den Hallenenden und den Fassaden befindlichen Sitz- und

Wärmebänke aus rot eingefärbtem Terrazzobeton sowie die Schallschutzelemente an der Decke, die in einem frischen rhythmischen Farbspiel ge-

9

staltet sind, das einen farblichen Bezug zu dem bauzeitlichen Großmosaik an der inneren Hallenlängsseite und der außen liegenden Vegetation an der Gertraudenstraße herstellt.

ZUSAMMENFASSUNG__Unter Beseitigung aller früheren Zeugnisse der Stadt sollte mit der Neubebauung der Fischerinsel in den 1960er und 1970er Jahren der Endpunkt einer gesellschaftlichen Entwicklung markiert werden. Diese Bebauung stellt sich heute, im historischen Rückblick, als wichtiger Beitrag zum Städtebau und zum typisierten Bauen der DDR-Moderne dar,

verdeutlicht gerade deshalb aber auch die Probleme, die damit grundsätzlich und aktuell verbunden sind. Einer der Vordenker der Typisierung in der DDR, der gebürtige Schweizer Hans Schmidt,[22] der bereits 1957 in städtebauliche Studien zur Fischerinsel involviert war und später an der Bauakademie maßgeblich an der Entwicklung typisierter Bauten (und somit auch der auf der Fischerinsel in prototypischer Form zu findenden Hochhausbauten) beteiligt war, hat in den 1960er Jahren[23] großen Einfluss auch auf westeuropäische, insbesondere italienische Architekten wie Aldo Rossi ausgeübt. Diese waren begeistert von der Rationalität und Monotonie der Fassaden zum Beispiel von Halle-Neustadt im sozialistischen Teil Deutschlands. Dabei hat auch Hans Schmidt nicht das Grundproblem des typisierten Bauens lösen können, den ästhetisch ganzheitlichen Anspruch des Architekten (aber auch den des späteren Nutzers und Rezipienten), der bei aller Typenfixierung aus Bildern der Vergangenheit schöpft und der letztlich „unvereinbar [ist] mit dem industriellen Bauen und damit mit der rein technisch und ökonomisch bedingten ‚Auflösung der Form'".[24]

Die umstrittenen großen Strukturen der Bebauung auf der Fischerinsel haben im aktuellen Umgang ein erhebliches Beharrungsvermögen und können, wiewohl das Ensemble durch den Abriss des „Ahornblattes" geschwächt wurde, nicht einfach aus der Welt geschafft werden. Die Wohnhochhäuser sind genutzt und saniert und werden von der Bevölkerung, unter Inkaufnahme von Defiziten zum Beispiel des Umfeldes, angenommen. Trotzdem bleibt die Frage nach einem Bezug zu der vorher an diesem Ort befindlichen, historisch gewachsenen Stadt aktuell, wie die Diskussionen und Planungen nach 1990 gezeigt haben (Abb. 10). Es bleibt ebenso die Frage nach dem Umgang mit dem heute wenig differenzierten Außenraum. Stadt muss sich entwickeln und anpassen können, so wie historische europäische Städte sich immer mehr oder weniger geschmeidig angepasst haben. Kann es deshalb – vor dem Hintergrund der bisherigen Diskussionen und Planungen im Gefolge des Planwerks Innenstadt – doch ein gelungenes städtebauliches Hybridmodell geben, das – erstens – sowohl Bezug nimmt auf verwischte historische Strukturen als auch – zweitens – die Bauten der DDR-Moderne sinnvoll integriert und – drittens – interessante neue Modelle des Wohnens und Arbeitens in der Stadt ermöglicht? Die Beantwortung dieser Frage bleibt eine interessante Aufgabe für die Zukunft.

Wir haben, auf das einzelne Gebäude bezogen, mit unserem Sanierungsprojekt Schwimmhalle Fischerinsel gezeigt, dass auch in schlichten Typenbauten aus der DDR-Zeit das Potenzial zur gestalterischen Weiterentwicklung steckt, ohne dass man die Gebäude völlig überformen muss. Es ging uns im Gegenteil darum, Qualitäten, die bereits angelegt waren, zu stärken und herauszuarbeiten. Nicht nur mit Respekt, sondern auch mit gezieltem Gestaltungswillen sollte und darf man diesen Gebäuden und Strukturen meiner Meinung nach deshalb begegnen.

ANMERKUNGEN
1 Die Sanierung erfolgte durch unser Architekturbüro av-a Veauthier Meyer Architekten (Berlin) in den Jahren 2008–2009 im Auftrag der Berliner Bäder-Betriebe (BBB Infra).
2 Für die im Folgenden erwähnten städtebaulichen Planungen für die Fischerinsel nach 1945 siehe Senatsverwaltung für Stadtentwicklung Berlin: *Archiv Planwerk Innenstadt, Planungswerkstätten Fischerinsel*, http://www.stadtentwicklung.berlin.de/planen/planwerke/de/planwerk_innenstadt/planwerkstaetten/fischerinsel/index.shtml, Unterordner „Entwicklung"
3 Joachim Näther mit Peter Schweizer und Manfred Zache
4 Näther, Joachim (Chefarchitekt von Groß-Berlin): „Planung und Gestaltung des Wohngebietes ‚Fischerkietz'". In: *Deutsche Architektur*. 1/1967, S. 54–57, hier S. 54 f.
5 Senatsverwaltung für Stadtentwicklung Berlin (wie Anm. 2); vgl. ebenfalls die Planumzeichnungen in: Nentwig, Franziska / Bartmann, Dominik (Hg.): *Berlins vergessene Mitte – Stadtkern 1840–2010*. Berlin 2010, S. 207
6 Vgl. zum Themenfeld der „Kritischen Rekonstruktion" Hennecke, Stefanie: *Die Kritische Rekonstruktion als Leitbild. Stadtentwicklungspolitik in Berlin zwischen 1991 und 1999, Schriftenreihe Ex Architectura. Schriften zu Architektur, Städtebau und Baugeschichte* (Band 5). Hamburg 2010 (zugleich Dissertation, Universität der Künste Berlin, 2009). Beispiele der Diskussionen um die Fischerinsel werden an verschiedenen Stellen des Buches herangezogen.
7 Arbeitsgemeinschaft Spreeinsel: Edvard Jahn, Michael Kny, Hildebrand Machleidt, Cornelia Müller, Wolfgang Schäche
8 Architekturbüro Meyer, Bach, Hebestreit, Sommerer
9 Senatsverwaltung für Stadtentwicklung Berlin (wie Anm. 2), Unterordner „Senatsbeschluss"
10 Senatsverwaltung für Stadtentwicklung Berlin (wie Anm. 2), Unterordner „Ort"
11 Beitrag der Co-Gutachter Arge Gruppe DASS/Büro für urbane Projekte, in: Senatsverwaltung für Stadtentwicklung Berlin (wie Anm. 2), Unterordner „Gutachter"
12 Beitrag der Freiraum-Gutachter Becker Giseke Mohren Richard, siehe Senatsverwaltung für Stadtentwicklung Berlin (wie Anm. 2), Unterordner „Freiraumplanung"
13 Jürgens, Isabell: „Die Petrikirche soll wieder auferstehen". In: *Berliner Morgenpost* vom 02.06.2009
14 Vorbemerkung der Redaktion von *Deutsche Architektur* zu dem Artikel „Wohnhochhäuser Fischerkiez Berlin" von Dr.-Ing. habil. Manfred Zumpe, VE Wohnungsbaukombinat Berlin, Betrieb Projektierung, in: *Deutsche Architektur*. 10/1970, S. 602–607, hier S. 602
15 Ebd.
16 http://de.wikipedia.org/wiki/WHH_GT_18. Die Abkürzung „WHH" steht hiernach für Wohnhochhaus, „GT" für Großtafelbauweise und „18" bezeichnet die Geschossigkeit (für 18 Geschosse ausgelegt). Es wurde als frei stehendes Punkthochhaus gebaut oder unter der Bezeichnung „WHH GT 18/21" als Doppelhochhaus mit bis zu 21 Etagen. Je nach Ausführung enthält es 136 oder 296 Wohnungen und gehörte zu den größten Typenbauten der DDR.
17 Plaethe, Rüdiger: „Gesellschaftliches Zentrum Fischerinsel". In: *Deutsche Architektur*. 12/1973, S. 726–731, hier S. 726
18 Eine grobe Chronologie der Ereignisse rund um die

Abrissentscheidung zeichnet zum Beispiel das Portal www.baunetz.de/meldungen nach: Baunetz 22.01.2000: „‚Ahornblatt muss erhalten werden'. Fachleute einstimmig gegen Abriss eines modernen Baudenkmals in Berlin"; Baunetz 22.06.2000: „Kahlschlagmentalität. Architektenkammer protestiert gegen bevorstehenden Abriss des Berliner Ahornblatts"; Baunetz 27.06.2000: „Die Schonfrist läuft ab. Am 28. Juni weiterer Protest gegen den Abriss des Ahornblatts in Berlin"; Baunetz 25.07.2000: „Durchaus vermeidbar. Zum Strand der Dinge beim Abriss des Berliner Ahornblatts"; Baunetz 21.05.2001: „Blockrand statt Ahornblatt. Grundsteinlegung für Hotelneubau in Berlin". Eine Einschätzung der Hintergründe liefert Elser, Oliver: „Und das wäre Ihr Preis gewesen! Wer opfert das Ahornblatt? Eine kritische Rekonstruktion der Ereignisse". In: *Frankfurter Allgemeine Zeitung/Berliner Seiten* vom 15.07.2000

19   Baunetz 22.06.2000 (wie Anm. 18)

20   Vgl. Bericht der Architekten über die Entwicklung dieses Typenbaus: Swora, Karl-Ernst / Derdau, Gunter: „Volksschwimmhalle Variante C in Berlin". In: *Architektur der DDR.* 2/1977, S. 78–81

21   Meyer, Nils: „Schwimmhalle Fischerinsel Berlin". In: *Bauwelt.* 20/2010, S. 24–25

22   Vgl. zum Wirken Schmidts Schnell, Angelika: „Die sozialistische Perspektive der XV. Triennale di Milano. Hans Schmidts Einfluss auf Aldo Rossi". In: *Candide – Journal for Architectural Knowledge.* 7/2010, S. 33–71

23   Schmidt zog 1956 in die DDR, wurde Hauptarchitekt am Institut für Typung an der Deutschen Bauakademie in Ost-Berlin, später Direktor des Instituts für Theorie und Geschichte der Baukunst, bevor er Ende der 1960er Jahre in die Schweiz zurückging, um an der ETH Zürich eine Professur zu übernehmen.

24   Schnell 2010 (wie Amn. 22), S. 64

AUTORENVERZEICHNIS

SYLVIA BUTENSCHÖN__Dr.-Ing., Landschaftsarchitektin und Gartendenkmalpflegerin, nach Studium in Hannover arbeitete sie in einem Planungsbüro und promovierte 2006 an der TU Dresden mit einer Dissertation über die Stadtgrüngeschichte Dresdens, seit 2006 wissenschaftliche Mitarbeiterin am Fachgebiet Denkmalpflege der TU Berlin. Ihre Forschungsschwerpunkte sind die Gartenkulturgeschichte des 19. und 20. Jahrhunderts sowie die Theorie und Methodik der Gartendenkmalpflege.

SUSANN BUTTOLO__Dr.-Ing., Architekturstudium in Dresden und Canterbury/Kent, 2002 wissenschaftliche Mitarbeiterin am Sächsischen Archiv für Architektur und Ingenieurbau an der HTW Dresden, 2003–2009 Promotionsstudentin und freiberufliche Bauhistorikerin, 2010 Promotion (Thema: „Die Nachkriegsmoderne in Architektur und Städtebau am Beispiel der Dresdner Innenstadt"), seit 2010 wissenschaftliche Mitarbeiterin am Lehrstuhl Industriebau an der TU Dresden.

MARK ESCHERICH__Dr.-Ing., Tischler, Studium der Architektur in Erfurt und Weimar, Volontariat am Thüringischen Landesamt für Denkmalpflege, 2004–2008 Mitarbeiter und Lehrbeauftragter am Lehrstuhl Denkmalpflege der Bauhaus-Universität, 2008 Promotion, heute: Mitarbeiter der Denkmalschutzbehörde der Landeshauptstadt Erfurt

und wissenschaftlicher Mitarbeiter am Lehrstuhl Denkmalpflege und Baugeschichte der Bauhaus-Universität.

MORITZ FRITZ__Studierte 2003–2010 Architektur an der Bauhaus-Universität Weimar, am UCD Dublin und an der Stanford University, 2007 Mitarbeit bei O'Donnell + Tuomey Architects in Dublin, seit 2010 wissenschaftlicher Mitarbeiter an der Professur Denkmalpflege und Baugeschichte der Bauhaus-Universität Weimar sowie freiberufliche Tätigkeit in Berlin.

ATTILA GYÖR__Studium der Kunstgeschichte an der ELTE-Universität Budapest, seit 1997 Mitarbeiter des Amtes für Kulturerbe Ungarn, 2001–2011 Leiter der Abteilung für Denkmalaufsicht ebenda, seit 1999 Lehrtätigkeit zur Architekturgeschichte am Lehrstuhl für Landschaftsplanung der Corvinus-Universität Budapest.

ULRICH HARTUNG__Dr. phil., Studium der Kunstgeschichte und klassischen Archäologie an der Humboldt-Universität Berlin, dort 1992–1996 Dissertation zum Thema der Kulturhausbauten der DDR in den 1950er Jahren, 2004 zusammen mit Andreas Butter Realisierung der Ausstellung „Ostmoderne. Architektur in Berlin 1945–1965", bis heute zahlreiche Analysen zur DDR-Architektur des Traditionalismus und der Moderne. Mitarbeit an zahlreichen denkmalpflegerischen Gutachten.

STEPHANIE HEROLD__Studium der Kunstgeschichte und Europäischen Ethnologie in Bamberg und Berlin, danach Masterstudiengang Denkmalpflege und seit 2008 wissenschaftliche Mitarbeiterin am Fachgebiet Denkmalpflege der TU Berlin. Neben ihrer laufenden Dissertation über die Rolle der Ästhetik im theoretischen Diskurs der Denkmalpflege liegen ihre Schwerpunkte im Bereich der Architektur- und Städtebaugeschichte sowie der Identitäts- und Erbekonstruktionen in Ost- und Südosteuropa.

NORBERT HEULER__Architekturstudium an der TU Berlin, Dipl.-Ing., seit 1978 Landesdenkmalamt Berlin, aktuell: Bau- und Kunstdenkmalpflege Berlin-Mitte, Ortsteil Mitte sowie Bauten der Stiftung Preußischer Kulturbesitz

ROBERT HIRSCH__Dr.-Ing., bis 1989 Studium der Architektur an der Technischen Universität in Gdansk/Polen, wissenschaftlicher Mitarbeiter am Lehrstuhl für Architekturgeschichte und Denkmalpflege der TU Gdansk, 2000 Dissertation, seit 2000 Mitarbeiter des Stadtkonservatorenamtes der Stadtverwaltung Gdynia, heute Leiter des Stadtkonservatorenamtes ebenda, Mitglied von ICOMOS Polen.

FLORIAN KIRFEL__Studierte Architektur in Weimar und in Kopenhagen. Arbeitete anschließend fünf Jahre als Architekt in Zürich, 2006–2011 wissenschaftlicher Mitarbeiter an der Professur für Entwerfen und Baukonstruktion der Bauhaus-Universität, seit 2011 wissenschaftlicher Assistent am Institut für Denkmalpflege und Bauforschung der ETH Zürich, parallel seit 2006 selbstständig tätig in Weimar, seit 2010 gemeinsam mit Anika Gründer und Johanna Meibohm.

RUTH KLAWUN__Dr. phil., Studium der Kunstgeschichte und Baugeschichte in Tübingen und Aachen, 1994–1996 Niedersächsisches Landesdenkmalamt, seit 1996 wissenschaftliche Mitarbeiterin am Brandenburgischen Landesamt für Denkmalpflege und Archäologischen Landesmuseum (Dezernat Praktische Denkmalpflege), seit 2011 Referatsleiterin ebenda, seit 2005 Lehrauftrag an der TU Berlin im Masterstudiengang Denkmalpflege.

PHILIPP MEUSER__Studium der Architektur an der Technischen Universität Berlin, Nachdiplomstudium Geschichte und Theorie der Architektur an der ETH Zürich, Dipl.-Ing. Architekt BDA in Berlin, Planungs- und Bauprojekte mit Schwerpunkt Osteuropa und Asien, Publikationen und Forschungen zur Architekturgeschichte der Sowjetunion, Inhaber des Verlags DOM publishers.

NILS MEYER__Dr.-Ing., Studium der Architektur an der TU Berlin, 1995–2000 Architekt mit den Schwerpunkten Denkmalpflege und Bauen im Bestand, 1999–2005 wissenschaftlicher Mitarbeiter am Lehrstuhl Denkmalpflege und Entwerfen an der TU Dresden, 2007 Promotion: „Leerräume. Umgang mit Denkmalen als Sinnstiftungsprozess am Beispiel der Schlösser und Herrensitze in Brandenburg", seit 2007 Architektenpartnerschaft mit Andreas Veauthier in Berlin.

BENJAMIN RUDOLPH__Architekturstudium mit Vertiefung Baudenkmalpflege in Weimar, 2008–2010 Volontär am Thüringischen Landesamt für Denkmalpflege, seit 2011 wissenschaftlicher Mitarbeiter des Sachgebietes Bauforschung im Landesamt für Denkmalpflege Sachsen-Anhalt sowie freier Bauforscher.

TANJA SCHEFFLER__Architekturstudium in Hildesheim und Dresden. Architektentätigkeit in Hannover, Dresden und Dublin. Umfangreiche Lehrtätigkeit in den Bereichen Architektur, Baugeschichte und Denkmalpflege, unter anderem 2004–2007 Forschung und Lehre am Lehrstuhl für Baugeschichte der TU Dresden. Mitarbeit an mehreren Ausstellungsprojekten zur Ostmoderne. Seit 2008 freischaffende Bauhistorikerin und Architekturjournalistin, Lehrbeauftragte an der TU Dresden.

TANJA SEEBÖCK__Studium der Kunstwissenschaften und Denkmalpflege in Bonn, Paris, Berlin. Aufbaustudium Bauforschung und Denkmalpflege an der TU Berlin. Mitwirkung unter anderem an der Planung der Restaurierung und Baufreimachung des Pergamonmuseums Berlin, der Inventarisation von 1960er-Jahre-Architektur am Denkmalamt Essen und am Wiederaufbau des Neuen Museums Berlin. Derzeit Promotion über die Betonschalen von Ulrich Müther an der TU Berlin.

PETER SZALAY__PhD, Studium der Kunstgeschichte an der Comenius-Universität in Bratislava, Promotionsstudium am Institut für Bauwesen und Architektur der Slowakischen Akademie der Wissenschaften Bratislava, seit 2009 wissenschaftlicher Mitarbeiter ebenda und Kurator des Materialarchivs der modernen Architektur in der Slowakei. Dissertationsthema: Die internationalen Einflüsse auf die Architektur der 1960er Jahre des 20. Jahrhunderts in der Slowakei.

ULRIKE WENDLAND__Dr., Studium der Kunstgeschichte in Hamburg, Aufbaustudium Denkmalpflege in Bamberg, Volontariat am Hamburger Denkmalschutzamt, Postdoktorandin im Graduiertenkolleg Kunstwissenschaft – Bauforschung – Denkmalpflege an der TU Berlin, Hochschulassistentin am Fachgebiet Denkmalpflege der TU Berlin, Oberassistentin am Institut für Denkmalpflege der ETH Zürich, ab 2002 Landeskonservatorin des Saarlandes, ab 2005 von Sachsen-Anhalt.

TOBIAS MICHAEL WOLF__Dr. phil., Studium der Kunstgeschichte, Mittelalterlichen und Neueren/Neuesten Geschichte in Dresden. Masterstudium Denkmalpflege an der TU Berlin. Dissertation zur Entwicklungsgeschichte der DDR-Warenhäuser an der TU Dresden 2010 abgeschlossen. 2007–2010 Volontär und seit 2010 Bezirksdenkmalpfleger am Landesamt für Denkmalpflege Hessen.

TOBIAS ZERVOSEN__Studium der Kunstgeschichte und Musikwissenschaft in Bonn und Berlin, 2006 Visiting Fellow an der Harvard University, zurzeit Promotionsprojekt zum Architektenberuf in der DDR an der ETH Zürich (Lehrstuhl Prof. Andreas Tönnesmann), 2007/08 zudem wissenschaftliche Assistenz an der Professur für Geschichte des Städtebaus (Prof. Vittorio Magnago Lampugnani), Stipendiat der Stiftung Bildung & Wissenschaft und der Gerda-Henkel-Stiftung.

ABBILDUNGSNACHWEIS

S. 11 Fotos Landesdenkmalamt Berlin, S. Löser, St. Hoyer/Punctum und C. Nikolaus

S. 12 Foto Mark Escherich

S. 13 Foto D. Eckhardt

S. 14 Foto IRS Erkner

S. 15 Foto Thüringisches Landesamt für Denkmalpflege und Archäologie

S. 17 Fotos diverse

S. 19 Foto www.ulfdahl.com

S. 20 Foto Stadtplanungsamt Magdeburg

S. 21 Abb. 9 Foto Arlett Mattescheck; Abb. 10 Foto aus VEB Metallleichtbaukombinat, Abt. Werbung und Messen (Hg.): *Metallleichtbau der DDR*. O. O., 1977

S. 22 Foto Rolf Zoellner

S. 23 Foto Silke Riechert, Torsten Birne und Karsten Konrad

S. 27 Foto Rudolf Holtappel; aus: R. H. (Fotos), Helmut Rotthauwe gen. Löns (Text): *Duisburg – ein Bild der Stadt an Rhein und Ruhr*. Duisburg o. J. (3. Aufl.), S. 26

S. 28 Foto Farbpostkarte, Verlag Görtz, Bad Frankenhausen, Bildautor nicht angegeben

S. 29 Foto Ulrich Hartung, 2000

S. 30 Foto S/W-Postkarte, Verlag B. König, Lobenstein, Bildautor nicht angegeben

S. 31 Foto Farbpostkarte, Auslese-Bild-Verlag Bad Salzungen, Bildautor nicht angegeben

S. 32 Foto aus: Bezirksleitung Rostock der SED und Rat des Bezirkes (Hg.): *20. Jahrestag der DDR. Ostseebezirk Rostock*. Rostock 1969, S. 40; Bildquellenverzeichnis S. 4; Bildautor nicht zuzuordnen

S. 33 Foto von Gottfried Beygang, aus: Hahn, Gerhard/Knorr, Erich/ Zimmer, Horst; Bezirkskunstzentrum (Hg.): *Unser Erbe. Denkmale und Denkmalpflege im Bezirk Karl-Marx-Stadt*. Karl-Marx-Stadt 1976, o. S., Abb. 116

S. 34 Foto aus: Milde, Kurt: „Gesellschaftliche Bedingungen der Raumaneignung und Qualitäten der Raumordnung". In: Technische Universität Dresden (Hg.): *Raumordnung und Bildwerk, Kunstwissenschaftliches Kolloquium, TU Dresden*. 10. und 11.10.1968 (Wissenschaftliche Zeitschrift der TU Dresden, 18. Jg. 1969, Heft 2), S. 373–378, Foto S.

377 o., Bildautor nicht angegeben

S. 35 Foto aus: Kutschmar, Aribert: *Vom Bild unserer Städte und Dörfer. Bild- und Leseheft für die Kunstbetrachtung*. Berlin 1966, S. 27 o., Bildautor nicht angegeben

S. 36 Foto Hammer, aus: Anders, Klaus: *Eisenach und Wartburg*. Dresden o. J., Einband, Rückseite

S. 37 Foto aus: Prendel, Werner: *Gesellschaftliche Bauten der Bildung, Kultur, Versorgung, Gesundheit, Erholung*. Berlin 1974, S. 51, Fotonachweis S. 233, Bildautor nicht zuzuordnen

S. 38 Foto Hans Hirschfelder, aus der Sammlung Peter Senf; jetzt Sammlung Ulrich Hartung

S. 39 Foto Ulrich Hartung, um 2000

S. 40 Abb. 14 Foto Ernst Schäfer; aus: ders.: *Das Thüringer Land und sein Handwerk*. Berlin 1975, S. 66; Abb. 15 Foto Farbpostkarte, Auslese-Bild-Verlag Bad Salzungen, Bildautor nicht angegeben

S. 45 Titel der Architekturzeitschrift *Arch+*. Heft 103/1990

S. 53/56 LDA Berlin, Archiv

S. 54 Abb. 2 *Deutsche Architektur*. Heft 8, 1963

S. 55/58/60–64/65, Abb. 13/66/68 LDA Berlin, Wolfgang Bittner

S. 59/65 LDA Berlin, Wolfgang Reuss

S. 71 Foto Matthias Metzler

S. 72 Abb. 2 Foto Ruth Klawun ; Abb. 3 Foto Ralph Paschke

S. 73 Foto Andreas von Scheven

S. 74 Foto Dieter Möller

S. 75 Foto Ruth Klawun

S. 76 Foto Ingenieurbüro PriB

S. 77 Foto Sybille Gramlich

S. 78/81 Foto Ulrike Schwarz

S. 79 Foto Marlies Buchinger

S. 80 Foto Regina Wunder

S. 83 Foto Stadtgeschichtliche Sammlungen Cottbus, Stadtmuseum

S. 84 Foto Uwe Rüdenburg

S. 86 Foto Landesamt für Denkmalpflege und Archäologie Sachsen-Anhalt

S. 87 Abb. 2: Foto Landesamt für Denkmalpflege und Archäologie Sachsen-Anhalt; Abb. 3: Foto Müther-Archiv/Hochschule Wismar

S. 88: Foto Leibniz-Institut für Regionalentwicklung und Strukturplanung e.V. Erkner / Foto Ziegler.

S. 89: Foto Landesamt für Denkmal-

pflege und Archäologie Sachsen-Anhalt

S. 91: Landesamt für Denkmalpflege und Archäologie Sachsen-Anhalt

S. 92: Foto Willmann-Bild

S. 93/94: Foto Landesamt für Denkmalpflege und Archäologie Sachsen-Anhalt

S. 98–107 Fotos R. Hirsch außer S. 99 Abb. 3 Foto A. Orchowska-Smolińska; S. 104; Abb. 13/ S. 106 Abb. 11/S. 107 Fotos R. Nakonieczny

S. 108 Abb. 1 Foto Dagmar Slámová

S. 109 Abb. 2 Quelle Architektur-Archiv des 20. Jahrhunderts (AA20.) des Instituts für Bauwesen und Architektur SAV, Bratislava

S. 110/111/115/116 Abb. 11 Fotos Peter Szalay

S. 112 Abb. 6 Foto Matúš Dulla

S. 113/114/116 Abb. 10 Quelle Architektur-Archiv des 20. Jahrhunderts (AA20.) des Instituts für Bauwesen und Architektur SAV, Bratislava

S. 120/121/124/125/130 Fotos Attila Györ

S. 122/123 KÖH Archive

S. 126 Foto Olga Szalai

S. 127 Foto Béla Sisa

S. 129 Foto Erika Dóczi

S. 134/135/138 Quelle Staatliches Museum für Architektur, Moskau, Muar

S. 136 Abb. 3 Quelle Archiv Nikolai Scharski

S. 136 Abb. 4/137/140/141 Fotos Philipp Meuser (2004)

S. 139 Abb. 8 Foto ITAR-TASS; Abb. 9 Foto Mads Mogensen (2005)

S. 145 Archiv Otto-von-Guericke-Universität Magdeburg, Bild F010720

S. 146/S. 150–153 Archiv Ulf Zimmermann, Dresden

S. 147 Abb. 3 Archiv Dezernat 3 – Technik, Bau, Liegenschaften der Universität Rostock; Abb. 4 Bundesarchiv, Bild 183-NO521-309 / Fotograf: Heinz Junge

S. 148 Fotoarchiv Hochschule Wismar

S. 149 Bundesarchiv, Bild 183-P0903-103 / Fotograf: Manfred Siebahn

S. 156 Foto Gilbert Weise

S. 157/158/159 Abb. 6/160: Bauhaus-Universität Weimar, Archiv der Moderne

S. 159 Foto: Gilbert Weise

S. 161 mensadebatte.de im November 2011

S. 162 Foto Bauhaus-Universität Weimar, Professur Entwerfen und Baukonstruktion sowie Professur Denkmalpflege und Baugeschichte

S. 163 Bauhaus-Universität Weimar, Professur Denkmalpflege und Baugeschichte

S. 166 Quelle: Senatsverwaltung für Stadtentwicklung Berlin, Abt. III - Geoinformation; Karte von Berlin, K5 RD, DVD 102, Blatt 423D, Ausschnitt

S. 167 Abb. 1 Quelle Senatsverwaltung für Stadtentwicklung Berlin, Abt. III – Geoinformation; Karte von Berlin, K5 RD, DVD 102, Blatt 423D, Ausschnitt; Abb. 2 Quelle Institut für Regionalentwicklung und Strukturplanung Erkner, Bildarchiv, Sign. D_1_1_17A-3, links, und D_1_1_17A-2, rechts

S. 168 Quelle Institut für Regionalentwicklung und Strukturplanung Erkner, Archiv, Vorlass Matthes, Sign. C_14_1

S. 169 Quelle Institut für Regionalentwicklung und Strukturplanung Erkner, Bildarchiv, Sign. D_1_1_17A-1

S. 170 Quelle Funeck, Gottfried/ Schönholz, Waltraud/Steinwasser, Fritz: *Park- und Grünanlagen in Berlin*. Berlin 1987, S. 21

S. 171 Quelle Institut für Regionalentwicklung und Strukturplanung Erkner, Bildarchiv, Sign. D_1_1_18-2; Abb. 7 Quelle Institut für Regionalentwicklung und Strukturplanung Erkner, Bildarchiv, Sign. D_1_1_18-1

S. 172 Quelle Foto S. Herold

S. 173 Quelle Funeck, Gottfried/ Schönholz, Waltraud/Steinwasser, Fritz: *Park- und Grünanlagen in Berlin*. Berlin 1987, S. 20 und Foto S. Herold

S. 176 Grafik erstellt von Janina Goerke, Frieder Kremer, Martin Kunath, Franziska Ottrembka und Eugen Wiskow, 2010

S. 177 Abb. 11 Grafik erstellt von Janina Goerke, Frieder Kremer, Martin Kunath, Franziska Ottrembka und Eugen Wiskow, 2010; Abb. 12 Grafik erstellt von Janina Goerke, Frieder Kremer, Martin Kunath, Franziska Ottrembka und Eugen Wiskow, 2010

S. 178 Quelle Landesdenkmalamt Berlin, Denkmalkarte, Stand: April 2011, Ausschnitt

S. 181 SLUB / Deutsche Fotothek / Fotograf: Uwe Görler

S. 182 Leibnitz-Institut für Regionalplanung und Strukturplanung (IRS) Erkner / Zeichnung: Hans Konrad

S. 183 Bundesarchiv / Bild 183-J0922-0007-001 / Fotograf: Ulrich Häßler

S. 184 Bundesarchiv / Bild 183-1982-0413-007 / Fotograf: Ulrich Häßler

S. 185 SLUB / Deutsche Fotothek / Fotografin: Regine Richter

S. 187 Stadtplanungsamt Dresden / Bildstelle

S. 188 Stadtmuseum Dresden / Zeichnung: Udo Fehrmann

S. 190 Abb. 8 Fotograf: Christoph Münch; Abb. 9 SLUB / Deutsche Fotothek / Fotograf: Asmus Steuerlein

S. 191 Fotograf: Andreas Muhs

S. 192 www.fotos-aus-der-luft.de / Fotograf: Holger Mombrei

S. 193 SLUB / Deutsche Fotothek / Fotografen: Erich Höhne & Erich Pohl

S. 194 Wikipedia / Fotograf: Conrad Nutschan

S. 195 Wikipedia / Fotograf: Norbert Kaiser

S. 199 Quelle Sächsisches Archiv für Architektur und Ingenieurbau

S. 200 Quelle Stadtplanungsamt Dresden

S. 202 Abb. 3 Quelle Stadtarchiv Dresden; Abb. 4 Quelle Archiv Professor Wiel

S. 203 Abb. 5 Quelle Sächsisches Archiv für Architektur und Ingenieurbau; Abb. 6 Quelle Sächsisches Archiv für Architektur und Ingenieurbau

S. 204 Quelle Konzert- und Kongressgesellschaft Dresden

S. 205 Abb. 8 Quelle Konzert- und Kongressgesellschaft Dresden; Abb. 9/Abb. 10/S. 206 Quelle Deutsche Fotothek

S. 207 Quelle Sächsische Zeitung

S. 208 Quelle Sächsisches Archiv für Architektur und Ingenieurbau

S. 209 Quelle Landeshauptstadt Dresden

S. 214 Foto Daniel Wendt 2006

S. 215/S. 216 Abb. 4a/S. 217 Abb. 5b/S. 218–221 Foto Tobias Michael Wolf 2006

S. 216 Abb. 4b/ S. 217 Abb. 5a Fotos Sebastian Schmidt

S. 227 Abb. 1a Foto Willy Mohr, Bild und Heimat, 1983; Abb. 1b Foto Maja Ossig

S. 228 Abb. 2/S. 229 Abb. 3a/S. 231 Abb. 5a/S. 232 Abb. 6/S. 233 Abb. 7a/S. 235 Abb. 9 Fotos Müther-Archiv/Hochschule Wismar

S. 229 Abb. 3b Foto Marduk07 aus de.wikipedia.org (http:// de.wikipedia.org/w/index.php?title =Datei:Maerchenbrunnen_ neustaedter_platz_magdeburg.jpg &filetimestamp=20080822163106, 08.05.11)

S. 230/231 Abb. 5b/S. 233 Abb. 7b/234/S. 237/S. 238 Abb. 12a Fotos Tanja Seeböck

S. 236 Abb. 10 Stadtplanungsamt Magdeburg

S. 238 Abb. 11b Architekturbüro Planungsgruppe Gieseke, Berlin; Abb. 12b Architekturbüro Nordprojekt, Binz

S. 241 Abb. 1 Quelle Nentwig, Franziska/Bartmann, Dominik (Hg.): *Berlins vergessene Mitte – Stadtkern 1840–2010.* Katalog, Berlin 2010, S. 35; Abb. 2 Quelle Dipl.-Ing. Joachim Näther, Chefarchitekt von Groß-Berlin: „Planung und Gestaltung des Wohngebietes ‚Fischerkietz', In: *Deutsche Architektur*. 1/1967, S. 54–57, hier S. 55

S. 242 Abb. 3 Quelle Falser, Michael S.: *Zwischen Identität und Authentizität. Zur politischen Geschichte der Denkmalpflege in Deutschland.* Dresden 2008, S. 245

S. 243 Abb. 4 Quelle http://www. stadtentwicklung.berlin.de/ planen/planwerke/de/planwerk_ innenstadt/planwerkstaetten/ fischerinsel/index.shtml, hier: Termine, Bild 040606ag.jpg; Abb. 5 Quelle Senatsverwaltung für Stadtentwicklung Berlin, Abteilung Städtebau und Projekte

S. 245 Abb. 6 Quelle Nentwig, Franziska/Bartmann, Dominik (Hg.): *Berlins vergessene Mitte – Stadtkern 1840–2010.* Katalog, Berlin 2010, S. 176

S. 246 Quelle Plaethe, Rüdiger: „Gesellschaftliches Zentrum Fischerinsel." In: *Deutsche Architektur*. 12/1973, S. 726–731, hier S. 726

S. 247 Abb. 8 Abbildung: Büro Nalbach + Nalbach Berlin

S. 249 Abb. 9 Quelle Foto Christoph Rokitta, Berlin, für av-a